フォーカシング・ハンドブック

日笠摩子 監修　高瀬健一 編著

北大路書房

本書の刊行によせて

　本書は,『はじめてのフォーカシング』として企画が始まりました。その後,その内容はフォーカシングの基本から,それを学ぶ実習方法,心理療法や生活への応用,さらには関連分野や背景の哲学まで網羅したものとなり,今,『フォーカシング・ハンドブック』として完成しました。

　2019年,編集者の森光佑有さんからのお誘いを受け,東京フォーカシング指向心理療法研究会(「あとがき」参照)のメンバーで新しいフォーカシングの入門書をつくろうという機運が高まりました。この研究会は2007年に,フォーカシングを心理臨床の場に生かそうとする若手臨床心理士たちの相互サポートグループとして出発しました。しかし,若手も10年も経てば中堅となり,フォーカシングを教える機会も増えていました。

　このメンバーの多くは,長年フォーカシング講座を提供してくれていた日本精神技術研究所(日精研)でフォーカシングを学んでいます。私も日精研で学んだのち,近田輝行さんらとともにそこで教えていました。そしてそこでの教え方をまとめたものが『フォーカシングワークブック』(近田・日笠, 2005)でした。

　しかし,『フォーカシングワークブック』の発刊から20年が経ち,研究会のメンバーが大学や大学院などで教えるようになり,新しいテキストの必要性を感じていました。古くなった情報を刷新することはもちろんですが,新しいテキストをつくることで,新しい世代が,新しい知見や教え方の工夫を加えて,発展させることができます。

　そんな中での森光さんの提案は研究会メンバーに大歓迎され,本書の企画が始まりました。コロナ禍前でしたから実際に集って,それぞれがどんな本をつくりたいか話し合いました。「実習の手引きだけでなく,学生が読み物として楽しく読めるものにしたい」「フォーカシングに関心をもつ心理臨床家やその学生のために心理療法への活用も取り入れたい」「セルフヘルプとして学びたい人が使えるものにしたい」「フォーカシングの背景にある画期的なジェンド

リン哲学も紹介したい」等々，口々に生き生きと希望が語られました。そして，扱いたい内容項目をそれぞれが付箋紙に書いてテーブルに並べ，似ているものをグループにまとめ，全体の構成をつくっていきました。私が当時教えていた大学の会議室でにぎやかに作業したことを懐かしく思い出します。

　その構成作業の成果は，詳細に小見出しまで掲載されている目次に反映されています。目次を見れば内容がつかめるので，興味のある部分だけを読んだり，必要な部分だけを活用したりできます。はじめてフォーカシングを学ぶ人は，最初からしっかりワークも試しながら読み進めるほうがいいと思いますが，第2章の Section 8まで読み進めれば基本はつかめます。セラピストや援助職やそれを目指す学生さんたちは，第2章の後半や第4章もぜひお読みください。また，フォーカシングの関連領域との関係や背景哲学まで知りたい人は第5章をご覧ください。

　また，たくさんのワークとコラムも本書の特徴です。ワークには体験学習をうながす実習のやり方が書かれています。フォーカシングは本を読んだだけではわからないというのが定評です。ですから，フォーカシング研修は体験学習やワークショップになるわけです。本書のワークはそのような研修の実習課題としても使えますし，研修には参加しないまでも試してみたいという場合にも使えます。また，体験学習には抵抗がある人にはコラムがお勧めです。それぞれが独立の読み物ですので，気楽につまみ食いでフォーカシングの具体例や雰囲気を感じ取れることと思います。

　フォーカシングの背景には，その哲学者である創始者ジェンドリンの画期的な哲学があります。本書ではそのさわりも紹介していますが，ジェンドリン哲学は，画期的であるがゆえに難解です。ですから，読者のみなさんもわからなくてもめげないでください。私自身，長らく，ジェンドリンの哲学の重要性は感じつつもきちんと理解できませんでした。退職後の今ようやく，彼の哲学論集『*Saying What We Mean*（言わんとすることを言う）』を翻訳する形で学んでいる最中です。

　その翻訳作業の中，いくつかの重要術語に，従来の訳語と異なる訳語を採用しました。「直接照合」を「直接参照」に，「含意する」を「暗含する（暗に含む，の意）」に，「暗黙の」あるいは「暗在的」を「暗含的」と訳すことにしま

した。これらが今後の定訳となっていくことを願って，本書で採用いただきたい旨お願いしました。本書がほとんど完成して，この「刊行によせて」の拙文を依頼されてからのことでした。これらの訳語を選んだ理由の説明は長くなるので省きますが，訳者としては今までの訳語よりも適切であると自負しています。新訳語を採用してくれたこと感謝いたします。

　しかしこのような理論的用語や哲学はわからなくても，フォーカシングやフォーカシング指向心理療法は実践できますし，その益を受けることもできます。大切なのは，みなさんが，生きている自分の今の感覚に従いながら，自分にふさわしい一歩一歩を歩んでいくことです。フォーカシングが，そして本書が，その一助になりますよう，信じ，また，願っています。

2024 年 10 月　　日笠　摩子

もくじ

本書の刊行によせて　　i

第1章
Chapter 1

フォーカシング
カウンセリングのエッセンス　　1

Section 1　フォーカシングとは何か　　4
1. フォーカシングというプロセス──自分の感じに耳を傾ける　　4
2. フォーカシングの「発見」　　6

Section 2　フォーカシングの理論　　8
1. 体験過程とフェルトセンス　　8
2. 構造拘束　　10
3. フォーカシングのプロセスの基本　　11

Section 3　フォーカシングのいいところ　　13
1. 事柄を話さなくていい　　13
2. 安心・安全の尊重　　14
　ワーク work 1　落ち着いていられる場所（Peaceful Place）　　16
3. フォーカシングはどう役に立つのか　　17
　コラム 01　フェルトセンスはいつも「正しい」か？　　20

もくじ　v

第 **2** 章

Chapter 2

フォーカシングのプロセス　21

Section 1 しっかりとここにいること——プレゼンス　25

1. プレゼンス　25

ワーク work 2　プレゼンスのワーク　25

2. しっかりとここにいる　26

ワーク work 3　しっかりとここにいる　26

3. グラウンディング　27

ワーク work 4　グラウンディング　29

4. リスナーがそこにいることの意義　30

Section 2 フォーカシングを始めるにあたって　32

1. フォーカサーとリスナー／ガイド　32

2. 準備　33

ワーク work 5　クリアリング・ア・スペース　38

コラム 02　うつ病の人のためのクリアリング・ア・スペース　40

Section 3 フェルトセンス　42

1. フェルトセンスとは何か　42

2. フェルトセンスを見つける　44

ワーク work 6　ウォーミングアップ（からだのチェック）　46

ワーク work 7　好きな人・嫌いな人　47

ワーク work 8　近づかれる実習　48

ワーク work 9　音楽のフェルトセンス　49

ワーク work 10　幸せな状況についてのフェルトセンス　50

Section 4 フォーカシング的態度　51

vi　もくじ

1. フォーカシング的態度とは　51
2. ２つ以上の気持ちがあるとき　52
3. 認めること，とどまること　53

ワーク work　11　森の小動物　55

4. 内なる批判家への対処　57

コラム 03　親鳥に学ぶフォーカシング的態度　58

Section 5　フェルトセンスの表現　60

1. フェルトセンスの「質」とは　60
2. ハンドル表現を見つける　61
3. フェルトセンスの象徴（シンボル）化　62

ワーク work　12　KOL-BE ボディ・マッピング　63

Section 6　共鳴　65

1. 共鳴とは？　65

コラム 04　セッションを進めるための小さなフォーカシング　67

2. ジグザグ　68

Section 7　進展　69

1. フォーカシングにおける前向きの動き　69
2. フェルトセンスへの問いかけ　71

Section 8　生活へ──セッションの実り　73

1. 受け取る　73
2. 行動ステップ　74
3. 行動ステップの活用　76
4. 行動ステップの原則　77
5. セッションを終わりにする　77

Section 9　いろいろなフォーカシングの進め方　78

1. ジェンドリンの６ステップ　79
2. コーネルの５ステップ　83
3. その他　86

もくじ　vii

Section 10 フォーカシングで困ったときに　88

1. 困ったときの大原則　88
2. フォーカシングがうまくいかないときにまず必要なこと　88
3. 困ったときのためのアイデア　89

Section 11 リスナーとしての心得──傾聴　93

1. 傾聴の基本　94
ワーク work 13 ３つの椅子を用いたフォーカシング・デモセッション　102
2. フォーカサーに教えてもらう　103
ワーク work 14 近づく実習　104

Section 12 ガイド　109

1. ガイドの基本姿勢　110
2. プロセスを把握する　113
3. 提案を伝える　115
4. ガイドの精度を高めるために　122
5. ガイドのトレーニングとコーチ法　124

第3章

Chapter 3

生活の中のフォーカシング
フォーカシングの広がり　127

Section 1 何でもフェルトセンシング　130

1. 現象としてのフォーカシング　130
2. 生活の中のフォーカシング　130
コラム 05 フェルトセンス・リテラシー　132
コラム 06 コミュニティウェルネス・フォーカシング　133

Section 2 フォーカシングを生活に活かす 135

1. フォーカシングって何の役に立つの？ 135
   ワーク work 15 からだを使って書く 135
2. さまざまな人生の選択 137
   コラム 07 料理とフォーカシング 138
   コラム 08 住まいとフォーカシング 139
   コラム 09 スポーツとフォーカシング 141
   コラム 10 ファッションとフォーカシング 144
3. 身体症状へのフォーカシング 145
4. 生活の中でのフォーカシングからセラピーへ 146

Section 3 人間関係とフォーカシング 146

1. 自分の感じも相手の感じも両方大事にする 146
2. コミュニティグループ 147
   コラム 11 インタラクティブ・フォーカシング 148
   ワーク work 16 フォーカシング指向アート鑑賞 150
   ワーク work 17 価値観のワーク 152
   コラム 12 ミラーリング（子どもとフォーカシング） 156

第4章 Chapter 4

フォーカシング指向心理療法 157

Section 1 フォーカシング指向心理療法の基盤――関係性 162

Section 2 フォーカシングの学びが傾聴の質を高める 164

Section 3 セラピストのフォーカシング 166

Section 4 体験的応答　169

Section 5 体験過程尺度　172

Section 6 クライエントのクライエント　174

Section 7 クライエントのプロセスを深める関わり方　175

1. フェルトセンスへの気づきをうながす　175
2. 指し示す応答　177
3. セラピストの感受性とフォーカシング的態度　178
4. フェルトセンスの表現を助ける　179
5. フォーカシングステップの一部を活用する　180
6. セラピーの中で提案をする際に用いる二段階教示　180
7. フォーカシング的態度と二段階教示　182

Section 8 他の流派との響きあい　182

1. 精神分析　184
2. ユング派　185
3. エモーションフォーカスト・セラピー　186
4. AEDP™ 心理療法　187
5. 行動療法　188
6. フォーカシング指向表現アーツセラピー（FOAT®）　190

ワーク work 18 フォーカシング指向 PCAGIP　194

第5章

Chapter 5

心理療法を超えて　197

Section 1 マインドフルネスとフォーカシング　200

1. マインドフルネスとは？　200

x　もくじ

2．マインドフルネスとフォーカシングの共通性（プレゼンス）　201
3．フォーカシングとマインドフルネス瞑想の両方を実践すること　202

ワーク work | 19 フォーカシングの前に行なうマインドフルネス瞑想　203

Section 2 神経科学とフォーカシング　204

1．自律神経とは　204
2．つながる感覚——内受容感覚と外受容感覚　205
3．からだからのつながり——ニューロセプション　206
4．ポリヴェーガル理論とフォーカシング　207

Section 3 ジェンドリンの哲学　209

1．「暗含の哲学」とは　209
2．まず相互作用ありき（interaction first）　211
3．停止から生まれるもの　212
4．暗含の哲学の視点から見たフォーカシング指向心理療法　213
5．世界に対する新たな見方　214

コラム 13 「暗含の哲学」がもつ力　215

コラム 14 交差（Crossing）　216

ワーク work | 20 アニクロ（Crossing with Animals）　218

Section 4 TAE（Thinking At the Edge）　219

1．第 1 パート（ステップ 1〜5）　220
2．第 2 パート（ステップ 6〜9）　220

あとがき　225
引用・参考文献　227
索引　231
フォーカシングを学ぶための情報　235

もくじ　xi

執筆担当

久羽　康

第 1 章 Section 1〜3
第 2 章 Section 4, 10, 12
第 4 章 Section 1〜5, 8-1, 2
第 5 章 Section 4［共著］

コラム 01
コラム 14 ［共著］
各章リード文

阿部利恵

第 2 章 Section 1
第 5 章 Section 2

ワーク work 2〜4

榊原佐和子

第 2 章 Section 2, 9

ワーク work 5

高瀬健一（編者）

第 2 章 Section 3, 7
　　　　Section 8［共著］
第 4 章 Section 8-3
　　　　Section 8-5［共著］
第 5 章 Section 1, 3-1, 3〜5

ワーク work 6〜8, 10, 15, 19, 20
コラム 03, 06, 13
あとがき
フォーカシングを学ぶための情報

小坂淑子

第 2 章 Section 5, 6
第 4 章 Section 6, 7, 8-6
第 5 章 Section 3-2

ワーク work 1, 12, 18
コラム 04, 05, 10

山下佳久

第 2 章 Section 8［共著］
第 4 章 Section 8-5［共著］
第 5 章 Section 4［共著］

コラム 14 ［共著］

堀尾直美

第 2 章 Section 11
第 4 章 Section 8-4

ワーク work 11, 13, 14
コラム 11

宮田周平

第 3 章 Section 1〜3

コラム 02
ワーク work 9, 16

日笠摩子（監修）

本書の刊行によせて
コラム 07, 08

田邊　裕　　コラム 09

竹田悦子　　ワーク work 17

笹田晃子　　コラム 12

第1章

Chapter 1

フォーカシング

カウンセリングのエッセンス

新人カウンセラーの世良さんは，最近，ようやく仕事に慣れてきたところです。クライエントさんを前にしても，前ほど緊張はしなくなりました。しかし一方で世良さんは，自分のカウンセリングのやり方に行き詰まりを感じるようになりました。クライエントの言葉にしっかり耳を傾ける，というカウンセリングの基本は意識してやっているつもりなのですが，どうもうまくいっている感じがせず，ただ日常生活の話を聞いているだけになってしまうのです。いろいろな技法をかじってもみましたが，カウンセリングの中で覚えた技法をいざ使ってみようとすると，どうも不自然な感じになってしまいます。
「カウンセリングってどうすればうまくいくんだろう……」
　そんなときに，世良さんは「フォーカシング」のことを耳にしました。最初は，たくさんある技法や流派の一つなんだろうな，と思っていましたが，傾聴や共感的理解と関係があると聞いて少し興味がわきました。世良さんには，今自分に必要なのはクライエントをうまく動かすための技法ではなく，傾聴や共感的理解といったカウンセリングの基本の部分で役に立ってくれる何か，「聴き方」のスキルアップにつながるような何かなんじゃないか，と感じられていたのです。

　　　□　　□　　□

　新人サラリーマンの倉井さんは，仕事のストレスで体調を崩したのをきっかけにカウンセリングに通いはじめました。担当カウンセラーは世良さんという女性で，どんな話をしても真摯に耳を傾けてくれます。世良さんのカウンセリングは倉井さんにとって，一番つらかった時期に大きな支えとなりました。ですが調子を持ち直しつつある最近は，正直なところ，カウンセリングが少し行き詰まっているように感じていました。ここ数回のカウンセリングでは，最近の出来事を話して，今の状態がまあまあ良好であることを伝えて，それなりにうまくやれていますね，という結論で終わるという感じになっています。倉井さんは，本当は何かもう少しカウンセリングでちゃんと考えたい大事なことがあるような気がしていました。それが何なのかははっきりと言葉になりませんでしたが，カウンセラーに任せているだけで

どうにかなるようなものではないということは、なんとなく感じていました。
「何かもう少し、自分自身のために自分でできることはないのかな……」
そんなときに倉井さんは「フォーカシング」というものがあることを知りました。フォーカシングはカウンセリングの研究から出てきたものではあるけれど、カウンセラーにやってもらうものではなく、自分自身のために学ぶことができるものだと聞いて、倉井さんは興味をもちました。

□　□　□

本書は、自分自身のためにフォーカシングを学びたい人にも、心理カウンセリングなど対人援助の仕事のスキルアップのためにフォーカシングを学びたい人にも、どちらにも役に立つように書かれています。フォーカシングはシンプルなプロセスですが、豊かで、広く役立つものです。でも、フォーカシングが「どう役に立つのか」をちゃんと理解することは、なかなか簡単ではありません。というのもフォーカシングは、私たちがものごとを体験する仕方、何かを語る語り方の根本に関わっているからです——フォーカシングの意義をちゃんと理解することは、ものごとに関わる姿勢が少し変化することを意味しているのです。本書に書かれていることは、あなたにとって、はたしてどんな意味をもつでしょうか。それを確かめながら読んでいただけたら、と思います。

さて、まずは「フォーカシングとは何なのか」ということからお話しすることにしましょう……

Section

1 フォーカシングとは何か

1. フォーカシングというプロセス——自分の感じに耳を傾ける

　フォーカシングとは，カウンセリングや心理療法の本質に関わる，あるプロセスのことです。……と言うと，フォーカシングという言葉を知っている人は，ひょっとしたら「ん？」と思うかもしれません。フォーカシングは一般には一つの技法として知られているからです。もちろんフォーカシングは，自分自身に向きあうための体系化された技法でもあります。しかしこの言葉は，もともとは，カウンセリングの効果研究の中で見いだされた独特な心の動きを表わしています。フォーカシングは，いわばカウンセリングのエッセンス（の一つ）であり，私たちのありようを，あるいは私たちの世界との関わりを，進展させてくれるようなプロセスなのです。

　ではフォーカシングはいったいどんなプロセスなのでしょうか。ごく簡単に言うと，フォーカシングは自分の感じている感じに耳を傾けるというプロセスです。私たちは常に，まだ言葉になっていないようなたくさんのことを感じています。しかし私たちは，自分が感じている感じにちゃんと耳を傾けずに，表面的な言葉で物事を処理してしまうことがあります。たとえば，誰かがあなたの様子を見て「大丈夫？」と声をかけるとしましょう。あなたは即座に「大丈夫！」と答えて，自分は大丈夫だということにしてしまって，それ以上は考えない（感じようとしない）かもしれません。あるいはあなたは，「サイアク！」と答えてしかめ面をつくって，不機嫌なまま（ちょっと周りに八つ当たりしたりしながら）一日をすごすかもしれません。どちらの場合も，自分の感じている感じに耳を傾けるというプロセスは起こっていません。自分が本当に大丈夫なのかどうか，どう大丈夫でどう大丈夫じゃないのかを感じ取るためには，あなたは少し立ち止まって，自分自身に耳を傾ける必要があります。ちょっと自分の胸に，あるいはお腹に手を当てて，10秒か20秒ぐらい静かに立ち止まって，自分が大丈夫かどうか自分に尋ねてみましょう……どうでしょうか……からだの答えは，「うん……大丈夫，本当に」かもしれませんし，「全然大丈夫じゃ

4　第1章　フォーカシング——カウンセリングのエッセンス

ない！」かもしれません。でもどちらにしても，そこには「私は大丈夫かどう
か」をあなたに教えてくれる何かがあります。それは漠然とした微妙な感じで
す。そしてそこには，単に「大丈夫か大丈夫じゃないか」だけでない，もっと
複雑な感覚が含まれています。あなたは，その感じに触れながら，こんなふう
に語りはじめることもできるかもしれません……「んー……だいぶくたびれて
いるっていうか，こう……ハァー，あぁーあ，みたいな感じ……そう，どっち
かというと，くたびれているっていうよりは，あぁーあ，みたいな感じなのか
な……なんていうか……スマートに仕事をこなす自分でいたいなあというのも
あるんだけど，一方で，しばらく嘆いていたいっていうか…………そう，ポジ
ティブじゃない自分でいられる空間が欲しい……」。

　こんなふうに自分に耳を傾ける時間をとるというのは，普段はなかなかでき
ない贅沢かもしれません。私たちが暮らしている社会では，筋の通った明確な
結論を素早く出すのがスマートだと考えられているところがありますから。そ
れに，自分の感じていることを抑えるほうが周囲とうまくやっていけるという
ことも確かにあるでしょう。しかし自分の感じをずっと無視したままでいると，
私たちはいずれ「私」というものを見失ってしまいかねません。時々でもちゃ
んと時間をとって自分に耳を傾けることは，自分が自分として，豊かに，そし
て柔軟に日々を生きていくうえで，大切なことです。

　自分にちゃんと耳を傾けてみようと思う人は，それ（私たちの内側の感じ）
はスムーズに素早く出てくるものではないこと，筋が通っていなかったり明確
でなかったりするものだということを知っておく必要があります。このような，
多くの場合には漠然としか感じられない微かで具体的な感覚を，**フェルトセン
ス**と言います。先ほどの例で「自分は大丈夫かな？」と自分に確かめていると
き，私たちは何かに注意を向けているわけですが，その何かがフェルトセンス
です。それは不確かでつかみづらい感覚かもしれませんが，そこには新しい理
解や進展が生じる豊かな可能性が含まれています。

　フォーカシングを学ぶということは，少し時間をとって，フェルトセンスに，
つまりまだ言葉になっていないし理屈が通ってもいない感じにやさしく耳を傾
けるという，そんな関係を自分自身との間にもつことです。これは特別なこと
ではなく，多くの人が程度の差こそあれ自然にやっていることです。しかしこ

のシンプルで自然なプロセスは，大事に深めていけばとても豊かなものになっていきます。私たちはフォーカシングを学ぶことで，より深く自分自身とつながり，自分自身として生きることができるようになります。そしてより深く自分自身とつながることは，私たちの内に流れている自然な成長の可能性に進展の機会を与えてくれます——フォーカシングが生み出す心の空間の中で，あなたの内側の何かが一歩ずつ先へと進んだり，深まっていったりするのです。フォーカシングは（ジェンドリンによれば）「シンプルなドア」なのですが，そのドアは自己一致や自己実現に向かう道へと通じています。

2. フォーカシングの「発見」

フォーカシングがどんなふうに見いだされたのか，そのストーリーを少しお話ししましょう。このプロセスを「発見」したのは，ユージン・ジェンドリン（Gendlin, E. T.）という人です。周りの人はみな，親しみを込めて彼を「ジーン」と呼びます（「ジェンドリン先生」みたいな言い方をする人にはあまり会ったことがありません）。ジェンドリンは1926年12月25日にウィーンに生まれました。ユダヤ人であったジェンドリンは後年，少年時代に家族とともにナチスから逃れたときの体験を語っています。ジェンドリンとその両親はその際に，住居を世話してくれるというある人物のもとを訪れるのですが，父親はその人物を「自分のフィーリングが『NO』と言う」という理由で信用しませんでした。ジェンドリンはそのことに大変驚いたそうです。というのも，そのときにはその人物を頼ることが唯一の希望に思われたからです。彼は，自らに語りかけてくるフィーリングというものがいったいどのようなものかと自問し，そして40年後にフォーカシングをどのように発見したのか尋ねられたときにこの少年の日を思い出したと述べています。

ジェンドリンはその後，両親とともにアメリカへ渡り，やがてシカゴ大学で哲学を学びはじめます。そして博士論文を書いている時期に，現代のカウンセリングの基礎を築いた心理療法家の一人であるカール・ロジャーズ（Rogers C. R.）のもとを訪ねます。ジェンドリンは，自分が研究していた体験過程の象徴化のプロセス（これについては後述します）が心理療法と関連していると考え

たのです。

　ロジャーズのグループに加わり臨床心理学の道に足を踏み入れたジェンドリンは，グループの中心メンバーの一人となります。ロジャーズやジェンドリンはその後ウィスコンシン大学に移り，そこでウィスコンシン・プロジェクトと呼ばれる大規模な心理療法の効果研究を行ないました。ロジャーズは，セラピストがクライエントに無条件の肯定的なまなざしを向け，クライエント自身の視点や感じ方に立ってクライエントを理解し，そして偽りなく自分自身でいることが，クライエントの肯定的な変化の条件として重要と考えていました。そこでロジャーズは，ウィスコンシン・プロジェクトでこの仮説を検証しようとしたのです。しかし研究の結果はロジャーズの仮説を十分に裏づけるものではありませんでした。研究の中でわかってきたのは，心理療法が成功するかどうかを予測するには，セラピストの態度ではなくクライエントの話し方に注目したほうがいいということでした。クライエントが，自分自身がそのときまさに感じているフィーリングに触れながら話をしているとすれば，その心理療法はうまくいくことが予測できます。逆に，クライエントが自分のフィーリングには触れず，自分と無関係の話をしたり，事柄をただ客観的に話すだけだったりするような場合には，心理療法はあまりうまくいきません。

　これはちょっとショッキングな結果です。心理療法の成否はかなりの程度クライエント側の条件によって決まっていて，セラピストがどんなふうに関わるかは（無関係ではないにしろ）それほど重要ではない，というわけですから。しかしどうでしょうか，もし成功した心理療法のクライエントがやっていることを誰でも学ぶことのできるメソッドにできるならば，よりたくさんの人が心理療法の恩恵を受けることができるはずです。ジェンドリンはうまくいく心理療法で起こっているプロセスを記述し，これにフォーカシングという名前をつけました。そしてこのフォーカシングというプロセスを，教えることができ，学ぶことができる方法として体系化したのです。フォーカシングがプロセスでもあり技法でもあると言ったのは，そういうことなのです。もちろん，本質的には両者は同じものだとも言えます。技法としてのフォーカシングはプロセスとしてのフォーカシング（「現象としてのフォーカシング」と呼ぶこともあります）が生じるようにするための方法だからです。

1　フォーカシングとは何か　　7

ジェンドリンのメソッドは，『*Focusing*（フォーカシング）』（Gendlin, 1981
／訳 1982）という本を通じて世に紹介されました。この本は現在ではさまざ
まな言語に翻訳され，世界中で広く読まれています。ジェンドリンは他にも哲
学的思索や心理療法論の執筆を含む幅広い活躍をし，多くの賞も受賞しました。
晩年は主に哲学の分野での執筆に専念していましたが，2017 年 5 月 1 日に 90
歳で亡くなりました。2021 年 7 月にはアメリカ心理学会から生涯功労賞を贈
られています。

Section
2　フォーカシングの理論

　ここで，フォーカシングの理論について少しお話ししましょう。ジェンドリ
ンはもともと哲学者で，フォーカシングの背景にはジェンドリンの哲学があり
ます。ですので，フォーカシングの背景理論をちゃんと理解しようとすると実
はなかなか難解です。ジェンドリンの哲学についてはこの本の後のほうで少し
触れますが，ここでもごく簡単に，基本的な理論を紹介することにしましょう。

1. 体験過程とフェルトセンス

　フォーカシングでは体験ということをとても大事にします。ここで言う体験
とは，たとえばバンジージャンプを体験したとか，この仕事は大変だったけれ
ど貴重な経験になったとか，そういった特定の事柄に関する「体験」だけを意
味しているわけではありません。フォーカシングで重視される体験とは，私た
ちがいつどんなときでもその中に身を置いている，体験の流れのことです。こ
の体験の流れを**体験過程**（experiencing）と呼びます。
　体験過程にはさまざまな事柄が含まれています。たとえば，遠くから聞こえ
てくる自動車の音や，あるいは誰かが少し離れたところで作業をしている気配，
自分のからだを支えている椅子の感触や床の感触……他にも，部屋の温度や空
気の乾燥の具合，調子のよさや疲れや肩のこり，などなど，際限なくあげるこ
とができるでしょう。また，たとえばあなたがこの本を読むにいたったいきさ

つやこの本を読んで今後にどう活かしたいと思っているのかといった過去や未来に関わることも，あなたの今ここでの体験の流れの中に文脈として含まれていて，あなたの振る舞いに影響を与えています。

　私たちは体験過程に含まれるこれらのさまざまな側面をすべて意識することはできません（一つひとつは注意を向ければそのつど意識できますが）。しかしからだのレベル，いわば有機体としてのレベルでは，私たちはそういったさまざまな状況や文脈に対して絶えず反応しています。たとえば，木々の葉擦れの音にゆったりした気持ちになっていたり，先ほど誰かと交わした会話にまつわる微かな緊張を自分でも気づかずに抱えていたり，という具合です。こういった自分自身の反応についても，私たちは常に意識しているわけではありません。注意を向けたときにはじめて，私たちは今の状況や文脈にそんなふうに反応している自分に気づくのです。このように，注意を向けることで（いわば）スポットライトを当てられ意識に浮かび上がってくる体験過程の一側面が，**フェルトセンス**だと言えます。フェルトセンスとは今身を置いている状況や文脈に対する有機体としての「私」の反応，あるいはその反応への気づきです。ですからそれは多くの場合，ある種のからだの感覚として感じられます（ただし，からだの感覚という側面がはっきりしないフェルトセンスもあります。たとえば「今の話，なんとなくだけど，どこかおかしくない？」という感覚もフェルトセンスの一種です）。

　フェルトセンスはある種の意味の感覚を伴っています。意味といっても，「これはこれこれこういう意味である」とはっきり明示できるような「意味」だけではありません。たとえば洋服のセンスという言葉は，このジャケットはいいなあとか，この組み合わせは悪くないとか，そういった感覚を感じ取れる感受性を指していますね。そこには，「これはいい」「なんとなくいまいち」「明らかに変なんだけど，なんか惹かれる」というような，ある種の価値の方向性が含まれています。もちろん「いい」「悪い」だけでなく，「どことなくはかなげ」「ダサかっこいい」「なんていうかこう……いわく言いがたい感じ」などなど，いろんな感覚がありうるでしょう。フェルトセンスが意味の感覚を伴っているというのはこのように，その感じが「私」にとってなにものかである，なにごとかであるという，そのことを指しています。それはとても感覚的なものです

が，単なる感覚刺激ではありません。それは，私たちの語りの豊かな源泉となるような，原初的な意味感覚です。「私」の体験過程はそのような，状況の「私」にとっての意味の感覚と，その意味の感覚に反応するからだとしての「私」との，相互作用から成り立っています。

体験過程の概念はジェンドリンが提示したものですが，ロジャーズの理論にも影響を与えています。ロジャーズは，セラピストにとってもっとも重要なのは専門家として何かを教えたり与えたりすることではなく，クライエント自身のプロセスに添っていくことだと考えましたが，クライエント自身のプロセスを理解するうえで体験過程やフェルトセンスの概念はきわめて有効です。技法としてのフォーカシングは，ロジャーズが提唱した心理療法アプローチであるパーソンセンタード・アプローチとは別ものとして扱われることもありますが，ジェンドリンの考えたことがパーソンセンタード・アプローチの背景理論の一部を形づくっていることは確かでしょう。先ほど少し触れたように，ロジャーズはセラピストの態度が3つの条件を備えていることを重視しましたが，無条件の肯定的関心，共感的理解，そして純粋性（あるいは自己一致）という3つの条件の意味するところは，体験過程やフェルトセンスを視野に入れることでより深く理解することができます。詳しくは第4章「フォーカシング指向心理療法」（p.157）を参照してください。

2. 構造拘束

体験の流れに触れ，状況への自分自身の反応に触れることは，私たちの世界との関わりに豊かさと柔軟さをもたらしてくれます。この際に重要な役割を果たすのが，言葉，あるいはもう少し正確に言うと**象徴化**のはたらきです。私たちが自分の周りで起こっていることに注意を向けたり，状況への自分自身の反応を感じ取ったりできるのは，言葉が体験過程の一側面を指し示してそこにスポットライトを当ててくれるからです（ジェンドリンの理論では象徴化とは，このように，なんらかの**表現**が体験の一側面を指し示し浮かび上がらせることを意味します）。

しかし言葉は，言葉自体の凝り固まった枠組みをつくり上げ，人が状況や自

分の反応を豊かに感じ取るのを妨げてしまうという側面ももっています。たとえば私たちが，「こういうふうに振る舞うべきだ」というように何が正しいかを言葉で決めつけようとしたら，そのような言葉ははたして体験を豊かにしてくれるでしょうか。セラピスト（カウンセラー）の場合を例にとるならば，カウンセリングの中で起こっているプロセスを，たとえば「ああ，これは抵抗だな」とか「ああ，受動的攻撃性というやつだな」というように専門用語に当てはめて，それで説明した気になってしまって，クライエントの体験に含まれているはずの豊かな細部を切り捨ててしまうこともあるかもしれません。判断基準や理解のための視点を固定してしまうのは，確かに楽ではあります。しかしあまりそればかりしていると，私たちはそこにある感じに含まれている繊細なあやを感じ取らなく（感じ取れなく）なってしまいます。このように，言葉によってつくられた枠組み（構造）に押し込められてパターン化されてしまった体験のありようを，**構造拘束的な体験様式**と言います。

　私たちが生きている世界にお決まりのパターンを当てはめて理解することは効率的に日常生活を送るうえで役に立ちますし，必要なことでもあるでしょう。しかしいつも同じような物の見方を通してしか物事を見られなくなってしまうと，私たちは変化に柔軟に適応していくことができませんし，成長への動きや創造性は抑えつけられてしまいます。そうならないためには，私たちは言葉や概念を体験的に使う必要があります。つまり，体験過程に触れながら語る，ということが必要になるのです。フォーカシングは，体験過程に触れながらそれを語る（表現する）プロセスないし方法である，と言うことができます。

3. フォーカシングのプロセスの基本

　言葉や概念を体験的に使う，とはどういうことでしょうか。それは，体験に触れ，体験を指し示す形で言葉を使う，ということです。このような形での言葉と体験の相互作用が，フォーカシングのプロセスの基本となります。フォーカシングはただなんとなく「感じ」を感じることではありませんし，もちろん，言葉だけでどんどん話を展開していくことでもありません。体験から言葉にし，そしてまた言葉を体験につなげて確かめていくという，体験と言葉とのジグザ

グの動きがフォーカシングのプロセスです。言葉，と書きましたが，動作やアート表現などによってなされることもありますので，「表現」あるいは「象徴化」というのがより正確です。私たちは表現しようとすることを通じて，体験過程の一側面に触れるのです。

　体験を言葉にすること自体は私たちが日常的にしていることですが，フォーカシングではそこで，言葉とフェルトセンスとを共鳴させる，つまり響きあわせるということをします。私たちは普段，たとえば感想を訊かれて「楽しかった！」と答えてすませてしまうように，言葉と体験のずれに注意を払わないことがよくあります。しかし言葉は，当然のことながら，体験そのものではありません。「その表現でぴったりかな」と自分の内に確かめてみると，多くの場合，そこには「ちょっと違う」とか「そうだけど，それだけじゃなくて……」といったずれが感じられます。それはごく微かかもしれませんが，しかしそのずれにこそ，豊かな進展の可能性が宿っています。そこには，感じられているけれどもまだ表現になっていない何かがあるからです。この，感じられてはいるけれどまだ表現になっていないという体験の領域を，**エッジ**（辺縁）と呼びます。

　このエッジに新鮮な表現が与えられること（エッジから新鮮な表現が出てくること）がフォーカシングの核となります。体験のエッジに注意を向け，そこにある感じを表現し，そして表現をまた体験に共鳴させるというプロセスの中で，「ああ！」と，ぴったりの表現が見つかることがあります。このとき，ある体験的な展開が生じます。それは思い出せずにいた人の名前を思い出したときにも似たある種の安堵感であり，あるいは深く息をつくような，笑みがこぼれるような，時には涙が出てくるような，そんなからだの感覚として感じられる動きです。これを，**シフト**（**フェルトシフト**），あるいは**進展**と呼びます。

　私たちは自分に（自分のフェルトセンスに）耳を傾けるとき，そこにあるものを理解しようとしているわけですが，不思議なことに「ああ，そうか！」という理解の感覚は，私たちが理解しようとしている当の対象であるその体験を，微妙に，あるいは大きく変化させます。私たちはよく，理解すべき事柄はすでに変わらずそこにあって，それをそのまま受け取るのが理解だ，と考えがちなのですが，実は私たちが自分の体験を理解することは，体験と言葉のずれの中で新しい意味の感覚が生じ，体験が進展するプロセスなのです。

12　第1章　フォーカシング──カウンセリングのエッセンス

以上，簡単ですが，フォーカシングのプロセスを説明しました。フォーカシングのプロセスは，体験と言葉が響きあう中で新鮮な言葉が生まれ体験も進展していくというように，体験と表現との相互作用の中で進んでいくということを覚えておいていただければと思います。第2章ではより詳細にフォーカシングのプロセスが解説されていますので，ぜひそちらもお読みください。

Section 3 フォーカシングのいいところ

　ここまで，フォーカシングは心理療法の効果研究を一つのきっかけとして見いだされ，学ぶことのできる一つの技法として体系化されたということ，フォーカシングはまだ言葉になっていない体験（実感として感じられている意味感覚）に，それを表現することを通じて触れていくプロセスであることをお話ししてきました。自助的な技法（メソッド）としてのフォーカシングは，カウンセリングのように専門家に「してもらう」ものではありません。仲間うちでお互いに聴き役になってフォーカシングの実践の場をもつということもできますし，慣れれば自分一人でも生活の中でフォーカシングを役立てることができます。このセクションではみなさんが自分自身のためにフォーカシングを実践することを念頭において，フォーカシングのいいところを紹介したいと思います。

1．事柄を話さなくていい

　フォーカシングの特色の一つとして，事柄を話さなくてもいい，ということがあります。先程，フォーカシングは仲間うちでお互いに聴き役になって行なうことができるとお話ししましたが，そのときに「詳しくは話せないけれど，あることについてフォーカシングしたい」と伝えて，事柄の内容は伝えず，フェルトセンスとの対話のプロセスだけを誰かに聴いてもらう，ということができるのです。場合によっては，何も言葉にはしたくない，でも自分がフォーカシングをしている間そこにいてほしい，とリクエストして，聴き手にただそこにいて見守っていてもらうこともできます。心の繊細な領域

3　フォーカシングのいいところ　　13

に触れる作業のときには，聴き手がしっかりとそこにいておだやかに注意を向けてくれることはとても助けになりますが，時には，プライベートなことや仕事上の守秘義務に関わることなど，内容を話したくないなと思うことや，中身を話すわけにはいかないようなこともあるでしょう。事柄の内容に触れなくても相手に「聴いてもらえる」というのは，フォーカシングの大きなメリットの一つです。

2. 安心・安全の尊重

　フォーカシングでは**安心・安全**の感覚を最大限に尊重します。フォーカシングのセッションでは，プロセスを先導するのは常にフォーカサー（p.32 を参照）の，つまりフォーカシングをしているその人のフェルトセンスであり，セラピストでもワークショップの講師でもありません。ですのでフォーカシングの集まりでは，フォーカサーのフェルトセンスが「NO」と言うところまで無理に触れたり踏み込んだりはしません。「何が正しいか」という基準を外からその人のプロセスに押しつけるようなことはしませんので，フォーカシングの集まりでは場の安心・安全は守られやすいと言えると思います。フォーカシングのプロセスの中に意味のありそうなものが出てきたときでも，本人の中に，それには触れられない，今はそれはできないという感覚があるときには，その感覚を尊重し，必要があればその「NO」の声そのものに耳を傾けていきます。

　もちろん，フォーカシングを介した集まりだからといって，場の安心・安全が「自動的に」守られるわけではありません。安心・安全が守られるためには，そこが安心・安全な場となるよう，参加する人全員が積極的に意識する必要があります。フォーカシングを行なう場に参加される際，みなさんには 2 つのことをしていただく必要があります。一つは，自分の安全を自分で守ると決意すること。もう一つは，その場の安全をみんなで守ると約束することです。以下に，自分の安全と場の安全のために必要と考えられる事柄をあげます。

●自分の安全のために

　あなたにとって何が安全で何が安全でないかがわかるのは，あなただけです。

あなたがこの場で感じているものを大事にし，尊重しましょう（自分のニーズをその場で感じ取り，それを尊重することは，それ自体がとても有意義なフォーカシングの練習になります！）。

①やりたくないことはパスする

ワークやセッションの際，自分の感覚（フェルトセンス）が「NO」と言っていたら，パスしましょう。

②不必要な提案はシンプルに断る

リスナーやガイド（p.32を参照）からの提案があなたにとって必要ないものだったり，フィットしないものだったりしたときは，そう相手に伝えましょう。他のことが必要であれば，それもシンプルに伝えましょう。断ることへの弁解は不要です。

●場の安全のために

皆でつくり上げる安心・安全の場の感覚はフォーカシングの実践にとってとても重要な意味をもっています。曖昧で繊細な感覚に触れそれを表現しても（あるいは表現しないことを選択しても）それがそのまま受け入れられる環境があってはじめて，私たちのフェルトセンスは豊かに展開するためのスペースを得ることができます。みなさんも，ワークショップやコミュニティ，勉強会などでワークする際に，繊細な感覚に誠実に触れても安心・安全と感じられるような場をつくるため，次のことを約束し，実行してください。

①内容に触れない

セッションで語られた内容の詮索や内容に関するアドバイスはしないでください。また，他の人がセッションで語ったことを解釈することも禁止です。フォーカシングセッションの振り返りは，あくまでもフォーカシングプロセスの振り返りとして行なってください。

②秘密を守る

他の人のセッションの中で語られたこと，その場で起こったことを，その場以外で話すことはしないでください（もちろんSNSにあげたりするのも禁止です！）。自分のセッションについて誰かにシェアするのは自由です。また，他の人のセッションに接する中で自分自身の内に生じたことも，セッションの

3　フォーカシングのいいところ　　15

内容に触れなければ，シェアしてかまいません。自分のプロセスは自分のもの，でも人のプロセスは人のもの，ということですね。

③批判や批評をしない

　語られた内容について批判しないことはもちろん，プロセスややり方についても，批判したり良し悪しを評価するようなことはしないでください。フォーカシングのプロセスは人によってさまざまですし，その人は今まさに新しいことにチャレンジしているところかもしれないのですから。ただし，その人の成長をサポートするフィードバックは歓迎です。

ワーク work 1　落ち着いていられる場所（Peaceful Place）

　このワークは，当初は，「安心できる場所（Safe Place）」でした。しかし，トラウマを経験した人の中では，安心できる場所を見つけるのが難しい人もいることに気づいたローリー・ラパポート（Rappaport, L.）は，「落ち着いていられる場所（Peaceful Place）」と呼び名を変え，より安全に行なえるようにしました。

　落ち着いていられる場所のワークは，自分にとって，心からほっとできる空間はどんなところかを確かめ，そのフェルトセンスを感じ，覚えておくためのワークです。場所は，過去の記憶の中や，実際にある場でもいいですし，想像上の場所でもかまいません。

　落ち着いていられる場所を思い描き，その場にいるときのフェルトセンスを感じることで，その場でリラックスすることもできます。またそのフェルトセンスを記録しておくことで，不安になるときに少し安心するためのツールとしてもっておくこともできます。トラウマに取り組む前の準備として最初に行なうことで，つらい体験を思い出したときにも安心感を思い出し自分を支える資源を確保することもできます。

■やり方■

　紙と，筆記用具やアート素材（色鉛筆やクレヨンなど）を準備します。

①座っている椅子に深く腰掛け，床が足の裏を支えていること，椅子がお尻や背中を支えていることを感じます。床に座っているなら，床がからだを支えている場所を感じます。

②ゆっくり息を吸い込み，空気がからだの中に入っていき，胸やお腹が膨らんでいくのを感じます。ゆっくりと息を吐き，空気が出ていき，胸やお腹が凹んでいくのを感じます。何回かゆっくり呼吸を繰り返します。

③落ち着いていられる場所を思い浮かべてみましょう。その場所は，すでに知っている場所かもしれませんし，想像上の場所をつくり出してもかまいません。その場所がどのようなところか，自分自身に説明してみてください。そのイメージや，どんな色，どんな音がするか，あるいは静けさ，温度など。その場所についての全体の感じを説明してみます。

④少しずつ，からだの内側に注意を向けていきましょう。あなたの中の「穏やかで，落ち着いていられる」感じの全体はどんな感じでしょうか？

⑤そのの感じをうまく言い表わせるイメージや言葉，フレーズなどがあるかみてみます。しっくりくる表現が出てくるまでゆっくり待ちます。

⑥その安全な場所についてのフェルトセンスにしっくりくる言葉やイメージを書きとめ，描きたければ作品をつくります。

文献

Rappaport, L. (2008). *Focusing-oriented art therapy*. Jessica Kingsley Publishers.（池見 陽・三宅麻希（訳）(2009). フォーカシング指向アートセラピー　誠信書房）

3. フォーカシングはどう役に立つのか

　ジェンドリンはある講演の中でフォーカシングが幅広い領域で役に立つことに言及し，フォーカシングを宣伝するのは難しい，何でも治せる茶色い液体を売るようなもので，そんな怪しいものは誰も買わない，というようなことを言っています。もちろんフォーカシングは，「何でも解決する魔法の薬」ではありませんが，実際のところかなり広く役立ちます。人の話にちゃんと耳を傾けることが広く役立つのと同じです。

　とはいえ，どう役に立つのか，どんな効果があるのかを説明するのは，なかなか難しいのです。実際には，フォーカシングに効果があることはさまざまな研究で明らかにされています（Hendricks, 2002 や Krycka & Ikemi, 2016 を参照）。しかし，フォーカシングを学ぶことで得られるメリットの本質的な一側面には，私たちが自分への見方を変え，自分との接し方を変え，あるいは世界

3　フォーカシングのいいところ　　17

や人生との関わり方を変えるということが含まれています。そのためフォーカシングの効果を，自分の感情や悪癖をどうコントロールするか，人生をどう効率的に先に進めていくか，どうすれば明確な成果が得られてたくさんのいいものをおみやげとして持って帰れるかという観点から説明するのでは，フォーカシングの一番大事なところはお伝えできないように思うのです。フォーカシングの良さを説明するには，ひょっとしたら詩のような形にするのがいいのかもしれません。詩は日常の価値観を離れて，人生の本質を垣間見せてくれるからです。イスラエルの詩人ミハル・スヌニットが書いた『*The Soul Bird*』［江國香織（訳）『心の小鳥』河出書房新社　1999年］という小さな本は，フォーカシングの本として書かれたものではありませんが，フォーカシングが大事にしていることを素敵な文章で表現しています（フォーカシングが大事にしていることはフォーカシングの専売特許ではなく，より普遍的なものなのです）。

　それでも，フォーカシングの効果として，以下のようなことをあげておくことはできるだろうと思います。フォーカシングは，自分の中のどうにも扱いづらい感情を，それと対話し仲直りし言い分を聴くことを通じて，扱いうるものにします。自分自身の心身の不調について，自分のからだと心の声に耳を傾けることを通じて，なんらかの気づきや情報，あるいは改善を得られるかもしれません（自分に向きあうということが難しいほど混乱してしまっているときや心のエネルギーが極端に低下しているときは，一般的なフォーカシングのやり方はお勧めできません。そんなときには**クリアリング・ア・スペース**というやり方が参考になるかと思います。p.36を参照してください）。現実の困った出来事や他の人との関係についても，それを直接解決することはできないかもしれませんが，その状況についてあなたが感じていることを整理し，それを地に足がついた形でとらえなおし客観視して，あなたが本当に気になっていることは何か，本当に必要としているものは何かを時間をかけて探索していくことができます。このことは，プロセスを先へと進めるうえで，大きな助けになるかと思います（状況への新しい視点が生じて，その状況への感じ方が大きくシフトすることもあります）。フォーカシングのような「主観」を大事にするものが「客観視」の助けになるというのは不思議な気もしますが，本当に地に足のついた客観視というものは，おそらく良質な主観を通じてもたらされるものだ

ろうと思います。また，フォーカシングを通じた現状整理は，今置かれている状況を超えて，あなた自身の中で長年止まったままでいるもの，ずっと耳を傾けられずにきた領域に，思いがけずつながっていくこともあります。

　フォーカシングはとてもシンプルなものです。フォーカシングがさまざまな状況，さまざまな領域で役に立つ理由は，そこにあります。とはいえ，フォーカシングを学ぶことがあなたにとって簡単なことだとは限りません。フォーカシングを学ぶことは，あなたがこれまでとは違う態度で自分自身に関わること，これまでとは違う姿勢で世界に関わることを意味するかもしれないからです。そのため，あなたがこの新しい自分との関わり方に慣れるまでは，「うまくいかないなあ」と感じることも多いかもしれません。

　でも実際は，フォーカシングを「うまくやる」必要などないのです。フォーカシングをあまり「うまくやろう」としないでください。フォーカシングをするということは，たとえぎこちなくても，自分自身に誠実につきあうということです。この本にはあなたが自分自身に誠実につきあうための提案や工夫が書かれていますが，本に従って「正しいやり方」を身につけるのが大事なわけではありません。みなさんが家にお客を招くときに，「正しい客の迎え方」という本を片手に持って，礼儀作法を間違えないことばかり考えていたのでは，お客と豊かな時間はすごせませんよね。本は参考にするけれども，目の前にいるお客にしっかり目を向けて，お客の話にしっかり耳を傾けて，お客を大事にすることのほうが重要です。自分自身に誠実に関わり，フェルトセンスをあなたの内側に招くときもそれと同じです。

　カウンセラーなど対人援助職の方で，クライエントへの有効な援助法を求めてこの本を手に取った方もいらっしゃるでしょう。フォーカシングの視点を用いた心理療法（カウンセリング）は**フォーカシング指向心理療法**と呼ばれています（体験過程療法という呼び名もあります）。本書では，フォーカシングの視点をどうカウンセリングに活かすかということも扱っています。ただ，あなたがカウンセラーで，クライエントに役立てるためにフォーカシングを学びたいと思っているとしても，最初の一歩はやはり，あなた自身が自分の内なる声に耳を傾けられるようになることです。まずは自分自身がやってみましょう！

3　フォーカシングのいいところ　　19

コラム 01

フェルトセンスはいつも「正しい」か？

　フェルトセンスは，いわば主観的に感じられたものにすぎないではないか，そんなものをいつも信用していいのか，直感がいつも正しいとは限らないのではないか？と疑問に思う人もいるかと思います。

　当然のことながら，フェルトセンスがいつも「正解」を導き出せるわけではありません。飛行機の操縦をしたことがない人が，フェルトセンスに従って飛行機を操縦しても，おそらく飛行機は墜落してしまうでしょう。しかし，経験を積んだ操縦士が「何かがおかしい，危ない」と感じるときには，その感覚を無視すべきではないでしょう。その感覚には操縦士の生きた経験からくる知が含まれており，何か大切なことを操縦士に伝えようとしているからです（これはジェンドリンがあげている例です）。

　フェルトセンスは直感に似た形で現われることもありますが，直感とは異なります。フォーカシングは直感に従うことではなく，出てきたものの微妙なニュアンスに触れて，時間をかけて吟味していくことです。「この服，いい！　絶対買うべき！」という「直感」があるときに，立ち止まって自分の内側を感じてみると，そこには束縛されず自由でいたい感覚や，吹き飛ばしてしまいたいもやもやの感覚があること，一方で今月は経済的に厳しいということなど，体験過程のいろいろな側面が見えてくるでしょう。フォーカシングはどちらかというと，熟慮に近いものです。それも，頭で合理的に考えるだけでなく，理屈を超えた身体的な感覚を含めた熟慮です（操縦士が自分の感覚を尊重するときのように）。もちろん，フェルトセンスに相談した結果買うのをやめて，あとで「あー，やっぱり買っておけばよかった！」と思うことだってあるでしょう。私たちのからだの知恵は未来を見通せるわけではありません。人生はなかなか先を見通せないものですが，一時的な思いつきに流されてしまうのではなく，自分自身の内なる声に耳を傾けて物事を決め，そしてそう決めた自分を尊重することができるならば，後悔は少ないように思います。

（久羽　康）

第**2**章

Chapter 2

フォーカシングの
プロセス

世良さんは，フォーカシングの専門家である仁先生のもとを訪ねました。

仁先生：やあ，こんにちは，世良さんですね。

世良さん：よろしくお願いします。フォーカシングのこと，少しだけ読んできました。

仁先生：読んでみてどうでした？

世良さん：すごく興味がわいています。正直，「体験過程」とか，よくわからないこともいろいろありますけど……。でも，フォーカシングというのは特別なことじゃなくて，自然にやっていることなんだ，というのは新鮮な感じがしました。

仁先生：そうなんですね，新鮮な感じ。

世良さん：はい。なんていうか……新しい芽が出てくるのかな，っていうような。こそばゆいような感じです。ちょっとわくわくする感じがしていて……こういう感じはなんか久しぶりです。

仁先生：ほう。

世良さん：私，カウンセリングで使える，新しいやり方を身につけたいと思っていたんです。フォーカシングをカウンセリングの中で使うには，どうしたらいいんでしょう？

仁先生：ああ，世良さんはカウンセラーなのでしたね。フォーカシングはカウンセラーが「誰かに対してする」ものではなくて，自分が自分の感じに対して，おだやかな注意を向けるものだ，っていうのは知ってますか？

世良さん：あ，読みました。自分の感じ……フェルトセンス，でしたね。

仁先生：そうそう。カウンセラーとしての仕事にフォーカシングを役立てたいのだとしても，まずは自分自身がフォーカシングできるようになること，つまり自分のフェルトセンスにおだやかに注意を向けられるようになることが，第一歩です。

仁先生：まず自分自身から，ですか。……できるかな？

仁先生：フォーカシングは最初からわりとうまくやれる人もいるし，とっても苦労する人もいます。とても有能なフォーカシングティーチャーで，最初は全然うまくいかなかったという人もいますよ。

世良さん：そうなんですか！

仁先生：うまくできない人のほうが，フォーカシングがどういうものかわかったと

きのインパクトは大きいのかもしれないですね。でも，あなたはうまくやれるほうの人かな，という気がするけれど。

世良さん：え，そうですか？

仁先生：うん，たぶんね。自分のフォーカシングが上達すると，きっとカウンセリングの中でも，相手の気持ちの繊細な動きへの感受性が育っていくと思いますよ。それに，グループでフォーカシングを学ぶ場合には，フォーカシングの「リスナー」としての，シンプルな聴き方も学んでいくことになります。

だからフォーカシングの上達は，カウンセリングの実践におのずとつながっていくことになると思います。まずは，あんまり「カウンセリングで使うために」と思わずに，自分のフェルトセンスに丁寧に注意を向けることからやっていきましょう。

世良さん：はい！……でも，自分でやるものといっても，どうやったらいいのか……。

仁先生：フォーカシングを6つのステップで考える，シンプルなやり方があります。まずはそのステップを簡単に説明しましょうか。

ジェンドリンの6ステップ（p.79でも紹介しています）

●クリアリング・ア・スペース

フォーカシングの準備として，フェルトセンスを豊かに感じられるスペースを自分の内側に準備します。ゆったりといられる時間を確保すること，適度にリラックスしてからだにおだやかに注意を向ける態勢をつくることも，フォーカシングの準備として大事です。

●フェルトセンス

ある事柄について（あるいは自分が身を置いている生活の流れ全体について）どんな感じがしているか，その漠然とした感じ・感覚・気持ちを見つけます。

●「取っ手（ハンドル）」をつかむ

その感じを言い表わすような言葉や表現を見つけます。

●共鳴させる

自分の感じに，その言葉や表現がぴったりくるか，その言葉や表現でうまく表

わせているか，感じと言葉（表現）を響きあわせるようにして確かめます。まだ全部はうまく言い表わせていないとしたら，そこにこそ，さらに耳を傾けるべき何か，進展につながる何かがあります。

●尋ねる

　自分の感じにやさしく問いかけるようにして，もう一歩深く自分の感じに耳を傾けていくこともできます。その中で，あなたの体験に，微かな，あるいははっきりとした，ひらけが訪れるかもしれません。

●受け取る

　自分の中に見つかったもの，出てきてくれたもの，訪れた理解やひらけを歓迎し，そこにそれがあるなあということを認め，しっかりと受け取ります。

世良さん：うーん，フォーカシングの言葉って，なんか少しふわふわしていて，何のことかよくわからないところがありますよね……。

仁先生：あまり頭で理解してからやろうとすると，行き詰まるかもしれないね。でも，フォーカシングの始まりにあるのは，とても普通の体験です——「うわぁ」とか「うーん」とか，「ああ！」みたいなね。少しずつ，体験から学んでいくといいと思います。あとでもう一度6ステップの紹介をするので，そのときに，「なんとなく，何のことかわかる」という感じが増えていればいいなあと思います。

世良さん：了解です。体験から，ですね。……あの，仁先生，フォーカシングっていうのは一人で本を読んでも学べるものなんですか？

仁先生：まずは本を読んで少し自分でやってみた，という人は多いです。でもやっぱり，誰かがそこにいる，ということの意味は大きいんですよ。フォーカシングそのものは自分でやるものだとしてもね。興味をもってちゃんとやってみようかなと思ったら，ワークショップに出たり，フォーカシングの指導に慣れた人にガイドしてもらったりすることを考えてみてくださいね。

　　　　さあ，ではまず，「しっかりとここにいる」ということから始めましょうか。

世良さん：はい！（……しっかりとここにいる？　なんじゃそりゃ？？）

24　第2章　フォーカシングのプロセス

Section
1 しっかりとここにいること——プレゼンス

1. プレゼンス

　この節のタイトルにも含まれている「**プレゼンス**」という言葉を聞いたことはありますか？「プレゼンス」は英単語の presence に由来する言葉で、「存在」「存在感」という意味で使われています。そこに存在していると実感できる感じ、節のタイトルにもある「しっかりとここにいる」感じということができるかもしれません。

　なんだか、曖昧模糊として、つかみどころがありませんね。

　では、実際に体験してイメージをつかんでいきましょう。

ワーク work 2　プレゼンスのワーク

　どなたか1人、自分にとって、よく話を聴いてくれたり、丁寧にサポートしてくれるような、尊敬し信頼できる実在の人を思い浮かべてみましょう。どんな雰囲気、どんなたたずまい、どんな空気感、印象の人でしょう。その方に会っているときの自分は、どんな感じがしているでしょう。細部までこまやかに、鮮やかに思い浮かべてみましょう。

　ワークをやってみて、いかがだったでしょう。その人の内側から醸し出される空気感、雰囲気のようなもの、その人と会っているときの自分の感じを感じられたでしょうか。

　目の前に確かにいるような存在感、輪郭がはっきりしている感じ、そこにいる暖かさやおだやかさ、落ち着き、余裕、つながり、リラックス、心地よさ、安心・安全など、その人、自分自身、そして2人の間に、よい質感を感じられたのではないでしょうか。

　「プレゼンス」とは、この質感、存在感を示しています。

1　しっかりとここにいること——プレゼンス　　25

フォーカシングティーチャーのアン・ワイザー・コーネルは,「(ほんとうに聴いてもらえたと感じるような, あなたが内側の世界を探求するのにゆとりがあって安全だと感じる質感の)注意を自分自身に向けるとき, 私たちはプレゼンスの状態にいる」(Cornell & McGavia, 2002／訳 2005, p.3)と言っています。

2. しっかりとここにいる

私たちには, からだはここにいても, 頭の中, 思考や感情はあちらこちらに, とんでしまうことがあります。たとえば,「あれ, やらなくちゃ」「あのこと, 気になるな」等, やっていることと別のことが浮かんだり, イライラして目の前の仕事に手がつかなかったりすることはないでしょうか。実際に生きているのは「今ここ」の自分だけなのに, 私たちの頭は, 過去に行ったり未来に行ったり大忙し。いわゆる気が散る, という状態です。しかも, そのことに気がついていないことも多いですよね。

ここで取り上げる「**しっかりとここにいる**」ということは, 自分全体で今ここに存在する, ということです。自分の思考, 感情, 感覚全部を, 自分自身で気づいている状態, そして, 抱えていられる状態, 自分全体が「今」を体験している状態です。

コーネルは,「認める」ということは, プレゼンスの状態に入っていく基本的で, 驚くほどパワフルな方法だとしています(Cornell & McGavia, 2002／訳 2005, p.4)。

つまり自分全部を認め, 抱えている「しっかりとここにいる」状態こそ, フォーカシングの基盤と言えるでしょう。

ワーク work 3   しっかりとここにいる

今ここにいる自分全体を感じてみましょう。
いつもより, 少しだけリラックスして, 座ってみましょう。からだが椅子の背もたれや座面に接している部分が支えられ, 重力にそった座り方ができるよ

う，心地よい座り方を工夫してみます。2〜3回，深呼吸してみましょう。

　準備ができたら，周りを見渡してみましょう。どんなものが目に入るでしょう。

　見たいものに視線を向けてみましょう。見たいもの，目に入ってきたもの全体と，その空間全体を意識してみます。壁が目に入ってきたら，壁の色や質感，形状とともに，壁と自分の間にある空間も意識して見てみましょう。自分がいる空間，環境全体を感じながら眺めてみましょう。

　次に，周りの音に耳を澄ませてみましょう。どんな音が聞こえてくるでしょう。目は閉じていても，開いていてもかまいません。自分を取り囲む空間，360度全体に耳を澄ませ，音を聞きましょう。

　そして，自分のからだに関心を向けてみましょう。床についている足の裏，椅子の座面についているお尻や太ももの感じはどんな感じがするでしょう。背中は，肩周りは，頭は，顔はどうでしょう。感じにくいところ，逆に痛みやコリを感じるところをやさしく触れてあげたり，なでてあげてもいいですね。のどや胸やお腹，自分のからだの中心の感じに意識を向けてあげましょう。呼吸に意識を向け，吸う息によってからだがふくらみ，吐く息によって力が抜けることに気づくのもよいでしょう。

　目や耳やからだの感覚を使って環境や自分の内側を感じながら，自分がどんなことを考えているか，どんな感情を感じているか，浮かんでくる思考や感情に，ただ気づいておきましょう。「なにをしているんだろう」「イライラする」「疲れている」「ここが痛い」「あれやらなくちゃ」……どんなことが浮かんできても，かまいません。「こんなこと考えてはだめだ」「なんとかしなくちゃ」などと，ジャッジしたり無理に変えようとせずに，「あー，こんなこと考えているんだな」「こんな感じがあるな」とただそれに気づき，「今」にとどまりましょう。見えるものや聞こえる音を，無理に変えたりしないように，思考や感情もただ在ることを認め，すべてが，今の自分に起きていることだと，ただわかっておきましょう。今の自分のままで，ここに存在することを，自分に許可しましょう。今現在にとどまりましょう。

　心とからだがワークを始める前よりもおだやかに，明晰になり，十分だと思えたところで，現実に意識を戻しましょう。

3．グラウンディング

　グラウンディングとは，文字どおり，重力に沿って「地に足がついている」のをしっかりと感じている状態です。ローレンス・ヘラーとアリーン・ラピエー

1　しっかりとここにいること——プレゼンス　27

ルは，「グラウンディングは，文字どおりからだへの気づきを取り戻せるように
し，あらゆるレベルの経験と再びつながることをサポートする」とし，「自
分の足が床についているのを感じ，からだが椅子に座っているのを感じること
ができるほど，彼らは今ここに，マインドフルに存在する」としています（Heller
& LaPierre, 2012／訳 2021, p.285）。これまでの「しっかりとここにいる」状
態を，身体感覚から深めていくのが，グラウンディングと言えるでしょう。

　突然ですが，動物園の園長さんを想像してください。園長さんにとって，自
分の園の動物たちは，みんな大事ですよね。でも実は，園長さんにとって苦手
な動物もいるかもしれません。草食動物は好ましいけど，肉食動物が怖かった
り，爬虫類は苦手だったり……。とはいえ，園長さんですから，園全体に意識
を向ける視野の広さ，そして，自分にとってかわいい動物も，嫌いな動物，苦
手な動物も，しっかりと様子を見，声に耳を傾ける態度が必要です。嫌いな動
物だからといって，避けたり，逃げ腰だったりしたら，その動物の様子はわか
りません。園全体にも，どんな動物にも，興味関心をもって，落ち着いて関わ
る余裕が必要です。

　これから学んでいくフォーカシングも同じです。みなさんを動物園の園長さ
ん，自分の内側全体を動物園，そして，動物たちを「内側の感じ（フェルトセン
ス）」と置き換えてみましょう。コーネルは，「フォーカシングは，自分が内的な
自己のためのよい聴き手になる手段」だとし，よい聴き手の要素として，「ある
がままを受け入れること」「場を抱えていること」「本当のところを聴き取ること」
「今現在にとどまっていること」の4点をあげています（Cornell, 1996／訳 1999,
pp.38-39）。自分自身が落ち着いて，おだやかな余裕のあるプレゼンスの状態で，
内側で起きていることに興味を持ち，聴き続け，過去や未来ではなく今にとどま
り続けることで，「内側の感じ（フェルトセンス）」を聴くことができるのです。

　プレゼンスの状態には，実は，心の余裕だけではなく，からだ全体が関わっ
ています。からだを通して，自分全部がしっかりとここにいる感じを感じること
で，心にも余裕をもつことができ，プレゼンスの状態になりやすくなります。

　グラウンディングすることで，「今ここにいること」「しっかりとここにいる
こと」を深めることができます。

　では，実際にグラウンディングのワークを試してみましょう。

ワーク work 4　グラウンディング

　グラウンディングのワークは，椅子に座ってやることも，立ってやることもできます。「しっかりとここにいる」のワークでの，自分のからだに関心を向けるパートを，グラウンディングのワークに置き換えることもできます。

　2〜3回，深呼吸してみましょう。そして最初に，意識を足の裏に向けてみましょう。

　自分の体重がしっかり足の裏にのっている感じ，重力が自分のからだを支えてくれている感じに意識を向けてみましょう。座っている人は，床についている足の裏から，太ももやお尻など，椅子の座面についている部分にも意識を向けてみましょう。しっかりと体重が座面や床の上にのっていて，重力によって支えられている感覚に意識を向けてみます。どこに体重がのっているでしょう，私たちのからだが，重力によって支えられていること，重力に従っていることを感じてみましょう。

　次に，足の裏，足の裏からお尻や太もも，そして，骨盤へと意識を向けていきましょう。骨盤，座骨から上に向かって背骨が伸びているのを感じましょう。背骨，首，頭のてっぺんまで，自分の中心線を下から上に感じていきましょう。自分が大木になって，根っこから水や栄養を吸い上げ，自分の中心を通り，頭のてっぺんまで届けるようなイメージで，足から背骨，頭までを感じてもいいですね。

　今度は，ゆったりとした呼吸をしながら，日光が自分のからだに入っていくのをイメージしましょう。つむじから入った日光は，頭全体を満たし，首，背骨を通って，骨盤全体に広がっていきます。そして骨盤から太もも，ふくらはぎを通って，床についた足の裏から，大地に流れていきます。光合成でできた栄養が樹の幹を通って根っこまで届くように，光が自分のからだの中心を通っていくのを感じましょう。実際に暖かさや，さわやかさを感じる方もいらっしゃるかもしれません。

　ご自分が心地よいと感じられるまで，地面についた足からつむじ，つむじから足までを，重力，そして呼吸とともに感じてみましょう。「しっかりとここにいる」感じをより深めていきましょう。

日常生活の中で，自分にとって嫌な出来事や苦手な感情が起こることがあり

1　しっかりとここにいること――プレゼンス　29

ますよね。グラウンディングは，嫌だったり苦手なことが起きて，心が揺れたとしても，自分の中心に戻ることを手伝ってくれます。グラウンディングを深めていくと，大木の枝葉が大風に揺れても，幹がしっかりしていて，大地深くに張った根っこが木全体を支えてくれるように，多少揺れても大丈夫だという安心感，自分自身に対する信頼，余裕を感じられるようになります。

これから学ぶフォーカシングでは，まず自分が「しっかりとここにい」て，グラウンディングしている状態から始めることが大切です。特に，自分が苦手だったり，嫌だったり，避けたいような出来事や感じを扱う場合には，グラウンディングする時間をしっかりもつことが重要です。

4. リスナーがそこにいることの意義

フォーカシングセッションが，フォーカサーにとって，まだ見ぬ世界を探索する冒険だとすると，リスナーという冒険のパートナーがいることには，どんな意義があるのでしょう。

ソマティック心理学博士のキャシー・ケーンとステファン・テレールは，「あなたのことを見ています。あなたのことを聴いています。そして，あなたのことを信じています」（Kain & Terrell, 2018／訳 2019, p.235）という基本姿勢を守ることが，クライエントが十分に理解されていると感じられる方法だとしています。このセラピストとクライエントの関係は，フォーカシングにおけるフォーカサーと内側の関係，そしてフォーカサーとリスナーの関係にもそのまま当てはまります。

先の「2. しっかりとここにいる」で述べたように，私たちが，真剣に話を聴いてもらいたいとき，相手が何か別のことをしていたり，別のことを考えて上の空だったりしては，自分に興味関心を向けて，丁寧に大事に聴いてもらった感じがしません。フォーカサーと内側の関係同様，リスナーが，フォーカサーのよい聴き手として存在し続けること，フォーカサーにやさしいまなざしを向け，話の内容はもちろん，表情や声のトーンや動作も含めて，自分全体で寄り添い理解し続けようとしてくれたとき，フォーカサーは，深い安心・安全を感じられます。

30　第2章　フォーカシングのプロセス

なぜ，私たちは，リスナーの存在に影響を受けるのでしょう。

　日常生活で，同じ空間にイライラした人や怒った人がいたとき，緊張したり嫌な気持ちになった経験はありませんか。お祭りやスポーツ観戦で，周りが興奮していると，思いがけず自分も盛り上がって，はしゃいだ経験はないでしょうか。

　私たちは，自分の外側，自分が存在する環境と相互に影響を及ぼしあっています。私たちは，頭や知識で「わかる」よりも早くからだで「感じる」ようにできているのです。特に，生命に関わる「安心・安全」は，意識するよりも早く，からだが感じるようにできています。

　怒りや悲しみを感じたとき，信頼できる人に話を聴いてもらって，心がほっとした経験はないでしょうか。心細さや不安を感じたときに，隣に知り合いがいて，安心したことはないでしょうか。グループで活動していると，チャレンジしやすかったり，新しいアイデアがわいてきやすくなったりしませんか。

　他者とのコミュニケーションの中でつくり出されるつながり，心を込めて傾聴され，それに反応していく同調と共鳴の感覚を**互恵性**といいます（Dana，2018／訳 2021, p.61）。私たちは，自分以外の他者とつながることで，心とからだが安心・安全を感じ，創造性や好奇心を持ちやすくなるようにできています。

　『フォーカシングワークブック』（近田・日笠, 2005）の中で，日笠は，リスナー側が自分自身のからだ全体でしっかりとここにいるためのやり方の一例を紹介しています。「はじめに目を閉じて深呼吸し『このフォーカシングセッションの私の目的は，心を開いて，その場にいて，見守っていることです』と自分自身に言うのです。『心を開いて』と言いながら，両肩を後ろに引いて胸を開きます。『その場に居て』と言いながら，自分が椅子に座っており，からだが大地とつながっているのを感じます。『見守っている』と言いながら，目を開いてフォーカサーを柔らかい眼差しで見つめます」（近田・日笠, 2005, p.67）。この一連の文言とからだの感覚を使った方法は，リスナー側からフォーカサーへの安心・安全の架け橋をかける，2人の互恵性のプロセスの最初の一歩と言えるでしょう。

　フォーカサーの冒険をサポートし，安心・安全を提供し，気づきや体験をシェアできるリスナーがいるからこそ，フォーカサーは，一人では，足を踏み入れにくいエリアへと探索の歩を進め，自分のプロセスを歩んでいくことができるのです。フォーカシングセッションにおけるリスナーの存在とは，なんと心強

いことでしょう。

　セッションでは，フォーカサーと内側の関係，そしてフォーカサーとリスナーの関係は，入れ子構造になっています。まず，フォーカサー自身がしっかりとここにいて，自分自身のよい聴き手として存在していること，そして，リスナーがよい聴き手として存在することで，フォーカサーは二重に安心・安全を感じながら，セッションを進めることができます。どんなことがあってもそこにい続けてくれるリスナーの存在に抱えられることで，フォーカサーは，一人のときよりも，より安心・安全に，より深く，より精妙に自分自身の内側に触れて，新しい気づきや変容へとつながることができるのです。

Section 2　フォーカシングを始めるにあたって

1. フォーカサーとリスナー／ガイド

　心理療法の一種としてフォーカシングを学ぼうと本書を手に取られた方は，いわゆる「カウンセラー側」の進め方がここに書かれていることを期待するかもしれません。しかし，第1章にあるように，フォーカシングは，うまくいった心理療法でクライエントに生じているプロセスを体系化したものがはじまりです。これから述べるフォーカシングのプロセスも，いわゆる「クライエント側」に生じるプロセスになります。

　フォーカシングはいわゆるカウンセラーといった支援の専門家に「してもらうもの」ではありません。フォーカシングでは，自分で自分の内面を確かめ，フェルトセンスを感じながら，その自分の体験を描写（表現）し，フェルトセンスとその描写とを相互作用（「共鳴」詳しくは p.65 を参照）させます（第1章で示されていた「体験と言葉とのジグザグの動き」「言葉とフェルトセンスとを共鳴させる，つまり響きあわせる」ということです）。そのようにフォーカシングを行なっている人を**フォーカサー**と呼びます。そして，フォーカサーの話を聞く人を**リスナー**，あるいは**ガイド**と呼びます。心理療法の聞き方の練習をする際，一般的に，話し手を「クライエント」役，聴き手を「カウンセラー」

32　第2章　フォーカシングのプロセス

役に見立てますが，フォーカシング（の練習）をする場合，クライエント役が「フォーカサー」，カウンセラー役が「リスナー／ガイド」であると考えるとわかりやすいかもしれません。

フォーカサーが，フォーカシングを何度も行なったことがあってフォーカシングプロセスを基本的には自分で進めることができる場合，聴き手役はフォーカサーが話しているのを聞くことを中心に行なうので「リスナー」と呼ばれます。これに対してフォーカシングをはじめたばかりの人は，自分一人ではどのようにフォーカシングプロセスを進めていったらよいか迷うことも多いので，聴き手役は聞くことに加えて，フォーカシングのやり方を伝えることも行ないます。これはまるでフォーカシングプロセスの「案内役」とも言えるため，このような場合，聴き手を「ガイド」と呼ぶことがあります。したがって，「ガイド」はフォーカシング経験が豊かな人が担当することが多いです。フォーカシング初心者の場合，最初のうちはガイドとしての聴き手がいるフォーカシングを行なうと安心して取り組むことができるでしょう。

ここでは，フォーカシングのプロセス（つまり，「フォーカサーのプロセス」）を詳しく説明していきます。その後に，「フォーカサーのプロセス」が進むようサポートするリスナーやガイドの心得やその方法について説明します。

2．準備

フォーカシングのプロセスを進めるにあたって知っておくと役立つことをいくつか紹介します。

●ポーズ（pause：時間的な間をとること，立ち止まること，一時停止）

フォーカシングでは，内側で生じている体験を言葉等で表現します。それは，私たちが日常で行なっていることでもありますが，フォーカシングはそれと何が異なっているのでしょうか。その一つに**ポーズ（pause，一時停止）**というものあります。ポーズとは，動画を再生しているときに，ちょっと一時停止ボタンを押すのと同じように，フォーカシング中にちょっと立ち止まる（一時停止する）ことを指します。私たちは日常を忙しくすごしていて，自分の感じと

じっくりと向きあう時間をとることはほとんどありません。普段見すごしてしまうような内側の感じに触れていくためにはポーズをとることがとても有効です。また，日常では私たちは頭であれこれ考えがちですが，フォーカシングでは頭で考えることをやめ，「今この瞬間，どんなことが起こっているのだろう」と好奇心をもって自分の内側を眺めていきます。

　フォーカシングプロセスのさまざまな場面でポーズをとることが役立ちます。ポーズをとることによって，反対にプロセスを進めることにつながることがよく生じます。たとえば，フェルトセンスが出てきたときも，「あ，これ，もやもやだな」などとすぐに言葉にするのではなく，少し立ち止まってその感じを味わう時間をとります。出てきたものが自分にとっておなじみの感覚であったとしても，ポーズをとってあらためてどんな感じか確かめる時間をとると，それまで気づかなかったことに気づくことがあります。

　エクアドルの認定フォーカシングコーディネーター［米国ニューヨークに本部を置く国際フォーカシング研究所（The International Focusing Institute）はフォーカシングを教える訓練を十分受けた者に対して認定資格を与えています。「認定コーディネーター」はその資格の一つになります］であるウィリアム・エルナンデスは遊び的な要素を加えながらポーズを学ぶワークをいくつも開発しています（村山，2013）。たとえば，自分の名前や住んでいるところなど，普段質問されたら間髪入れずに回答するような簡単な質問に対してすぐに答えるのではなく，自分の内側を確かめて，少し時間をおいてから答えるように教示し，実践してもらいます。間髪入れずに答えたときは自動的に答えているため特に何も感じないようなものでも，間をおくことで単なる答え以上のものを感じることができるでしょう。これが「ポーズ」の効果です。

　私たちは日常生活の中で多くのことを意識せず行なっています。あなたは，おそらく今椅子に座りながらこの本を読んでいることと思います。試しに深呼吸を2，3回して，それから椅子に座っている自分のお尻の感じや背中の感じに10秒間意識を向けてみてください。何を感じましたか。

●ほどよい距離

　ジェンドリンは，フォーカシングを教えるとき，「スープの香りを知りたければ，顔をスープにくっつけすぎないように」といつも言っていたといいます。

同一化（Identification）	脱同一化（Disidentification）	解離（Dissociation）
・私は悲しい	・私の一部が悲しい	・私は悲しくない
・私＝悲しい	・私には悲しさを感じている部分がある	・私≠悲しい
・体験が近すぎる	・私はここ，悲しさはそこ	・体験が遠すぎる
・体験に圧倒されすぎて，感じ続けることが難しい	・ほどよい距離	・何も感じない，感じることが難しい
	・十分に感じることができる	

図 2-1　体験の 3 つの状態（近田・日笠，2005, p.41 より筆者一部改変）

　スープに近すぎても遠すぎても香りはかげません。香りをかぐのにちょうどよい距離があるのです。また，人と仲よくなりたければ，急に近づきすぎても，遠すぎてもだめで，適度な距離感を保つことが大切です。これと同じように，内側の体験であるフェルトセンスを感じ，それと関係をつくるためには，**ほどよい距離**が大切なのです。図 2-1 はその距離感を示したものです。

　図 2-1 の左の図が近すぎる場合です。内側の感じと自分が同一化してしまっており，たとえば悲しみの感情であれば，その悲しさ＝自分となってしまって，その悲しみに圧倒されてしまっていてそれ以上感じ続けることが難しい状態です。一番右の図は遠すぎる場合です。内側の感じに関心を向けず，今起こっている内側の感じを感じない「解離」の状態です。真ん中のように，自分の一部としての内側の感じを感じつつも，そこを眺めることもできるという「脱同一化」の状態を保つことで十分に感じることができ，フォーカシングのプロセスが進んでいきます。

　内側の感じと近すぎる場合は，次に述べる「クリアリング・ア・スペース」をすることが役立つでしょう。クリアリング・ア・スペース以外にも，イメージの中でその感じを自分から遠ざけたり，その感じを感じているほうの自分が

その感じから離れたりして，少なくともある程度安心してそれを眺めることのできる距離（図2-1の脱同一化の状態）を保つようにすることが役立つこともあります。その他，イメージの中で，それと自分との間に透明な衝立を立てたり，それを箱の中に入れたりすることが役立つこともあります。ただし，あまりに内側の感じに圧倒されてしまうときは，目を開けて，からだを動かすなどしていったんプロセスを中断するのも一案です。

　内側の感じが遠すぎる場合は，焦らず，ポーズをとって自然と感じが出てくるのを待つことが役立つでしょう。また，今自分が気になっていることを少し話してみて，それに対して自分がどう感じているのかを確かめてみると何かしらの感じが出てくることがあります。あるいは，「今，気持ちは晴れやかですっきりしている」と言葉にしてみると，内側に違う感じがあることに気づくかもしれません。これは背景の色を白く変えることでそこにある黒いものが際立って見えるのと同じように，極端に肯定的な言葉を口にすることで，そこに生じるちょっとした違和感が浮かび上がるようにする方法なのです。

　内側の感じとの距離は，フォーカサーが扱うそのときの問題の大きさによって異なる部分もありますが，内側の感じとの距離がいつも遠い傾向にある人もいれば，逆にいつも近い傾向にある人もいます。フォーカシングをはじめて行なう場合，ほどよい距離をとるよう調整することはなかなか難しいものです。はじめのうちは，フォーカシング経験者にガイドしてもらいながらフォーカシングを行なうことで，自分の傾向を知り，ほどよい距離でフェルトセンスとつきあう対策を知ることができるでしょう。

　フォーカシングを進める中で困る場合，この「ほどよい距離」をとるのが難しくなっていることが少なくありません。そのようなときの具体的な対処法については本章 Section 10「フォーカシングで困ったときに」（p.88）を参照してください。またガイドの大切な役割として，フォーカサーがほどよい距離をとれるようサポートするということがありますので，Section 12「ガイド」（p.109）を読むことも「ほどよい距離」を理解するのに役立つでしょう。

●クリアリング・ア・スペース（CAS：Clearing A Space）
　"Clearing A Space"の英語の意味は，「ある場所を片づける・整理する」と

いう意味です。私たちは，日常では「次にあれやらなくちゃ」とか「もっとああすればよかった」とか，「なんであの人はこうしてくれないんだ」とか，未来や過去，他人に注意が向いていることがほとんどです。また，ニュースを見て世界の情勢が気になったり，エンターテイメントで楽しんだりしますが，これらも外の世界に注意を向けていると言えるでしょう。つまり，私たちの多くは，自分の内側に注意を向けることに慣れていません。そのため，いざフォーカシングをやってみようと自分の内側に注意を向けようとしても，心にいろいろな気がかりや雑念が生じてきて，今このときの内側の感じに注意を向け続けることが難しいことはよくあります。これは何か作業をしようと机に向かったときに机の上にいろいろ散らかっているようなものです。作業をするためには，机の上を片付け，スペースをつくる必要があります。フォーカシングをするときも，心にスペースが必要なのです。**クリアリング・ア・スペース**（以下，CAS）を行ない，そういった気がかりや雑念を（一時的に）片づけ，心の空間をつくり，自分の内側に注意を向けられるようにします。

　CASはもともと6つのステップからなるジェンドリンの教示法の第1ステップです（ジェンドリンの教示法の詳細については p.79 を参照）。CAS は頭の中でイメージして行なうことがよくありますが，実際に紙にそのイメージを描く形で行なうこともできます。「何か気がかりなことがあるかな」と自分の内側に尋ねてみて，そこで浮かんできたことを否定せず，「こんなのがあるね」と認め，それに「職場の人間関係のこと」などとざっくりとした名前をつけます。そして，イメージの中で（あるいは紙の上に），それを置くのにぴったりな場所に置いていきます。一つひとつの気がかりに同じ作業を繰り返します。どれか一つの気がかりに深入りするのではなく，心の中にある気がかりを一度全部出してみて整理してみるのです。具体的なやり方については次頁のワーク5「クリアリング・ア・スペース」を見てください。

　CAS にはさまざまな効用があります。1つ目は，「フォーカシングをするスペースをつくる」です。先に述べたように，多くの人は気がかりがたくさんあり，それが心を占めてしまっていてフォーカシングをしようとしてもそちらに注意が行ってしまいます。そこでその後のフォーカシングのプロセスを進めていく準備段階として，CAS をして心に空間をつくるのです。

CASの2つ目の効用として，「フェルトセンスとの距離を調整する」ということがあげられます。私たちは，一つ気になることがあるとそれしか見えなくなり，そのことがとても大きく感じ，圧倒されてしまいがちです。CASでは，一つの気がかりがあってもそこに深入りせずに他の気がかりを探し，しっくりくる場所に気がかりを置いていきます。このプロセスを通して，フェルトセンスとのほどよい距離がとりやすくなります。

　このような効用があるので，クリアリング・ア・スペースをするだけで気持ちが軽くなったり，問題が整理されたりすることもよくあります。そのため，CASだけを独立して行なうこともあります（徳田，2009）。池見が開発した「青空フォーカシング」もCASのこのような効用を活用したものです（阪本ら，2016）。CASをするだけで，イメージの中で気がかりと距離がとれて，ほっとしたり楽になったり，問題に対する感じ方が変わったりするため，特に気がかりがたくさんある人はCASを行なうと役立つでしょう。気がかりがそれほどない人でも，自分の今の状態をあらためて確かめることができるので役立つことは少なくありません。

ワーク work 5　クリアリング・ア・スペース

　クリアリング・ア・スペース（CAS）にはさまざまなやり方がありますが，ここではフォーカサーが一人で行なう，イメージを使ったCASのやり方を説明します（近田・日笠，2005）。まずは，途中で邪魔が入らない落ち着ける場所に座り，体の力を抜くために何度か首や肩を回したり深呼吸したりして，自分の内側を眺める準備をしてから，次のように進めていきます。目を閉じたほうがやりやすいと感じるのであれば，目を閉じて行ないます。

■やり方■
①気がかりを探す：「最近どんなことが気になっているかな」と自分の内側にやさしく尋ねてみて，何かしらの感じが出てくるのを待ちます。このとき，「何がなんでも見つけてやる！」と力を入れるのではなく，体の力を抜き，「何かあるかなぁ」と全体をぼんやりと眺め，ゆっくりとお腹や胃，胸，喉のあ

たりなどにも注意を向け，何かが出てくるのを待つようにします。出てくる
ものはなんらかのからだの感じやイメージ，言葉かもしれませんし，それら
すべてを含むものかもしれません。

②出てきたものを認める：何か出てきたら，出てきたものを「そういうものが
あるな」とただ気づいておくだけにして，それ以上深く入り込まず，体の力
を抜き，ゆっくりとした呼吸を続け，内側に注意を向け続けます。出てきた
ものに対して，「これは気のせいにすぎない」とか，「こんなことはたいした
ことじゃない」などと否定しないようにします。また，「ああ，そうだ。そ
れは……で，だから自分はダメなんだ」といろいろ連想し続けてしまわない
ようにします。ただ「こんなのがあるね」とやさしい気持ちでただ認めて，
一つの気がかりに「〜のこと」とざっくりとした名前やラベルをつけます。
名前は何でもかまいません。「職場の人間関係のこと」といったようにそれ
に関連していそうな名前でもいいですし，「黒っぽいざらっとしたもの」と
いったようにそれの感じを表わす名前でもかまいません。

③出てきたものを置く：次に，②で出てきたものの雰囲気や感じを少し確かめ
る時間をとったあと，それにあった置き場所をイメージします。「ここなら
ぴったり，安心！」と感じる場所が自然に浮かんでくるならそこに置きます。
ただ並べておくのでも，しまっておくのでもかまいません。たとえば，自分
の見えるところに置く，自分の足元に置く，家の机の引き出しの中に入れる，
きれいな箱にしまう，遠くの海辺の砂の中に埋めるなど自分にとって一番
しっくりくる場所に置きます。

④「他に，気になっていることあるかな」と自分の内側にやさしく尋ねてみて，
何かしらの感じが出てくるのを待ちます。⇨①の気がかりを探すに戻ります。
そして何かが出てきたら②③を行ないます。

　　たいていの場合，いくつかの気がかりが見つかりますので，「もう他に気に
なることはなさそう」と感じるまで，①②③を何回か繰り返します。

⑤最後に，全体をもう一度眺めてみます。そうすると，少しすっきりしたような，
少し晴ればれしたような感じがすることが多いです。何かポジティブな感じ
があったらそれをゆっくりと味わう時間をとり，十分に味わえたなと思った
ら終了します。

[文献]

近田輝行・日笠摩子（編）(2005). フォーカシングワークブック：楽しく，やさしい，カウン
　　セリングトレーニング　発行：日本精神技術研究所／発売：金子書房

> コラム 02

うつ病の人のためのクリアリング・ア・スペース

　私は精神科臨床でセラピストとして働く中で，患者さんがどうしたら少しでも楽になれるか，そのためにフォーカシングを役立てられないものかと考えてきました。

　特にうつ病の人は悩みで心がいっぱいになっていてとても重苦しそうなので，問題と適切な間を置くクリアリング・ア・スペース（以下 CAS）が役に立つのではと考えていました。ところが，エネルギーの落ちたうつ病の人にはイメージを使った一般的な CAS は体力的に厳しそうでした。そこで，描画による CAS（紙に書きながら CAS をすることで，エネルギーを節約でき，初心者でも取り組みやすい方法）をやってみました。しかし，うつ病の人はネガティブなことを考え続ける反すうの症状があるため，書いた気がかりについて考え続けてしまい難しいことがわかりました。そこで，描画による CAS の際に，うつ病の人が気がかりを書くたびにセラピストが（メモ書き用の）クリップボードで用紙全体を覆うことにしました。また，それでも間が置けない人のために最後に本人が封筒に入れる手続きも加えるようにしました。そうすると，混乱状態の人でも 1 回で落ち着いたり，続けてやっていると段々考えすぎないようになったりと安定して効果が見られるようになりました。この方法はカバーをすることが特徴なので，Covering CAS と名づけられました。

　精神科臨床では，「心がいっぱいいっぱいでつらい状態のようなので整理してみませんか」とクライエントに提案して，同意が得られた場合に実施します。ただし，その場合でも，もし途中で不快になったり，気持ち悪くなったり，やめたくなったらいつでも言うようにと伝えておきます。また，うつ病の人の場合やりながら気がかりを考え続けて落ち込んでしまう危険があるため，慣れるまでは一人でやらないように勧めておきます。

■やり方■
①クライエントに A4 程度の紙を渡して「中央に自分を表わすもの（○，「自分」等）を描いてください」と伝えます。
②「今どんなことが気になっているか自分に問いかけて，何か浮かんでくるの

を待ちましょう」と伝えます。

③気がかりが浮かんだら，「〜のことは簡単な言葉やしるしで，紙の落ち着く場所に書いて置いておきましょう」と伝えます。

④気がかりを一つ書いたら，「そのことはとりあえずそこに置いておいて」と言って，紙全体をクリップボードでやさしく包み込むように覆います（このとき傷口にそっと手を当てるようなおだやかな動作を心がける）

⑤「他に気になっていることはあるでしょうか」と問いかけ，何か浮かんでくるのを待ちます。

⑥気がかりが浮かんだら，「〜のことも簡単な言葉やしるしで，紙の落ち着く場所に書いて置いておきましょう」と伝えて，セラピストがクリップボードを外します。

⑦クライエントが気がかりを書いたら，セラピストが再びクリップボードで紙全体を覆います。

⑧気がかりが浮かばなくなるまで，⑤〜⑦を繰り返します。

⑨気がかりが浮かばなくなったら，セラピストが「気になっていること全体を封筒の中にしまっておきましょう」と紙を封筒に納めるよううながしたあと，封筒をセラピストに預けるか，自分で封筒を部屋の中の落ち着く場所に実際に置いて終わります。

Covering CAS はうつ病の人のために開発された方法ですが，健常な人に対してでも考え込みやすいときや混乱しているとき，落ち込んでいるときなどには用紙全体を覆う工夫や封筒に入れる工夫が役に立ちます。Covering CAS は精神科臨床場面でセラピストがクライエントに実施することを想定していますが，健常な人であれば自分でクリップボードを使って一人で実施することも可能です。そのため，セラピストがセラピーの前などに一人で自分の気がかりを整理してセラピーに臨むといった活用もできます。　　　　　（宮田周平）

文献

宮田周平 (2017). Clearing a space をうつ病のクライエントに適応するための工夫　心理臨床学研究，*35*(1), 50-60.

Section

3 フェルトセンス

1. フェルトセンスとは何か

　ジェンドリンはからだで感じられる実感を**フェルトセンス**と呼びました。ここで言う「からだ」は一般によく使われるような生理学的な身体を指してはいません。それは，自分の内側に注意を向けて感じられるような「からだ」です。からだで感じるといっても，打撲による痛みや虫に刺された痒みといった生理的な身体感覚とも異なります。そこには感情的な要素を伴うことが多いですが，怒りや悲しみといった単純な感情とも一括りにできない複雑さがあります。

　フェルトセンスは，自分の人生や生活上の気がかりなことなど，ある状況について感じる感覚です。人は言葉にする以前に，状況から多くのことを感じ取っています。たとえば，誰かの発言に対して違和感をもつときのことを考えてみましょう。相手の発言を聞いて，まずはじめにやってくるのは，なんとも言いがたい，何かしっくりこない感じです。その何かしっくりこない感じが「フェルトセンス」なのです。そのしっくりこない感じに注意を向けていると，やがて具体的にどのような点がおかしいと思われるのかがはっきりしてきます。そうなれば，それを相手に言葉で説明し，反対意見を述べることもできます。「フェルトセンス」というと耳慣れない言葉ですので，何か特別なもののように思われるかもしれませんが，実はそうではありません。日常生活のさまざまな場面において，人はフェルトセンスを感じているはずです。

　別の例をあげれば，自分がミスをして誰かに謝りに行くときには，相手が怒り出すかもしれないと想像して，胃のあたりにギュッと絞られような，縮こまる感覚があるかもしれません。待ちに待った久しぶりの連休に行楽地へ向かう途中，胸のあたりには，なんとも言いがたい，ふわふわとして，それでいて弾むような高まりが感じられるかもしれません。こうした感覚は「怖い」とか「楽しみ」という単純な言葉では表現しきれない複雑さをもっていることがわかるでしょう。

　フェルトセンスは単一の実体でありながら，その内側にはまるで多くの糸が

42　第2章　フォーカシングのプロセス

織り込まれているかのように，現在の状況のみならず，過去の経験や未来への願いまでもが暗に含まれています。ミスをして謝りに行くときの縮こまる感じには，以前に怒られたときの苦い経験の記憶や，相手の顔を見たら何も言えなくなるかもしれないという予期や，「許してもらえればいいな」という願いも含まれていると言えます。

フェルトセンスは，常に環境と相互作用しており，自分が意識的に理解している以上のことを暗に含んでいます。適切に関わることで，私たちの意識的自己はそれを知ることができるのです。たとえば，私たちが今困っていることについてのフェルトセンスに注意を向けていると，どうしたらよいかが次第にわかってくることもあります。言い換えれば「フェルトセンスには知恵が詰まっている」のです。

ここで大切なことは，フェルトセンスが私たち（意識的自己）に教えてくれることは，誰かに言われたことや何かの本に書いてあったことの受け売りではなく，自分の身から生まれた，自分だけのオリジナルであるということです。また，フェルトセンスは常に状況と相互作用をしているので，頭だけで考えた机上の空論と違って，現実に即しており，納得感（「これでよい」という感覚）を伴っているので，具体的な行動に反映されやすいと言えます。フォーカシングに慣れてくれば，フェルトセンスは困ったときや迷ったときに，いつもよき相談相手になってくれるでしょう。フェルトセンスとの出会いは，世の中の基

図 2-2　フェルトセンスの花びらモデル

準に合わせることから自分軸へ，理性偏重から自分の気持ちを尊重することへ，その人の生き方を大きく変える可能性があります。

　フェルトセンスには，さまざまな側面があります。代表的な5つの側面として，①からだの感じ（身体感覚），②気持ち（感情），③生活との関連（事柄），④イメージ，⑤ジェスチャー・姿勢をあげることができます（図2-2）。セッションの中で，これらの側面が現われるにつれてフェルトセンスが生き生きとし，自律的な動きが生じて，プロセスが進みやすくなります。実際に，自分一人でフォーカシングを進める場合には，これらの側面を意識して明確にするのがよいですし，ガイドする場合であれば，フォーカサーの感じているフェルトセンスのまだ出てきていない側面について，フォーカサーに尋ねることで，フォーカサーがそれらを意識し，表現できるようにうながすのが効果的です。

2. フェルトセンスを見つける

　フォーカシングのセッションを始めるにあたって，フェルトセンスを見つけるのには2つの方法があります。1つ目として，フォーカシングで取り上げてみたい気がかりな事柄（状況，問題，出来事）が具体的にある場合は，そのことを思い浮かべて，それについてのからだの感じを見つけます。「その問題について，私はどう感じているのだろう？」と自分に問いかけてみるとよいでしょう。問題となっている事柄，状況の細部に入り込みすぎず（あるいは細部を思い出したあとに），少し引いて全体を感じてみるのがコツです。2つ目として，ワーク6で取り上げるウォーミングアップなどをしながら，「今の自分はどんな感じかな？」「何か自分の注意を引くものがあるかな？」と自分の内側に問いかけて，からだに注意を向ける方法があります。セッションで扱いたい問題が特に思い浮かばない場合でも，このやり方でセッションを始めることができます。

　どちらの方法から始めるとしても，少し時間をとって，からだの内側ではどのように感じているか注意を向けてみることでフェルトセンスが見つかります。フェルトセンスは喉，胸，胃，お腹などからだの中心部分に出ることが多いので，まずはそのあたりに注意を向けるのがよいですが，身体の他の部分に

現われることもあります。

　とはいえ，フォーカシングに慣れていない人では，フェルトセンスを見つける段階で，難しさを感じることも少なくありません。フェルトセンスは微妙ではっきりしないので，よくよく意識して注意を向けないと見逃してしまいます。フェルトセンスは，誰もが感じているものですが，日常生活であえてそれに注意を向けることは少ないかもしれません。私たちの社会では通常，はっきりした事柄にだけ信頼が置かれていて，私たちは「なんとなく感じていること」に注意を向けることに慣れていないのです。それは，テレビやラジオの放送を受信することに似ています。放送の電波自体は四六時中飛び交っているのですが，受信するための機器がなければ放送を視聴することはできません。アンテナを立て，受信機を放送の周波数に合うようにチューニングすることで，はじめて番組を視聴することができます。同じように，フェルトセンスと関わり，そこからのメッセージを受け取るためには，自分のからだのどの「領域」（身体の部分のことではありません）に，それが現われるのかを体験的に知り，その繊細な領域にチューニングできるようになる必要があります。その領域を言葉で表現することはかなり困難です。ジェンドリンは意識と無意識の間と言っていますが，筆者にとっては，あえて言葉で表現するならば，身体と気持ちの境目，あるいは身体が終わって気持ちが始まるところ，ということになります。上記のようにフェルトセンスを見つける試みをしても，何も感じられない場合の工夫については「ほどよい距離」（p.34）の遠すぎる場合，あるいは「フェルトセンスが感じられない」（p.90）を参照してください。

　初心者のフォーカサーにとっては，フェルトセンスという耳慣れない言葉が指しているのがどのようなものか，はっきりわかりませんので，何かを感じていたとしても，自分が今感じているものは本当にフェルトセンスなのだろうか，単なる自分の想像の産物ではないか，自分はちゃんとフォーカシングができているだろうか，という疑問をもつことが多いです。このように頭の中で推論をめぐらすとかえって，フェルトセンスに注意を向けて，ただありのままを感じるという，フォーカシングのプロセスから離れてしまいます。コーネル（Cornell,1996／訳1999）は，そうなるよりは（この段階では），逆説的だがフェルトセンスという言葉を忘れてしまうほうがよいくらいだ，と言っています。

また，実際には何かを感じていても，本人は何も感じられないと思っている場合もあります。感じているものがあるのに，これは自分が探しているものとは違うと思い，無視してしまう場合もあります。不快な感覚を探していると，心地よいフェルトセンスを無視して，何も感じられないと思う場合もあります。フェルトセンスは，重たいとか締めつけられる苦しさといった，不快なものだけではありません。心地よさ，温かさなどもあります。それについて取り上げていくことで，意義深いセッションになることもあるのです。

　自分が感じているものがフェルトセンスなのか否かということに（そして，何か特定のものを見つけようと）こだわらずに，何か感じられるものがあれば，どんなものでもそれに興味を向け，大切に扱う姿勢のほうが，フォーカシングのプロセスが進むのに役に立ちます（本章 Section 4「フォーカシング的態度」を参照）。

　初心者のフォーカサーであっても，すぐにフェルトセンスを見つけてフォーカシングのプロセスになじむ人もいれば，はじめはなかなかコツがつかめないという人もいます。いずれにしても繰り返し試すことにより上達するものですので，うまくいかないように思われても，「自分はフォーカシングに向かない」などと即断せずに，繰り返し練習してみることをお勧めします。

ワーク work 6　ウォーミングアップ（からだのチェック）

　ウォーミングアップは調子合わせ（attunement）などとも呼ばれています。日常生活における，自分の外側へ向けられた意識から，繊細なフェルトセンスをとらえるためのフォーカシング的な注意の向け方へ，そして生活上の課題を次々と遂行する姿勢から，自分のからだをただそのまま感じる姿勢へのシフトチェンジを助けてくれます。そのために，からだの末端や外側に近い部分（足や腕など）を感じることから始めて，フェルトセンスを感じることが多い，からだの中心部（胸やお腹など）へと注意を移していくのがよいでしょう。フェルトセンスをとらえることに慣れていない，初心のフォーカサーには特に有効です。次に示すやり方は一例であり，正確にこのとおりにする必要はありません。慣れてきたら自分のやりやすいようにアレンジするとよいでしょう。

■やり方■
①まず，座って，楽に感じられるかどうかを確かめます。もっと楽にいられるように体を動かしてもよいです。
②手や腕や肩のあたりにどんな感じがあるか注意を向けます。
③（②の作業が十分できたら）足の先に注意を向けて床に触れている感覚を確かめます。
④（③の作業が十分できたら）足の先から，ふくらはぎ，ひざ，太腿へと注意を動かしながら感じていきます。そして，椅子に支えられている感覚にも気づいておきましょう。
⑤（④の作業が十分できたら）からだの中心に注意を向けて，喉，胸，胃やお腹のあたりを感じてみます。詰まった感じ，重たい感じ，締めつけられる感じ……，どんな感じがあっても，それをそのままわかっておきます（何かフェルトセンスをとらえられたら，そのままフォーカシングの次の段階に進んでもよいでしょう。p.44「2. フェルトセンスを見つける」を参照）。

ワーク work 7　好きな人・嫌いな人

　フェルトセンスとはどのようなものか，を理解するために有効な実習です。今ここにいない人やここにない事柄であっても，そのイメージを思い浮かべることによってフェルトセンスが生じます。日常生活の中の好きな人や嫌いな人は，フェルトセンスを喚起しやすいので，フォーカシングを学びはじめたばかりの人にとっても，取り組みやすい実習です。はじめに嫌いな人，次に好きな人の順で行なうのがよいでしょう。好きな人についてのフェルトセンスと嫌いな人についてのフェルトセンスの違いにも注目してみましょう。

■やり方（教示）■
①自分が嫌いな人を1人思い浮かべてください。苦手だと感じている人，関わって嫌な思いをしたという人でもよいでしょう。
②その人に言われた言葉や，どのような場面だったか，具体的に思い浮かべます。
③②をしながら，自分の喉や胸やお腹のあたりに注意を向けます。そのあたりには，どんな感じがありますか。からだはどのように反応しているでしょうか。

3　フェルトセンス　47

④その感じを言葉で表わしてみましょう。少し時間をかけて，なるべくぴった
　りくる表現を探してみます。
　「そんな風に感じているんだね」と，そのままわかっておきましょう。
⑤その人のイメージとともに，その感じも脇に置いておきます。
⑥次に，自分の好きな人を思い浮かべてください。その人のイメージを詳しく
　思い描いたり，一緒にいる場面を思い返したりしてみます。
⑦どんな感じがしてきますか。おそらくいい感じがするのではないでしょうか。
　いい感じは十分に味わいましょう。
⑧その感じを，うまく表現できる言葉を探してみましょう。
⑨その心地よさを感じながら，実習を終えます。

■振り返り■
　嫌いな人についての感じと好きな人についての感じは，どのように違ってい
たでしょうか。

ワーク work 8　近づかれる実習

　向かい合った人が自分に近づいてくるという「今，ここ」での状況について
のフェルトセンスを体験するための実習です。その状況が直接的な刺激となり，
フェルトセンスを生じさせることから，フェルトセンスは常に周りの状況と相
互作用していることを実感できます。フォーカシングを学びはじめた人がフェ
ルトセンスとはどのようなものかを体験的に知るのに役立ちます。

■やり方■
①2人1組になり，一方を近づく人（A），もう一方を近づかれる人（B）とし，
　最初にどちらの役割をするかを決めます。
②3メートルほど離れて立ち，向かい合います。
③お互いに目を合わせながら，Aの人はBの人に向かって，ゆっくりと近づき
　ます。
④Bの人は，注意を自分の内側（喉，胸，お腹のあたり）に向けておきます。
　　Aの人が近づいてくるにつれて，どのような反応が出てくるかを観察します。
⑤Bの人は，「これ以上，近づいてほしくない」と感じられたところで，Aの

人に言葉やジェスチャーで「止まって」と伝えます。

　Ａの人は，そこで止まります。

　その後，Ａの人が何歩か後ろに下がってみたり，再び前に出たりといったことを試してみてもよいでしょう。

　その間もＢの人は，自分の内側の反応に注意を向けておき，距離の変化に伴う感覚の違いを確かめたり，必要なところで相手に「止まって」と伝えます。⑥役割を交代して，同様に行ないます。

■振り返り■

　このときの「これ以上，近づいてほしくない」という感覚もフェルトセンスの一つと言えます。

　Ｂの人は，距離が近づくにつれて，自分の内側の反応がどのように変化したでしょうか。特に「これ以上，近づいてほしくない」というときの感覚をもう少し詳しく言葉にしてみましょう。

　Ａの人も，近づきながら，どのように感じていたかを振り返っておきましょう。

ワーク work 9　音楽のフェルトセンス

　音楽を聴いていると，胸がキュンと締めつけられたり，わくわくするような気持ちを感じたり，色や風景などのイメージが浮かんできたり，これまでの生活の場面や記憶がよみがえってきたりすることがあります。しかも，同じような切ない曲でも，Ａの曲を聞いたときのじっくり味わいたくなるようなしみじみとした「切なさ」とＢの曲を聞いたときの悲しみでいっぱいで涙が止まらなくなるような「切なさ」は微妙に違った「切なさ」でしょう。音楽はフェルトセンスを招く窓口になりますし，音楽を通してフォーカシングのプロセスを体験することもできます。

　音楽のフェルトセンスからのフォーカシングには次のような特徴があります。①ポジティブな体験が起きやすく，ネガティブな体験が起きにくい。②初心者でもフォーカシングのプロセスをひととおり体験しやすい。③短時間でも体験が深まりやすい。そのため，初心者がフェルトセンスを感じる練習やフォーカシングのプロセスを安全に体験する練習，さらには好きな音楽からフォーカ

3　フェルトセンス　49

シングを深める体験として活用できます。

■やり方■

①好きな音楽を一曲聴くか思い浮かべてみましょう。なぜだかわからないけどよく聴いている曲，なんだか最近気になる曲などがフェルトセンスを感じやすく，フォーカシングの体験が深まりやすいです。

②心の中でどんな気分が広がるでしょうか。頭で考えるのではなくて，喉からお腹あたりのからだで感じましょう。

③すぐに「楽しい」とか「暗い」とか一言ですませてしまわずに，しばらくはそれを言葉にしようと急がず，その音楽を思い浮かべたときに，からだの中に広がる感覚や気分，その全体の感じをただ感じる時間をとりましょう。その感じを表現するとしたらどんな言葉がぴったりくるでしょうか。

④その曲の「何がそんなに○○な感じがするんだろうか」と問いかけてみましょう。そうして出てきたものがぴったりくるか確かめます。出てきたものは何でもそのまま受けとめましょう。

文献

天羽和子 (2005). 学校で使えるやさしいフォーカシング（第9回）「音楽でフェルトセンスを感じるワーク」と「みんなで連詩」 月刊学校教育相談，*20*(14), 82-87.

ワーク work **10** 幸せな状況についてのフェルトセンス

フォーカシングは問題や困難についてだけのものではありません。幸せな状況，好きなことについてはよい感じのフェルトセンスを感じていることが多いでしょう。たとえば，昨晩の誕生日パーティーのことを思い出すと胸のあたりに温かな感じがあるかもしれませんし，次の週末に趣味の釣りに出かけることを考えると，わくわくした感じがあるかもしれません。困難なことについてのフォーカシングに比べると，思い出して余計に気分が悪化するようなリスクが少なく，安全にフェルトセンスとの関わり方を体験できます。よい感じを十分に味わえると困難なフェルトセンスとも関わりやすくなります。

よい感じのフェルトセンスとつきあうことで，それが広がったり（膨らんだり），生活についての気づきが得られたり，自己成長や深い自己に触れることにつながることもあります。

■やり方■

①自分が幸せに，あるいは心地よく感じる状況を1つ選びます。好きな場所や活動などでもよいです。自分がその状況にいるときのことを思い出したり，今その状況にいることを想像してみます。

②からだの内側に注意を向けてみましょう。それはどのように感じられるでしょうか。しばらく，その感じと一緒にいて，ゆっくりと味わいましょう。

③その感じを表現する言葉を見つけましょう。イメージ，喩え，ジェスチャーでもよいです。何か見つかったら，それでうまく表現できているか，その感じに響かせて確かめてみます。何か他の表現が思い浮かんだら，同じようにして，ぴったりか確かめます。

④もし，気が向いたら，その感じに向かって，次のように問いかけてみてもよいでしょう。「その状況のどんなことから，こんな風に〇〇になるんだろう」（〇〇には，先ほど見つかった表現が入ります）あるいは「そのことで一番良いのはどんなところかな」「その奥にはもっと何かあるかな」そして，何か思い浮かんでくるのを待ってみましょう。

⑤その感じと十分に時間をすごせたと感じたら，ゆっくりと終わりにしましょう。

■振り返り■

　特定の自分の好きなもの（場所，活動）を思い浮かべなくても，気分のよいときに「今の自分はどう？」「この気分のよさをからだではどんな風に感じられているかな？」と自分に問いかけて，からだの感じを見つけることもできます。

Section
4　フォーカシング的態度

1. フォーカシング的態度とは

　フォーカシングでは，フェルトセンスにおだやかで友好的なまなざしを向け，やさしく耳を傾けることがとても大事です。このようなフェルトセンスへの肯定的で受容的な態度を**フォーカシング的態度**といいます。

　自分の中の何かを変えたくてフォーカシングを学んでいる，という人も多い

のではないかと思います。あなたの内側に感じられているものが，変えたいようなもの，あるいは消えてしまってほしいものだとすれば，それにおだやかで友好的な態度を向けるというのはあまり気が乗らないことかもしれません。しかし私たちの内側で何かが変化する可能性がひらかれるのは，逆説的ですが，私たちが自分自身の内側にあるものをやさしく受け容れられるときなのです。

　あなたが小さな子どもに関わるところを想像してみてください。その子が不機嫌だったり泣いて暴れていたりするとしても，「機嫌をなおせ」「泣くな，暴れるな」と子どもに言うだけでは，その子は抱えきれない気持ちを無理に抑え込んで閉じこもるだけです。それではその子が本当に変わることはできません。必要なのは，その子のそばに寄り添って，その子がどんな気持ちでいるのかな，どんなことで傷ついていて，何を必要としているのかな……と，おだやかに目を向け耳を傾けることです。もちろん，子どもはすぐには心を開いてくれないかもしれません。それでもやはりその子の気持ちが前を向くためには，誰かが今の気持ちに寄り添ってあげることが必要なのです。同じように，自分の中に生じてくるものがどんなに厄介者に思われても，それにおだやかな好奇心を向けてあげてほしいのです。フェルトセンスはそれ自身としてプロセスを展開していく豊かな可能性をもっていますが，その可能性が展開していくスペースがあなたの内側にひらかれるためにはフォーカシング的態度が必要です。

　フォーカシングを進めるためというだけでなく，心の健康を保ったり，日々の生活の中で物事を一歩一歩進めていくうえでも，自分に共感的な気持ちを向けること，自分にいたわりの気持ちを向けること，自分の気持ちをないがしろにしないことはとても重要です。もしあなたがフォーカシングを難しく感じているとしたら，まず手はじめに，自分にいたわりの気持ちを向ける練習から始めてみるといいかもしれません。

2．2つ以上の気持ちがあるとき

　フォーカシングセッションの中で，自分の内側に2つ以上の気持ちや感じが同時に存在しているのを見つけることもあります——やりたいけれどやりたくない，落ち込んでいるけどそんなことに落ち込んでいる自分に腹が立つ，とい

うように（こういうことはきっと，日常の中でもたくさんあるのではないかと思います）。そんなときにはまず，そのすべてについて「そういう気持ちがあるんだなあ」と認めるようにしましょう。相反するいくつもの気持ちがあるというのはおかしなことではありません。フォーカシングではどれが正しいかをジャッジ（裁定）するのではなく，すべての気持ちや感じにフォーカシング的態度を向け，すべての声に耳を傾けます。時には，いつも抑えつけられていたり顧みられていなかったりして，ほとんど声が聞こえないほど小さくなってしまっているような気持ちや感じもあるかもしれません。そのような気持ちや感じには少し意識して丁寧に耳を傾ける必要があります。

　2つ以上の気持ちの間で，現実的な決断をしなければならないということもあるでしょう。そんなときにもまず，自分の中のそれぞれの気持ちによく耳を傾けることは大切です。そのうえで，「いついつまでにこのことを決めなきゃいけないんだけど，どうしたらいいと思う？」と，自分のフェルトセンスたちと相談してみてもいいかもしれません。フェルトセンスは，私たちがちゃんと耳を傾ける姿勢をもってさえいれば，有益な視点やヒントをくれることがよくあるのです。第3章の「生活の中のフォーカシング」（p.127）も参照してみてください。

3．認めること，とどまること

　フォーカシングではよく，フェルトセンスを「認める」という言い方をすることがあります。しかし「認める」というのはフォーカシングに慣れていない人にはちょっとわかりにくい表現かもしれません。それに，誤解の余地のある表現でもあります。「認める」というと「それでいい」と肯定的に評価することのようにも聞こえるからです。実際には，内容的には「それでいい」と思えない気持ちもあります（上司をぶん殴ってやりたい！とか）。フォーカシングで言う「認める」とは，「それでいい」ということでなく，そういう感じがそこにあることを認める，という意味です。良いか悪いか，納得できるか承服しかねるかはともかく，存在をおだやかに認知する，ということなのです。

　何かを認めるには，とてもいい方法があります。それはあいさつをすること

です。ジェンドリンは"Hello"という言葉を使っていましたが，日本語では「やあ，こんにちは」といった感じでしょうか。「ああ，上司をぶん殴りたいぐらいの思いがそこにはあるなあ。ハロー，こんにちは」と声をかけて，フェルトセンスをそこに認めることができると，それが自分のフェルトセンスといい関係を築くための第一歩になります。

　もう一つフェルトセンスと関わるうえで大事なのは，待つこと，とどまることです。もし私たちが地表に出てきた植物の芽を伸ばそうと思うならば，芽を引っ張ったりせず，水をやったり日の光を当ててやったりしながら，そのプロセスが必要としているだけ待たなければなりません。同じように，フェルトセンスがそれ自体のプロセスを展開させていくためには（それはとてもゆっくりかもしれません），私たちはそれにフォーカシング的態度を向けつつ待つ必要があります。「待つ」といっても，何かが起こるのを期待して待つというのとは違います。フォーカシングには，先に進もうとせず，こちらの期待を押しつけず，ただフェルトセンスに関心を向けるという姿勢が必要です。警戒している子どもと打ち解けようと思うならば，私たちはその子と一緒にいることに時間をかける必要がありますが，その子の心がこちらの都合のいいように変化することを期待しているのではその子は自由に振る舞うことができません。同じようにフェルトセンスに対しても，フェルトセンス自身のありようを尊重しながら待つことが必要です。先に進もうとするのではなくとどまることでプロセスが先に進むというのは，フォーカシングのとても重要なポイントです（これは実はカウンセリングのコツでもあります）。

　とどまることは簡単なことではありません。とどまることはほうっておくことではなく，語られるかどうかわからない声にじっとおだやかに耳を傾け続けることです。あるいはそれは，その感じを抱えた「私」としてそこにちゃんといること，とも言えるかもしれません。気持ちにおだやかな注意を向けながらとどまれるようになるには意識的な心がけが必要ですが，練習するだけの価値はあります。それができるようになったときには，あなたは自分の気持ちと少しいい関係をもてるようになっているはずです。

54　第2章　フォーカシングのプロセス

ワーク work	11	森の小動物

　フェルトセンスを変えようとせず，やわらかな好奇心を向けフェルトセンスをそのまま受けとめる態度（フォーカシング的態度）を保つとフォーカシングは自然に進みます。

　そのような態度を向けるコツをつかむのに役に立つワークにアン・ワイザー・コーネルが創作したイメージワークがあります（山田，2005）。ここでは，『フォーカシングワークブック』を参考に紹介していきます。想像を広げながらフォーカシングで大切にする態度を探求してみてください。

■やり方（教示）■

①まずは，居心地よく座っているか姿勢に注意を向けてみることをお勧めします。もちろん立ったままでもかまいませんが，座ったほうが落ち着いてできるでしょう。楽に座れ，かつ，リラックスし過ぎず，ワークに取り組める姿勢をとりましょう。

②目は閉じても開いたままでもかまいません。イメージを用いるので閉じたほうがやりやすいかもしれません。ですが，本項を読みながらだと目は開いていることになりますね。ひととおりワークの内容を頭に入れて目を閉じて行なうか，想像するときだけ目を閉じてもよいでしょう。

③静かな時間をとり準備ができたと思ったら，森のすぐ近くに立っているところを想像しましょう。時刻は昼間，暑くもなく寒くもなく心地よい風が頬に感じられます。目の前にはこんもりと茂った森があります。木々の匂いがして，中はあまりよく見えません。

　ほどなくあなたは森の中に小さな動物がいることに気づきます。あなたはその動物が怖くありませんが，その動物はあなたの様子をうかがい怖がっているようです。

④さて，その動物を怖がらせず仲よくなるにはどうしたらよいでしょう。しばらく時間をとり想像をめぐらしてみましょう。イメージの中で関わり方を工夫してみましょう。

⑤自分なりの仲よくなる工夫がつかめたらワークを終わります。思い浮かんだ工夫をメモしておくとよいでしょう。

　あるいは，ご自分のタイミングでいつでもワークを終えてください。伸びをしたり，目を開け実際に身の周りにある物を見たりしましょう。

4　フォーカシング的態度　　55

フォーカシングを学ぶコースで実際にこのワークをしてみると，参加者の体験はさまざまです。集団に対して上述のような声かけを一様にするので，ペースが合わなかった，集中できなかった，イメージするのが難しかったという声も聞かれます。もっともなことです。イメージを用いるワークには得手不得手があります。フォーカシングすることに向いているかどうかとは無関係です。動物が逃げてしまうこともあるでしょう。小動物ではなくて，クマやキツネなどもっと大きな動物が出てきたという方もおられます。そういうときには，教示に従おうとせず，ご自分に起きたことについていくとよいでしょう。ただし，そのまま続けてもよさそうか，ご自分の安心・安全をモニターするのを忘れないようにしましょう。もし，やめたほうがよさそうなら，どうぞそうなさってください。

　このワークで出てくる工夫には以下のようなものがあります。

　　・大きな音を立てたり声を出したりせず静かにする
　　・姿勢を低くし目線の高さを合わせる
　　・自分が楽にその場にいられるような体勢をとる
　　・無理に近づかない，向こうが近づいてくるのを待つ
　　・あまりじーっと見ない
　　・嫌がることをしない
　　・さりげなくいる
　　・自分がそこにいることを愉しむ
　　・その動物に「怖がっているんだね」と心の中で伝える
　　・その動物に「仲よくなりたい」と心の中で伝える
　　・エサをあげてみる

　どれもなるほどと思わされるものです。エサは「問いかけ」にあたるかもしれません。あなたの工夫はどのようなものでしたか。
森の中に隠れている怖がりの小動物は，まだはっきりしなかったり心理的に距離が遠かったりなじみがなかったりするフェルトセンスの喩えです。そーっとそれがそのままでいられるような関係づくりがフェルトセンスと仲よくつきあう第一歩ではないでしょうか。今ここに出てきているフェルトセンスにふさわしいフォーカシング的態度を向けるご自分なりの工夫をしてみてください。

[文献]

山田絵理香 (2005). 森の小動物　近田輝行・日笠摩子（編）フォーカシングワークブック：楽しく，やさしい，カウンセリングトレーニング (pp.34-36.)　発行：日本精神技術研究所／発売：金子書房

4. 内なる批判家への対処

　フォーカシングをしていると，自分に対する批判的な声（**内なる批判家**と呼ばれています）が出てくることがあります。特に日本では「私が至らずご迷惑をおかけして申しわけない」という態度が賞賛される雰囲気がありますから，自分への批判が身に染みついている人が少なくありません。しかし内なる批判家は前向きなプロセスの妨げになりがちです。もちろん健全な自己批判が成長につながることもありますが，多くの場合，内なる批判家はほとんど自動的に出てきて何でもかんでも批判し，内側のプロセスを萎縮させてしまいます。私たちが内なる批判家にうまく対処できるようになると，萎縮していたものが私たちの内側で声をあげられるようになり，私たちは全体としての自分を取り戻すことができます。

　内なる批判家には大きく分けて2種類あります。一つは，自分自身やフォーカシングのプロセス全体への批判（「こんなふうだから自分はダメなんですよね」「自分はうまくやれていない」など）。もう一つは，フェルトセンスへの批判（「この気持ちを早く処理したい，消してしまいたい」「それはすごく嫌な部分なんです」など）です。どちらの場合も対処の最大のポイントは同じです。それは，内なる批判家が動き出したことに気づくことです。批判のようでいて意外とそうでないものもあれば（たとえば「自分はまだまだだなあ！」という感覚が爽快な気づきを含んでいる場合），一見批判のようでないけれど批判を含んでいるものもあります（たとえば「問題はこれだと感じる」という感覚が自己批判を含んでいる場合）。だんだん萎縮していく感覚，「～でなければならない」という気の重い感覚，特定の気持ちを感じたり認めたりするのがいけないことと思う感覚などは，批判家が出てきたサインかもしれません。

　内なる批判家が出てきたら，まず「自分を批判する感じがあるなあ」と「認める」ようにしましょう。そしてできれば，内なる批判家にはちょっと脇にどいておいてもらって，あらためて自分の正直な感覚や思いに注意を向けましょう（「こんなふうじゃダメだ，と言いたくなる気持ちがあるなあ。でもそれをちょっと脇に置いておくとしたら，自分が感じている正直な感じはどんなかな」）。「いいか悪いか」「正しいか間違っているか」が気になるときは，いった

ん脇に置いて，「どんな感じがしているか」に注意を向けるほうがたいていうまくいきます（必要があれば，脇にどいてもらったものには，後で戻ってきてもらうこともできますしね）。

批判家を脇に置いておくことが難しい場合，批判家そのものに耳を傾けるための時間をとる必要があるかもしれません。もしイメージできるなら，まずその内なる批判家の姿を想像してみてもいいかもしれません。そしてその内なる批判家が，何を心配し，何を怖れて「ダメだ，ダメだ」と言っているのかに耳を傾けます。批判の内容そのものではなく，そこにある思いを理解するようにしましょう（「こんなふうになるんじゃないかと心配していたんだね，こういうことが怖いんだね……」）。内なる批判家は，あなたに耳を傾けてもらえるとわかると，よりおだやかに，あなたの役に立つ形で何かを伝えてくれることがあります。内なる批判家は厄介なこともありますが，それが出てくることにもやはりわけがあるのです。くれぐれも，「自分は自己批判してばかりだ……」と言って新しい自己批判が始まらないよう，気をつけてください！

コラム 03

親鳥に学ぶフォーカシング的態度

フォーカシングのセッション中にはさまざまな困難が生じることがありますが，そのようなときにどうすればよいでしょうか？ ここで親鳥に卵が生まれた場面を想像し，フェルトセンスを卵（あるいは雛）に見立て，フォーカサー自身は上手に雛を育てることのできる「賢い親鳥」になったとします。すると「親鳥が自分の生んだ卵（あるいは雛）に向ける態度」からさまざまなヒントが得られます。

たとえば，親鳥は，卵が生まれると，そのそばにいて，温めたり，様子を観察したり，外敵に攻撃されないように見守りながら，卵が孵るまでじっと待ちます。それと同じように，フォーカシングでは，フェルトセンスとともにいて，その様子を温かく見守りながら，じっと待ちます。プロセスが進むためには，ゆっくり時間をかける必要があるのです。

他にもフォーカシングセッションのさまざまな状況で，親鳥の行動が参考に

なります。セッション中に起こる困難な状況として代表的な3つの場面を取り上げ，それぞれの状況で役立つ「親鳥からのヒント」と，フォーカシングのプロセスを進めるのに有効な「フォーカシング的態度」をまとめたのが以下の表です。

表　「親鳥からのヒント」とフォーカシング的態度

セッション中の状況・困難	親鳥からのヒント	フォーカシング的態度
〔状況1〕フェルトセンスが見つかると，意図的にフェルトシフトを起こそうとして，行き詰まる	早く生まれてくるようにと，殻を突いたりしたら，卵は台無しになってしまう。辛抱強く温めることで，時がくれば卵は自然と孵ることができる	フェルトセンスに対しては，変化させようとせず，ありのままを認めて，表現したり，共鳴させたりしながら，ただ共にいる。そうするとフェルトセンスは自ら進展していくことができる
〔状況2〕自分にとって嫌な（不快な）フェルトセンスが出てくると，それを変えようとしたり，否定したり，そこから目を背けたくなる	賢い親鳥であれば，たとえ生まれた卵の見た目が悪かったとしても，温かな目で見守ることができる。見た目には醜い卵からでも，かわいい雛が生まれるかもしれない	どのようなフェルトセンスであっても，「わけあってそうなっているのだろう」と，あるがままを認め，現われ出てくるものはみな大切にする。自分にとって嫌なフェルトセンスが，大きな気づきをもたらしたり，大切なメッセージを伝えてくれることもある
〔状況3〕自分自身やフェルトセンスに批判や疑いの気持ち（「こんな気持ちをもってはダメだ」「これは単なる自分の想像の産物ではないか」など）が出てきて，プロセスを妨げる	卵や，生まれたてのヒナはまだ弱いので，親鳥は巣をつくって，卵が外敵に襲われないように守ったり，地面に落下しないように支えたり，卵を温めたりする	フェルトセンスには「そのまま，そこにいていいよ」と，安全な居場所を与え，批判や疑いの気持ちを脇に置くことで，プロセスを守ってあげる

　このように「フォーカシング的態度」と言われているものは，必ずしもフォーカシングだけに特有なものではないのでしょう。親鳥が卵を育てるだけでなく，植物を育てる，人間が子どもを育てるなど，生き物を育てること一般に通じていると言えます。
　このようなアイデアに基づいて，筆者は「親鳥になって」という初心のフォー

4　フォーカシング的態度　　59

カサーが，親鳥になったつもりでフォーカシング的態度を学ぶためのワークを
考案しました。 (高瀬健一)

Section 5 フェルトセンスの表現

1. フェルトセンスの「質」とは

　からだでどんな感じがするかに注意を向けて，曖昧ではっきりしないけれど，
何かひとかたまりの「この感じ」が感じられてきたら，それはフェルトセンス
です（ジェンドリンはそのように自ら体験していることに注意を向けることを
直接参照（direct reference）と呼んでいます）。

　しかしそのままでは，それがどういうものかもわからないままですし，なん
と言ったらいいかもわかりません。もう少し「どんな」感じか，注意を向けて
確かめていきます。ジェンドリン（Gendlin, 1981／訳 1982）は，フェルトセ
ンスの「質」がどのようなものかを確かめることを勧めています。「楽しい」
感じがするときには，どんなふうに楽しいのか，もう少し確かめていきます。
わくわくしてエネルギーがどんどん出てくる感じなのか，ほんのり心温まる感
じなのか，「楽しい」という言葉で代表されるそのフェルトセンスは，より複
雑精妙な何かを暗に含んでいるはずです。その微妙な何かを，さまざまな角度
から探索するための引き出しとして，以下のような例をもっておくと便利です。

- 色…（例）ほんのりピンク，オレンジっぽい，灰色
- かたち…（例）丸い，四角い，ぼんやりしている，はっきりしている，大きい，小さい
- 重さや固さ…（例）ずっしり重い，石のような塊，木の棒，ピンポン玉みたい，鉄のような固さ
- 動きや身振り…（例）ふわふわ動く，まったく動かない，飛び回る，手を

60　第2章　フォーカシングのプロセス

ぎゅっと握る，首を傾げる感じ

・音…（例）ブーン，ポンポン，ズーン
・身体感覚…（例）ジンジンする，ムカムカ，スッとする，ほわっと温かい
・感情…（例）悲しい，寂しい，嬉しい，ドキドキする，ワクワクする
・言葉…（例）緊迫している，圧迫してくる，などの状況や物語

　もちろん，すべてを確かめる必要はありません。そのときに役立つものだけ
を使ってみてください。

2.　ハンドル表現を見つける

　フェルトセンスのさまざまな側面が明らかになってきたら，そのフェル
トセンスを言い表わすのにぴったりな表現を探します。この表現を**ハンドル**
（handle）と呼びます（Gendlin, 1981／訳 1982）。それは，この表現が旅行カバ
ンの取っ手のような役割を果たすからです。旅行カバンの取っ手を持てば，か
ばん全体を持ち上げられるのと同じように，その表現を思い出せば，その感じ
の全体を指し示し，思い出すことができるのです。ハンドルは言葉であること
が多いですが，言葉以外の表現でもかまいません。絵やイメージ，ジェスチャー，
音なども使用可能です。

　ハンドル表現は，頭で考えたものをつけようとしてもうまくいきません。ジェ
ンドリンは，「それ自体の本質から出てくるのにまかせてください」（Gendlin,
1981／訳 1982, p.86）と述べています。

　ジェンドリン（1981／訳 1982）は，いくつかの言葉を掛け合わせてみるのが
いいかもしれないと述べています。たとえば，「黒い」と「悲しい」で「黒い
悲しみ」。または，「白っぽい」「少しずつ動く」「モヤモヤ」で「少しずつ動く
白っぽいモヤモヤ」。いろいろな側面に触れることで，そのときに感じられて
いるものが立体的に，生き生きと描かれていきます。最初は意味が通じなくて
も，なぜかしっくりくる表現のほうがうまくいきます（そして，そのほうが面
白い発見があることが多いのです）。文章として成り立っていなくても，現実
には存在しないものでもかまいません。たとえば，「緑のうさぎ」でも，「重い

5　フェルトセンスの表現　　**61**

鉄のピンポン玉」であってもいいのです。そこに，その人のそのときの体験の独自性が暗含されているのですから。「なんだかわからないけれど，緑のうさぎがいるんだなぁ」と，その感じに，フォーカシング的態度を向けていきます。

しかし，表現を一生懸命探すあまり，元の感じがわからなくなってしまうことがあります。コーネルは，「たとえぴったりの言葉や文章やイメージやしぐさが見つからなくても，からだの内側で何かを感じながら，それを探る行為そのものが非常に有効なのです」と述べて，さらに「一生懸命がんばるよりも，やさしく，これは何だろうと不思議がっているほうが収穫が多い」（Cornell, 1996／訳 1999, p.63）とフォーカシング的態度を保つことの大切さも指摘しています。

もしからだの感じから離れてしまったら，表現しようとするのをいったんやめて，からだにもう一度注意を向けなおし，感じるようにしてみましょう。先を急がず，今の感じを大切にしてみてください。

3．フェルトセンスの象徴（シンボル）化

先ほど，ハンドル表現は，その感じの全体を指し示せる表現であると述べました。感じていることを指し示す「この感じ」という言葉もそうですし，ハンドル表現もまた，ジェンドリンの理論や哲学の中では**シンボル**と呼ばれています。ジェンドリンに則ると，私たちは，感じていることを指し示し，ハンドル表現を見つけることで，体験過程を象徴化します。

今，ここでの「感じ」をぴったりする表現で象徴化してみると，それまでは予想だにしなかったことも「ああ，そうだったんだな」と実感を伴って理解できることがあります。

フェルトセンスは過去の体験や次の一歩を暗含（imply）するとジェンドリンは述べています。ジェンドリンの考え方に則ると，過去について「すでにある（はずの）ものが意識される」のではなく，感じて象徴化することで，過去のことが今新たにわかり，体験され，意味が生まれるのです。

シンボルと体験の関係については，『*Experiencing and the Creation of Meaning*（体験過程と意味の創造）』（Gendlin, 1962/1997／訳 1993）という初期の哲学の著作の中で詳しく取り扱われています。このあたりに関心のある方は，

ジェンドリンの哲学的著作を参照してみてください。

　ジェンドリン（Gendlin, 1980）は，フェルトセンスの表現には，身体感覚，動き，音，イメージなど，さまざまなモダリティを用いることができると述べています。フェルトセンスの表現を，複数のモダリティを活用できる表現アーツセラピーと統合したラパポート（Rappaport, 2008／訳 2009；2013）は，**フォーカシング指向表現アーツセラピー**を提唱しました（詳しくは，p.190 を参照）。

ワーク work | **12**　KOL-BE ボディ・マッピング

　アツマウト・パールスタイン（Perlstein, 2016, 2021）は，エリザベス・カッツが認知・行動・情緒的課題を抱えた子どもたちの支援に用いていた人型を描いたシートを取り入れ，フォーカシングと統合することで，「KOL-BE」（ヘブライ語で「私の内なる声」「私の中のすべて」を意味する言葉）というアート表現を用いた技法を開発しました（Perlstein & Katz, 2012）。人型が描かれたシートの上に，アート素材を用いてからだの感じを表現し，さまざまな角度や距離から眺めて，その感じとのつきあい方や意味を見いだしていきます。

　KOL-BE は心理療法で用いられ，子どもだけでなく，成人やカップルにまで臨床適用の対象を広げています。アートの素材は，カラーペンや毛糸，羽根，羊毛フェルトなど色のついたもののほか，ウッドチップや石，草や花など自然の素材もなじむようです。

　目の前にある人型に自分のからだの感じを具体的に表現することで，内側で感じていることを外在化できます。そして，外在化された表現を，もう一度自分のからだに共鳴させ，表現に修正を加えることができます。KOL-BE では自分のからだで感じるプロセスを，客観的に眺めながら，見守り手とともに検討できるのです。わかりやすさ，具体性という面で，まだフェルトセンスを感じるのに慣れていないフォーカシング初心者にもおすすめの方法です。

　コツは，内側で感じたことの詳細を先に完璧にイメージしてから表現しようとせず，ひとまず感じに近い素材をピックアップして置いてみて，それをあらためて感じてみることです。フォーカシング指向表現アーツを提唱したラパポート（Rappaport, L.）は，「感じたフェルトセンスをそのまま表現するのは，ミケランジェロだって難しい」と話したことがあります。アート表現をする際に，自分の内側で見いだしたものの完全な再現を求めると，自分の技術不足や，

5　フェルトセンスの表現　63

素材の質の違いが気になってしまい，プロセスが前に進まなくなってしまうことが多々あります。素材と内側の感じが「違う」ことがわかることで，より内側の感じが明確になるのは，とても良いことです。もしかすると，素材を使うことによって，内側で感じていたときとはまた違った視点が得られるかもしれません。大事なのは内側の感じが明確になることであって，完璧な表現をすることではありません。素材との相互作用を楽しみながら，自分の内側で感じているもののシンボルを自分の外側に置いて見てみる体験を，遊びながら試しましょう。

■やり方■

①作り手と見守り手で，やりとりの基本を確認します。

　　作り手（フォーカサー）は，見守り手（リスナー）に，どのように見守っていてほしいかを伝えます。作り手は，自分のからだの感じを人型の上に表現していき，見守り手は，解釈や質問はせず，表現されたものをそのまま伝え返します。作り手は見守り手の伝え返しがフェルトセンスにぴったりかどうかを確かめます。作り手は，思い浮かんだことを何でも口にしてかまいません。見守り手はそれを伝え返します。

②作り手は，今のからだの感じを確かめます。
　1. いま，内側でどのような感じがしているか見てみましょう。
　2.（もし何も出てこなかったら）あなたのお気に入りのもの，好きな人や物について考えてみたときにどんな感じがするか見てみましょう。

③感じたことを表現してみましょう。
　1. 素材を見て，触れて，気になるものをピックアップしてみましょう。
　2. 素材を切ったり，貼り合わせたり，工作してかまいません。
　3. カラーペンで KOL-BE の上に描いても OK です！

④作り手が表現し終えたら，見守り手はそれを丁寧に描写します。
　1. どのような素材がどこに，どのように置かれているか。
　2. 何も置かれていない場所にも気づいておきましょう。
　3. 解釈や質問をすることはしません。

⑤作り手は見守り手が言ったことを内側で響かせてみて，それがフェルトセンスにぴったりかどうかを確かめてみます。もし必要なら，表現を修正してもかまいません。

⑥作り手は，自分の表現をあらためて眺め，気づいたことを見守り手に伝えます。

　いろいろな方向から見てみましょう（頭の上，足の下から）。

⑦KOL-BEと対話してみましょう。表現は自分のからだとつながっているので，見ているだけで人型は自分のからだ全体と共鳴するようです（色とりどりに表現した人型は，自分自身の鏡のようなもので，人型に問いかけをすると，何かその人が答えてくれるように思えることもあります）。以下は，問いかけの例です。

1. いったい何がこんな風に感じさせたのだろう？
2. このフェルトセンスが私に何か伝えようとしているかしら？
3. このフェルトセンスは，どうしたい／何を必要としている？

⑧作り手は，この表現にタイトルをつけてみてもいいかもしれません。
⑨わかったことを受け取ります。

1. どんな表現もわけがあって出てきたものです。やさしく受け取り，教えてくれたからだに感謝しましょう。
2. 写真を撮って持って帰ることもできます。写真を見ることで，あとで気づきが生まれることもあります。

素材

KOL-BE シート

文献

Perlstein, A., & Katz, E. (2012). 日笠摩子（訳） KOL-BE：ことばにならないものを表すために 村山正治（監修）(2013). フォーカシングはみんなのもの (p.38-40.) 創元社
Perlstein, A. (2016). KOL-BE（私刊）.
Perlstein, A. (2021). *Working with KOL-BE Body Mapping in Focusing-Oriented Therapy, Senses of Focusing, Volume 1*, (pp.517-531.) Euracia Publications.

Section 6 共鳴

1. 共鳴とは？

フェルトセンスにぴったりの表現が見つかったあとに，もう一つすることが

あります。そのぴったりな表現を，もう一度からだの感じに照らし合わせて感じてみるのです。そのプロセスを**共鳴**（resonance）と呼びます。共鳴によって，フォーカシングセッションはより深く，的確な方向に進んでいきます。

　コーネル（Cornell, 1996／訳 1999）は，「からだから出てきたものは何でも，フェルトセンスに戻してそれでいいかどうか確かめる必要があります」と述べています。そして，ぴったりの表現をもう一度からだに戻し，フェルトセンスと照らし合わせてみると，3つのことが起こりうると言います。どの反応も，セッションを前に進めてくれます。

　①そうそう，まさにそうだ，ぴったりだ，という反応
　②それもそうだけれど，まだ何かあるなぁ……と気づく反応
　③いや，そうではない……そうではなくて……○○だ，と気づく反応

　まさにそうだ，と感じる①の反応が起きたときは，しばらく，ゆっくりとその「そうそう」という感じを味わってみましょう。ジェンドリンは，ぴったりと感じられる表現をフェルトセンスに共鳴させているこの間について「あなたのからだが今変化しつつあるのです。それが変化し，解放し，進行し，動いている限り，そのままにしておきましょう。それが今この時点で欲している解放と変化を得るために必要な1分か2分を提供しましょう」（Gendlin, 1981／訳 1982, p.88）と述べています。ゆっくりと変化を味わいましょう。

　最初ぴったりと思った表現が，確かめてみたら，少し違った……という反応になることもあります。②や③の反応がそれです。違っていても，間違ったと思わなくて大丈夫です。一つの表現が，フェルトセンスのすべてを言い表わせるとは限りません。②の場合，あらためて表現をフェルトセンスに共鳴させたことで，その表現ではまだ言い表わせていなかった側面が新たに浮かび上がってきているのです。例をあげてみましょう。「あのことを考えると，黒い石の塊があるみたいだ。黒い石の塊でぴったりかな……それはそう……でもそれだけじゃなくて，何か洞窟の中にその石があるような感じ」。「黒い石の塊」で今感じていることをすべて言い表わせているか確かめたことによって，黒い石を取り巻く洞窟という表現が新たに得られ，より感じていることが明確になって

きています。

　また，ぴったりの表現が見つかったことで，「感じ」自体が変化し，別のものとして感じられるようになることもあります。それが③の反応です。「黒い石の塊でぴったりかな……そう，黒い石の塊……それはそうなんですけど，感じていたら段々白くなってきました。大きく，もっと膨らんで……」。ここでは，黒い塊を感じて「ともにいる」ことによって，フェルトシフトが起き，別のシンボルがより適するようになっています。②も③も，出てきた表現をもう一度からだの感じに照らし合わせる時間をとることで見いだされたものです。より丁寧に，その複雑精妙さを味わうことによって，自分が体験していたことの意味をさらに豊かに見いだすことができるでしょう。

コラム 04

セッションを進めるための小さなフォーカシング

　フォーカシングのプロセスは，常に自分のからだとの対話だと言っても過言ではありません。たとえば，フォーカシングセッションの中で，「こんなことをやってみるのはどうですか」とガイドが提案したとしても，それをそのまま実行するのがよいとは限りません。「やってみようかな，どうしようかな」と，自分のからだに尋ねてみて，「うん，いいなぁ，やってみよう」「いや，やめておこう」とからだの反応が出てくるのを待ちます。それは，フェルトセンスに対する表現をもとのフェルトセンスにつき合わせて，ぴったりかどうかを確かめる「共鳴」のプロセスにも似ています。

　それだけではなく，セッションをするかどうか，どのようなやり方で，何のことについてセッションをするか，続けるか，終わりにするかなどについても，フォーカサーは，自分のからだに確かめていきます。このように，セッションの進行の随所において，からだへの確かめを行なうこと自体もフォーカシングです。

　特に，フォーカシングでは，「安心・安全」を守ることをとても丁寧に行ないます。無理をしなくていいと頭でわかっていても，実際に行動に移すのは難し

6　共鳴　　67

いものです。ちょっと止まって，時間をとり，大丈夫な感じがするかな？とかからだに確かめることで，安全をより確かにすることができます。　　　（小坂淑子）

2. ジグザグ

　ジェンドリン（Gendlin, 1981／訳 1982）は，**ジグザグ**（zigzag）という言葉を用いて，体験過程は象徴化とフェルトセンスを感じることの間を行ったり来たりしながら，進展すると述べています。フェルトセンスを表現することで「ああ，そうだ，こんなふうに感じていたんだ」という理解が生じるとともに，フェルトセンス自体にも変化が起きます。変化した今のフェルトセンスを新たに言い表わそうとすると，別の表現になります。その新たな表現に伴ってフェルトセンスのほうもさらに変化するというように，プロセスが続きます。

　ジグザグのプロセスの例を見てみましょう（図 2-3）。試験の日が近づいてきて，勉強しなければいけない状況においてフォーカシングを行なった例です。最初は，勉強のことを考えると，お腹のあたりに何か固さを感じました。そのフェルトセンスを「黒い石のような硬い感じ」と表現し（表現 1），その言葉をお腹の感じにつき合わせながら，フォーカシング的態度を向けていきます。「こんな感じがするんだ。そうそう……」「本当に気が重いんだなぁ……」と気づきがありました。フォーカサーはゆっくり息を吐きます。するとフェルトセンスが少し小さくなりました。あらためてその様子を表現しようとすると，

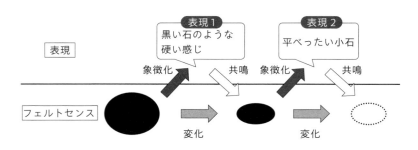

図 2-3　象徴化とフェルトセンスを感じること（共鳴）のジグザグ（勉強の例）

「平べったい小石」という言葉が浮かんできました（表現2）。その言葉をもう一度フェルトセンスに確かめてみるとしっくりきました。すると，さらにフェルトセンスが変化し，密度が薄くなって，固さもなくなってきました。「ああ，なんだか軽くなってきた。そういえば，面白いと思えるときもあるんだ」。

　こんなふうに，フェルトセンスを表現したあと，ゆっくり共鳴させると気づきが起こり，フェルトセンスは変化して次へと進展していきます。

Section 7 進展

1. フォーカシングにおける前向きの動き

　フェルトセンスに対してフォーカシング的な態度で注意を向け，象徴化し，ぴったりな表現が見つかると，フェルトセンスが変化することがあります。これは直接にからだで感じられる変化（フェルトシフト）であり，より一般的に体験過程の変化という意味で**進展**（carrying forward）と呼ばれます。

　こうした変化に伴って，取り上げている状況についての「あっ，そうか」という気づきや新しい理解が生じます。そして，ほっとした気持ちになったり，からだから空気が抜けるように楽になる，涙が出るといった身体的変化も同時に起こります。

　「フェルトセンスに注意を向け，表現することで，新たな何かがもたらされる」という説明は論理的とは言えません。「1と1を足したら2になる」というのとは違います。だからこれは，実際にフォーカシングを体験するまでは，なかなか理解することが難しいことかもしれません。誰もが経験しているような身近な例をあげてみましょう。たとえば，ある人の顔は思い浮かぶが，名前が思い出せそうで思い出せない，という場合があります。そんなときは，なんとも言えずすっきりしませんね。何かを知っているという感じが喉や胸のあたりにあるのがわかるでしょう。その感じに注意を向けると，うっすらとその人の名前のイメージが浮かびます「何か『田』がついたような気がする……」「山田でもない，沢田でもない……うーん……」といろいろな候補をその感じにつ

7　進展　**69**

き合わせていると，ようやく「川田」という名前が，その感覚にぴったりとはまります。そして，「あっそうだ，川田さんだった！」という気づきとともに，胸のすっきりしない感じは解消します。そのような過程も小さいながらフェルトシフトの一つと言えます。

　このフェルトシフトには，単に忘れていたことを思い出すとかすっきりするというだけでなく，もっと重要な意味があります。それは，自分が抱えていた問題についての，暗に（うっすらと）感じられていた気持ちがはっきりと意識化されたり，解決策がわかったり，ある考えへの囚われから解放されたりすることです。抱えている問題自体は変わらなくても，自分自身の問題への理解や関わり方が変化し，その状況に対する振る舞い方も変わるのです。このような変化がまさに進展であり，ジェンドリンはこれを「新たな意味が生じる」と表現しています。

　フェルトシフトは，フェルトセンスに注意を向けているうちに突然の「ひらけ」としてやってくることもありますが，ゆっくりと，一歩ずつ，小さな気づきという形でやってくることが多いです。たとえば，たった今フェルトセンスを表現してみた言葉が，あらためて感じてみると，少し違って感じられることがあります。さっきは「恐い」と言ったけど，正確にはちょっと違って……なんと言ったらいいか，「引き下がる」という言葉のほうが近い……といったようにです。変化が起これば，それまでのフェルトセンスとは異なって感じられ，それに注意を向け，表現することでまた変化し……と続いていきます。うまく説明もできないし，自分でも奇妙に思うような過渡的なステップをいくつか経て，ようやく説明できるような何かがやってくる場合もあります。ある時点で語られたことや感じられたことが最終的な真実ではなく，後のステップによって，今正しいと思われることはさらに変化していく可能性があるのです。

　ジェンドリン（Gendlin, 1964 ／訳 1999）によれば，フェルトセンスのひらけは，その人の多くの側面に影響を与えます。場合によっては，ひらけに続いて，「そう言えば，他にもこんなときやあんなときにも，同じようになっている」といったように，類似のことが起きる場面や関連する事柄が想起されて，気づきが広がっていくこともあります。これを**全面的適用**（global application）と呼んでいます。

多くの場合，このような変化は多くはフォーカサーの沈黙の中で起こります。ですからセッション中の沈黙は大切にしましょう。ゆっくりと時間をかけることが大切です。逆に素早く出てきたものは，フェルトセンスからもたらされたというよりは，頭で考えたことやすでに知っていたことの繰り返しである場合が多いのです（p.33「ポーズ」を参照）。

　フェルトシフトはフォーカサーが意図的に起こすものではありません。フォーカサーがセッション中にフェルトセンスに変化が起こることを期待しすぎると，かえってプロセスの進展を妨げる可能性があります。変化は，フォーカサーがフォーカシング的な態度でフェルトセンスに注意を向けたり，表現することにより，自然と起こるものです。フェルトシフトはフェルトセンスとともに時間をすごした結果として与えられるギフトのようなものなのです。あらかじめその方向を推測することもできませんし，ましてや，このように変化してほしいというようにフォーカサーが恣意的に方向を定めるものでもありません。ジェンドリンが自己駆進的感情過程（self-propelled feeling process）と呼んでいるように，フェルトセンス自体に推進力と方向性が暗に含まれているのです。

　いずれにしても，進展は常に前向きの変化です。そして大局的に見れば，人格変化と成長につながっています。ジェンドリン（Gendlin, 1996 ／訳 1998, 1999）によれば，生命自体が常に前向きの方向性をもった進展のプロセスであり，フォーカシングにおける一つのフェルトシフトも，そうした生命の大きな流れの一部なのです（p.209「ジェンドリンの哲学」を参照）。

2．フェルトセンスへの問いかけ

　フォーカサーが開かれた質問を用いて自分自身のフェルトセンスに問いかけることによって，フェルトシフトや，新たな理解が生じるようにうながすことができます。さまざまな問いかけ方がありますが，コーネル（Cornell, 1994／訳 2014）は以下のように分類しています。

①一般的な質問
　「いったいこれは何だろう」

「その奥には，もっと何かあるかな」

「自分に何か伝えてくることがあるかな」

「何のせいで，そんなに〜（ハンドル）になるのかな」

「この状況の何が〜にさせるのかな」（フェルトセンスがどんな状況と関連しているのか，すでにわかっていて，さらに特定しようとする質問）

②要点を問う質問

「ここで一番重要なのは何だろう」

「これについて一番最悪なのは，どんなことだろう」

「一番よいのは，どんなことだろう」

③前向きの質問

「ここで必要なのは何だろう」

「この問題がすべて解決したら，どのように感じるだろう」

　コーネルはまず「一般的な質問」，次に「要点を問う質問」を，それでも変化がない場合に「前向きの質問」という順序で使うことを勧めています。

　フェルトセンスに問いかけるといっても，フェルトセンスがまるで生き物のように，文字どおり言葉で応答してくることを期待する必要はありません。問いかけは，フォーカサーの注意がそこにとどまるのを助け，何かさらなるものを感じ取るのに役立ちます。それによって，新しい側面が感じられたり，頭に浮かんでくることがあります。その本質は，言葉をかけることよりも，問いかけるような気持ちをフェルトセンスに向けて「待つ」態度にあります。上記のような問いかけは，フェルトセンスに直接尋ねる形でもよいですが，「『……』ということを知りたいな，という気持ちを向けてみる」と読みかえて使うのもよいでしょう。ここでは，問いかけへの答えを自分の頭で（意識的に）考えるのではなく，フェルトセンスに問いかけて，何か思い浮かんでくるのを待つ，という姿勢が重要です。

　また，こうした問いかけは，フェルトセンスを見つけ，ハンドルを得たり，共鳴させたりしながら，しばらく時間をすごしても，変化がない場合などに有効です。フォーカシングセッションのあまりに早い段階でこうした問いかけをしても，なんら反応が得られないことが多いので，使うタイミングにも気をつ

けましょう。

　リスナー（ガイド）がこうした問いかけが必要だと感じた場合，リスナーの役割はフォーカサーに問いかけることではなく，フォーカサーが自らのフェルトセンスに問いかけることができるようにうながすことです。ですから，フォーカサーへの伝え方は，「では，その感じに向かって『……』と尋ねてみることはできますか」あるいは「その感じに『……』という気持ちを向けてみましょう」となります。

Section 8　生活へ──セッションの実り

1.　受け取る

　フォーカシングのプロセスで出てきた新しい気持ち，気づき，アイデアなどは，どんなものであっても，それらを歓迎します。それらに，ゆっくりといられる場所と時間を与え，しばらくともにいてみるようなイメージをもつのもよいでしょう。特に自分にとって心地よく感じられるものは，ゆっくり時間をかけて，よく味わいます。そうすることで，フェルトシフトを，自分の中に取り入れ，統合していくのが「受け取る」というステップです。フォーカシングのある段階においてもたらされたものは，最終的なものではなく，それらはさらに変化していく可能性があります。どんなものでも受け取ることによって，さらなるものがもたらされるのです。

　フォーカシング中に現われるものの中には，自分にとって違和感を感じるものもあるかもしれませんし，それらを受け容れることを邪魔しようとする考えが頭をよぎることもあるかもしれません。「このような気持ちになってはいけない」「こんなことでは解決にならない」という批判的な考え，「これは自分の想像の産物にすぎないのではないか」という疑い，他にも自分がこれまでに大切にしてきた価値観と相容れないことが出てきて認めがたいと思ったり，実現することが困難に感じられることもあるかもしれません。そうした考えに乗っ取られて（同一化して），フェルトセンスからもたらされたものを捨ててしまうこ

8　生活へ──セッションの実り　73

とは簡単ですが，それでは体験過程の流れを押しとどめることになります。そうした考えをただ認めて，乗っ取られないように距離をとりながら，受け取ったことを守ってあげてください。たとえば，フェルトセンスとともにいるうちに「自分は今の仕事を辞めて，別の仕事を始める」というアイデアが浮かんだとします。それは，実際には諸事情から実現が困難なものかもしれません。そうであったとしても，そのアイデアに反論したり，捨ててしまうのではなく，とにかくフェルトセンスからのメッセージを受け取ります。受け取ることと，それをすぐさま実行に移すかどうかは別問題で，その新たなアイデアを心の中にただ置いておくこともできます。いずれそのアイデアを実行するのに適切な時期が来るかもしれません。フェルトセンスから新たにもたらされたものは，植物の若い芽のようなものです。今後，さらに大きく育っていく可能性があります。無造作に摘んでしまわないように気をつけたいものです。

2. 行動ステップ

　行動ステップとは，フォーカシングで得た気づきを，実際の生活場面での行動につなげる段階のことです。ですから，フォーカシングセッションの終わりの頃に重要になることが多く，ジェンドリンの6ステップにおける6番目「受け取る」に続く，「7番目の動き」と呼ばれることもあります。

　ある問題についてフォーカシングをすることによって，気持ちが楽になったり，新たな見方ができるようになったとしても，実際の行動が変わらないがために，その人の生活になんら変化がないのであれば，フォーカシングが本当に活かされたとは言えません。たとえば，フォーカシングをする中で，「今の自分にはカウンセリングを学ぶことが必要だ」ということがわかってきたとしても，実際に学ぶための行動を起こさなければ，その人の生活に表立った変化は表われません。そのような状態をジェンドリンは，「エンジンは動いているが，その動力が伝わらないために，車体が動かない車のようだ」と言っています。そこで，フォーカシングセッションと日常生活をつなぐ架け橋として，行動ステップが重要になります。フォーカシングは，実生活と切り離された純粋に内的なワークなどではなく，その人の生活や人生とひと続きのものなのです。

74　第2章　フォーカシングのプロセス

フォーカシングのプロセスで，新たな変化や前向きのエネルギーを感じたならば，それを具体化するためにどのような行動が必要かを自分のからだに尋ねます。何かの行動が思い浮かんできたなら，実際にその行動を起こすことができそうかどうかを，からだに確かめてみます。フェルトセンスとともにいてハンドルを（得たあと，それを）フェルトセンスに共鳴させたのと同じようにして，ぴったりだと感じられるかどうかを確かめるのです。メンタルリハーサルをするように，実際その行動に移している場面や自分の姿をイメージしてみて，からだにしっくりくる感じがあるかを確かめるとよいでしょう。それをそのまま行動に移すことが無理そうだと感じるなら，そのための準備をするというように，もう少し小さなステップをつくり，同じように確かめてみましょう。たとえば，「カウンセリングを学ぶ」というアイデアを行動につなげるために臨床心理系の大学院に通う自分を想像してみると，胃のあたりに何か違和感が感じられたとします。そこに注意を向けていると，そのために今の仕事を辞めることができないこと，経済的な負担が大きすぎること，自分はそれを職業にしたいとまでは思っていないことがはっきりしてくるかもしれません。今度は，○○カウンセラー協会の講座に通うことをイメージしてみると，胃のあたりはかなりしっくりと感じられるかもしれません。今の仕事を続けながら通うだけの時間も，そのための費用も捻出できるし，学びはじめとしてはちょうどいいという感じです。このようにして，フェルトセンスから生まれた一歩をどう具現化するかも，やはりフェルトセンスに確かめながら（言うなればフェルトセンスと相談しながら），心の準備を整えるのです。これは何も特別なことではありません。たとえば多くの人は異性とデートする場所を選ぶ際にも，相手と自分の関係性，相手の好み，その場の雰囲気，交通アクセスなどさまざまな状況を考慮しつつ，自分と相手がその場にいる情景や，相手も喜んでくれそうかといったことを想像しながら，自分にとってしっくりくるプランを探すことを自然に行なっていることでしょう。それを意識的にフェルトセンスに確かめながら行なうのが，フォーカシングの行動ステップなのです。

　また，内的変化を行動につなげる，という方向に進む場合ばかりでなく，逆に行動することによって内的変化がもたらされる場合もあります。フォーカシングによって新たな気づきを得ながらも，行動が伴わないために相変わらず停

滞しているときには，実際に小さなことでもなんらかの行動をすることで体験が進展し，新たな内的変化が生じることもあります。外界における新たな行動は，フォーカサーとその出来事や環境との新たな相互作用を生み出すからです。たとえば，カウンセリングを学ぶ学校や講座の資料を取り寄せてみれば，そこに通っている自分の姿がより鮮明にイメージされ，新たな興味や関心が掻き立てられたりもするでしょう。このようにフォーカシングにおける進展と実生活での行動は，車の両輪のようなもので，それらが交互に起こり，うまくかみ合うことで，人生を前に進めるための強力な原動力になるのです。

3. 行動ステップの活用

　ジェンドリンは，苦手意識をもったり，恐怖を感じている物事に行動を起こしていくには，**スモールステップ**という考え方が役立つと言っています。スモールステップとは，初めから高い目標を設定するのではなく，小さな目標の達成を積み重ねて，最終的な目標に近づいていくことです。そのために，一つだけでは取るに足らないようなきわめて小さいステップを見つけて進めていきます。

　ジェンドリン（Gendlin, 1996 ／訳 1998, 1999）があげている，女性との交際経験の少ない孤独な 55 歳の男性が女性とつきあうにいたるまでの例を参考にしてみましょう。身なりを気にしない彼の最初のステップは服を買うことでした。次に，毎週水曜日の夕方はドレスアップしてから，服を脱ぎ家ですごします。次は女性と出会うために行く場所のリストをつくること，そうした場所のある通りまで行くだけで帰ってくること，中の様子を見るだけで帰ってくる，中に入って一人の女性に挨拶して，いくつかの言葉を交わして帰るといったステップを積み重ねます。次第に，一晩に 5 人の女性とあいさつをしたり，一人の女性と一晩会話が続いたり，コーヒーを飲みに行こうと誘ったりできるようになり，最終的には一人の女性とのつきあいを続け，その後他の何人かの女性とも出会うことができた，ということです。

　一つひとつのステップ，特に最初のほうは，それだけでは意味がないことのように思われるかもしれません。しかしその極小のステップを，しばらくの間

実践することによって，その人は前進しはじめるのです。

　自分に設定したステップを実行できたときには，自分で自分のことを褒めて
あげます。このように自分で自分のことをきちんと労う，認めることがきわめ
て重要です。自分のことを褒めたり，慈しむことに抵抗を感じるときには，そ
れを邪魔していることが何なのかについてあらためてフォーカシングを行なっ
てみるとよいでしょう。

4.　行動ステップの原則

　行動ステップの原則をまとめておくと，①スモールステップで行なうこと，
②ステップを達成したときには自分のことを褒めたり，認めたり，何かご褒美
を与えること，③ステップを達成したときに自分自身がどのように感じたのか，
内的に何か変化があったのかを確かめてみることが必要です。行動ステップを
実際に行なって，からだの感じを確かめてみて，何か変化があれば，またフォー
カシングをしてみて，それにふさわしい行動を見つけるとよいでしょう。

5.　セッションを終わりにする

　2, 3, 4で行動ステップについて，やや詳しく述べてきましたが，ここでセッ
ションの進行に話を戻しましょう。

　行動ステップまで進んだとしてもそうでなかったとしても，そろそろセッ
ションを終わりにする頃だとあなたが思いはじめたら，からだでもそのように
感じられるかを確かめておきましょう。「もう終わりにしてもよいと感じられ
るか，その前に何かもっと現われ出てきそうか」とからだに尋ねるように，確
かめてみるとよいでしょう。1回のセッションで問題がすべて解決しなかった
としても，今のところ，これで十分だと感じられればよいのです。セッション
を終わりにするにあたって役に立つことの一つは，自分がたどり着いたところ
（その感じ）に，何か印をつけておくことです。イメージあるいはシンボルの
ようなものかもしれませんし，フレーズかもしれません。印をつけておくこと
で，次にフォーカシングセッションをするときに，その感じを呼び出して，続

8　生活へ——セッションの実り　　77

きを始める手がかりにするのです。一つひとつのセッションは，それ自体で完結しているわけではなく，もっと大きなプロセスの一部であって，からだにはさらなるものが含まれているのです。また，あらためてセッションを振り返ってみて，何か覚えておきたいことがあるか，自分自身に尋ねてみるのがよいでしょう。セッション中に重要な気づきがあった場合は，それらを忘れてしまわないように，しっかりと再確認する機会となります。そうして，フォーカシングのプロセスが与えてくれたものの価値を認め，じっくり味わい，感謝の気持ちをもってセッションを終えたいものです。

Section 9 いろいろなフォーカシングの進め方

　ここまでフォーカシングのプロセスについて詳しく見てきました。このプロセスを読んで「いつも自分がやっていることだ！」と思った人もいるでしょうが，「なんだかよくわからないな……」と思った人も少なくないでしょう。心配しないでください。ジェンドリンはフォーカシングは教えることができるもので，つまり学ぶことができるものだと述べていますし，実際世界中に多数のフォーカシングティーチャーがいて，多くの方がフォーカシングを学んでいます。

　本節では，代表的なフォーカシングの進め方を紹介します。フォーカサーがこの後示す各ステップに書かれている教示（言葉かけ）を自分自身に向けることで，フォーカサーは一人でフォーカシングプロセスを進めていくことができます。しかし，特にフォーカシング初心者がフォーカシングを行なう場合には，フォーカシングに慣れ親しんだ人がリスナー／ガイドとなり，話し手であるフォーカサーのフォーカシングプロセスが進むようサポートすると，フォーカサーはより安心してフォーカシングに取り組むことができ，より自分の内側への注意を持続しやすくなります。そのため，特にフォーカシング初心者には，聴き手のいる形でのフォーカシングが推奨されています。フォーカシングに慣れ親しんだあとであっても，リスナーがいることで自分のプロセスがパワフルに進むことを実感するフォーカサーは少なくないでしょう。リスナー／ガイド

78　第2章　フォーカシングのプロセス

は次項の各ステップで示す教示を参考に，自分のフェルトセンスに照らし合わせて目の前のフォーカサーに役立つと思われる声かけをしていきます。

　フォーカシングの教え方には多様性があります。これはどれかが正しくてどれかが間違っているというようなものではありません。人によって理解しやすい，やりやすいと感じるやり方が違うだけなのです。フォーカシングプロセスが進むのであればどの方法を試していただいてもかまいません。ここでははじめにフォーカシング創始者のジェンドリンのやり方を紹介します。ジェンドリンのやり方の特徴の一つとして，第1ステップにCAS（クリアリング・ア・スペース）が置かれていることがあげられます。また，ジェンドリンの教示では，「空間」「距離」といった空間的比喩が多く使われている点も特徴と言えるでしょう。

1. ジェンドリンの6ステップ

　ジェンドリンは，1960年代後半から「チェンジズ（Changes）」と呼ばれる一般市民向けのグループを開催していました。しかし，そこで傾聴しているだけではフォーカシングプロセスに自然に入れない人がいることに気づきました。ジェンドリンは，フォーカシングをまだ一度も行なったことがない人にフォーカシングを教えるときには，フォーカシングプロセスを以下の6つのステップに分けて伝えるのが有効であることを見いだし，それを著作『Focusing（フォーカシング）』（Gendlin, 1981／訳1982）で説明しています。

　以下「言葉かけ」のところは，リスナーがいるフォーカシングをしているときに，リスナーがフォーカサーにする言葉かけです。一人でフォーカシングをするときは自分に向かって同様の言葉かけを行ないます。

● ステップ1：クリアリング・ア・スペース（Clearing A Space, 空間をつくる）
言葉かけ
「自分に立ち戻って静かにし，しばらく楽にしてください（フォーカサーがある程度落ち着くまで少し時間をとります）。自分の内側，内面のほうに注意を向けます。自分の内側とは，お腹や胸，喉などからだの真ん中あたりのことです。そのあたりに注意を向けながら，『そのあたりに何があるかな』（あ

9　いろいろなフォーカシングの進め方　　79

るいは，『そのあたりはどんな感じかな』，『今気になっていることは何かな』
など）と自分に尋ねてみてください。そこに何が出てくるか眺めながら待ち
ます。何かが出てきたら，『ああそういうのがあるな』と気づくだけにして
おいて，少し遠くからそれを眺め，自分とそれとの間に少し距離をとるよう
にします。他にも何かあるかなと再度自分に尋ねたあと，自然と何かが浮か
んでくるまでただそこに注意を向けながら待っていてください」

　何かが出てきて嫌な感じがするのであれば，それと少し距離を離してみると
よいでしょう。
　このようにしていくと，たいてい複数のことが出てきます。

●ステップ2：フェルトセンス（felt sense）
　ステップ1で出てきたことの中からフォーカサーはこのセッションで取り上
げるものを選び，その感じを確かめる時間をとります。

　言葉かけ
「今浮かんできたことやからだの感じの中から，これからの時間で取り上げ
てみたいこと，取り上げてもいいかなと思うことを一つ選んでください（少
し時間をとります）。では，選んだことを思い浮かべたとき，今，からだ（自
分の内側）ではどんな感じがしているでしょうか」

●ステップ3：取っ手（ハンドル）をつかむ（get a handle）
　ステップ2で感じたフェルトセンスの雰囲気や性質を表現していきます（描
写するとも言います）。この表現を「ハンドル」と言います。言葉で表現する
ことが多いですが，動作でも，アートでも，音での表現でもかまいません。フェ
ルトセンスの色，形，大きさ，重さ，圧力，質感，動き，イメージ，感情など
を表現してみます。

　言葉かけ
「今のその感じはどんな感じでしょうか。言葉にしてみてください。あるいは，

80　第2章　フォーカシングのプロセス

動作やイメージで表現してみてください」

●ステップ4：共鳴させる（resonate）

　フォーカサーが今感じているフェルトセンスとその表現との間を行きつ戻りつ，ジグザグしながら，その表現がフェルトセンスにぴったりかどうか感じます。これを「共鳴させる」と言います。

> **言葉かけ**
>
> 「その言葉（表現）とその感じの間を行ったり来たりして，その言葉（表現）でぴったりかどうか確かめてみましょう。ぴったりでなかったら，その感じを表わすよりふさわしい言葉（表現）を探してみましょう」
> 「言葉に（表現）しているうちに感じが変わってくることもよくあります。感じが変わったら，今感じている感じを言葉に（表現）してみて，その言葉（表現）がぴったりか確かめてみましょう」
> 「ぴったりした感じであれば，そのぴったりな感じを味わう時間をとってください」

　ハンドルが言葉の場合，フォーカサーは自分でハンドルを口にしてみて，それが自分の今感じているフェルトセンスにぴったりかどうか確かめてみることもできますし，リスナー／ガイドがそのハンドルを口にしてそれをフォーカサーが聞きながら自分のフェルトセンスとぴったりかどうか感じてみることもできます。

　ハンドルが動作の場合，その動作をもう何回か繰り返してみてどんな感じがするか確かめてみることもできますし，ハンドルがイメージだった場合，そのイメージをもう少し詳しく言葉にしてみることが役立つことがあります。

●ステップ5：尋ねる（ask）

　ここまでの間に，フォーカサーが何か「わかった」と気づく体験，新たな意味に気づく体験をすることがあります。この体験を「フェルトシフト」と呼びます。フェルトシフトは自然と生じてくることもありますが，次のような質問

をしていく中で生じることもあります。

> 言葉かけ
> 「その問題の中で，この〇〇（ハンドル表現）をさせているのは何でしょうか」
> 「この〇〇（ハンドル表現）は何を伝えているのでしょうか」
> 「その状況の何が，〇〇（ハンドル表現）みたいなのでしょうか」
> 「この〇〇（ハンドル表現）は何を必要としているのでしょうか」
> 「その感じにとって，どんなことが起こったらいいでしょうか」
> 「その感じは日常生活と何かつながりがありそうでしょうか」

　質問をしてすぐに答えようとはしないで，自分の内側に尋ねたあと，自然と答えが浮かび上がってくるのを待ちます。フェルトシフトが生じずにすぐに答えが浮かんだ場合は，もう一度自分の内側に注意を戻して再度尋ねてみることが役立つことがあります。

●ステップ6：受け取る（receive）

　気づいたことは何であれ歓迎して受け取ります。フェルトシフトが生じると，からだが緩んだ感じがしたり，ほっとした感じがしたりなどの何かしらのいい感じが生じることが多いです。その感じを十分時間をとって味わうようにするとよいでしょう。

　そして，フォーカサーに終わってよい感じかどうか尋ねます。終わるために何か必要なことがありそうであれば，それを行なって終わりに向かいます。

　ジェンドリンは，フォーカシングで内的変化を起こすだけでは十分ではなく，行動につなげることを重視しています。そのため，ステップ6で受け取ったことを日常生活にどのように活かすかを尋ねることがあります。これを「行動ステップ」（p.74を参照）と呼びます。

　ジェンドリンの6ステップは，このとおりにやらなければならないわけでもありません。この6ステップは，ジェンドリンが長年の経験から，一度も体験したことがない人にフォーカシングを教えるのに有効なため示しているのであ

り，基礎的な手引にすぎません（Gendlin, 1981／訳 1982）。フォーカシングプロセスが進むのであれば，どんな方法でもかまわないのです。そのため，さまざまな人がさまざまなフォーカシングの教示法を開発しています。次に，コーネルのステップを紹介しましょう。

2. コーネルの5ステップ

アン・ワイザー・コーネル（Cornell, A. W.）は，1970 年代にジェンドリンのもとでフォーカシングを学び，1980 年代はじめから現在まで，世界中でフォーカシングを教えています。

フォーカシングを習いはじめると，「ああ，このやり方は自分がいつもやっているやり方だ。あのなじみのやり方に名前があったんだ」と思う人もいます。しかし，反対に「フェルトセンスが感じられない。フォーカシングは難しいなあ」と思う人もいます。コーネルは後者で，フォーカシングをやりはじめたとき，フェルトセンスを実感することがなかなか難しかったようです。コーネルは自分の経験から，フォーカシングの教え方に工夫を凝らし，わかりやすいフォーカシングの本を書きました（Cornell, 1996／訳 1999）。

コーネルの教示法の特徴として，自身が言語学博士であるという背景から，フォーカシングプロセスをうながすためのわかりやすい言葉遣いを用いている点や，フェルトセンスをあたかも一人の人であるかのように扱う，つまりフォーカサーとフェルトセンスとの関係を対人関係的比喩でとらえる点があげられます。

コーネルの著書『*The Focusing Student's Manual*』（1994），『*The Focusing Guide's Manuall*』（1993）（訳 2014『フォーカシング入門マニュアル／ガイドマニュアル』）では，①からだの内側に注意を向ける，②フェルトセンスを見つける，あるいは招く，③ハンドルを手に入れる（描写する），④（受容的・探索的態度で）その感じとつきあう，⑤終わりにするという5つのステップと，「認める」「関係を見つける（間をとる）」「思いやる（友だちのようにいる）」「共鳴させる」「受け取る」という5つのスキルを説明しています。以下に，コーネルの5ステップについてもう少し説明していきます。

9　いろいろなフォーカシングの進め方　83

●ステップ１：からだの内側に注意を向ける

　まずは両足，両手，太ももやお尻などのからだの周辺部分に順番に注意を向けていき，「そこに何があるかなあ」と少し時間をとってゆっくりと眺めたあと，喉，胸，胃，お腹といったからだの中心部分にも同じように注意を向けていきます。

　コーネルは，フォーカシング初心者にとって，「からだの内側」という言葉を使うよりも，リスナー／ガイドが特定のからだの部分（喉，胸，胃など）の名称を具体的にあげてそこに注意を向けるように伝えるほうが，どこに注意を向けたらよいかわかりやすくなると勧めています。

●ステップ２：フェルトセンスを見つける，あるいは招く

　ステップ１を行なっていく中で見つけた感じの中から気になる感じを１つ選んで，そこからプロセスを進めていくことができます。あるいは，フォーカサーが特定のもの（自分の生活や人生，日常生活の未解決な気になる問題）を思い浮かべたときに，からだの内側ではどんな感じがするのかと次に示すような問いかけをして，そこで出てきた感じからプロセスを進めていくこともできます。

　言葉かけ

「自分の生活や人生が今どんな具合か，そこ（からだの内側）でどう感じているのかな」

「その問題を思い浮かべてみると，そのあたり（からだの内側）はどんな感じかな」

　リスナー／ガイドは「何かに気づいたら報告してくださいね」とフォーカサーに伝えます。コーネルは，このとき「フェルトセンスに気づいたら報告してください」とは言わず，「何か」という言葉を用いることを勧めています。フォーカシング初心者は何がフェルトセンスなのかわからないので，「フェルトセンス」などのフォーカシングの専門用語を使ってしまうと，どうしていいかわからず困ってしまうことが多いからです。

　フォーカサーは，出てきたフェルトセンスに「こんにちは」と声をかけ，そ

れがあるということを認めます。日本語の「認める」という言葉は「同意する」とか「許す」という意味が入った言葉ですが，ここでの「認める」は単にそこにそういう感じがあると気づいておくということを指します（p.53を参照）。

●ステップ3：ハンドルを手に入れる（描写する）
　フェルトセンスを表現していきます。物や人をモデルにして絵を描くときのように，対象となるもの（フォーカシングの場合はフェルトセンス）をよく見て，それを表現（描写）します。言葉での描写がよく行なわれますが，絵や動作，音にしてもかまいません。

●ステップ4：（受容的・探索的態度で）その感じとつきあう
　コーネルは，この時点で「今，これと一緒にしばらくすごしても大丈夫かな」と自身に聞いてみることが有効であると述べています。大丈夫そうであれば，敬意や興味や好奇心をもって，それとしばらく一緒にいます。コーネルは，友だちの隣に座っているようなつもりで，ただその部分と一緒にいることを勧めています。

　言葉かけ
「それはどんな感じなのかなとそれに興味・関心を向けながら，それのそばにしばらく座ってみよう」

　そして，質問していきます。コーネルは3種類の質問を提示しています。
　1つ目は，「向こうとしてはどう感じているのかな」「それには気分や気持ちがあるかな」「ここに何かもっとあるかな」などとフェルトセンス側がどう感じているのかを見る質問です。
　2つ目は，「これのもっとも大事な点は何だろう」「それは私に何を知ってほしいのかな」「どういったわけで，そんなに○○（ハンドルの描写。例：イライラする）のかな」などとフェルトセンスの一番大事なところを探る質問です。コーネルは質問するとき，頭で理由を考えてしまうのを避けるため，「なぜ」という言葉は使わず，「どんなわけで」「どんな目的で」などと言い換えること

9　いろいろなフォーカシングの進め方　　85

を勧めています。

　3つ目は，他の2つを試してみてもまだすっかり終わってはいないという感じがするときに効果的な「これには何が必要なのだろうか」「それがもっと私に伝えたがっていることはあるかな」「全部うまくいくというのはどんな感じかな」といった質問です。

　質問したあと，フェルトセンス側からいろいろ伝わってくることを受け取り，そのことをフェルトセンスに伝えます。「わかったよ。伝えてくれてありがとう」。

●ステップ5：終わりにする

　そろそろ終わりにしてよい感じかどうかからだの内側に聞いてみます。終わるためには何か必要そうであれば，「終わる前に何が必要かな」とからだの内側に尋ね，その答えとして伝えられたことを行ないます。

　終わってもよさそうだけど，まだ続きがありそうという場合やいつかもう一度取り組んだほうがよさそうな場合は，その場所に印をつけ（思い出すためのきっかけになる言葉やイメージを想像する），「また戻ってくるからね」とフェルトセンスに伝えます。

　そして，このセッションで出てきたことすべてに感謝して終わります。

3．その他

　教示法ではジェンドリンやコーネルのものが有名ですが，その他にも複数のフォーカシングティーチャーがフォーカシングの教示法を工夫しています。

　ニール・フリードマン（Friedman, N.）は，ジェンドリンやコーネルから学びながら自らの臨床体験もふまえて，①挨拶をする。自分の内側の気分を確かめる，②クリアリング・ア・スペース。事柄をベンチに並べる（省略可能），③問題を一つ取り上げる，④フェルトセンスをつかむ，⑤ハンドルをつかむ，⑥共鳴させる，⑦問いかけ，受け取る，⑧終わりのあいさつをする，という8ステップを提唱しています（フリードマン, 2004）。フリードマンの教示は，最初に自分に挨拶するように気持ちを確かめることから始めること，非言語的表現も重視すること，フェルトセンスがどういう質問を望んでいるだろうか

と問いかけてそこで得られた質問をフェルトセンスに再び問いかけるという，フェルトセンスを尊重しつつ促進する質問を行なうという特徴があります。

　アメリカ・ニューヨークにある国際フォーカシング研究所で長年フォーカシングティーチャーを指導していたロバート・リー（Lee, R.）は，フォーカシングを教えるための新しいモデルである「ドメインフォーカシング」を提唱しています。リーは，フォーカサーが焦点をあてる領域を「出来事（issue or situation）ドメイン」「フェルトセンスを感じる（felt sensing）ドメイン」「自己共感（self empathy）ドメイン」に分け，さらに各ドメインの中にフォーカシングセッションの始めから終わりにいたるまでのプロセスで有効な質問を"self-guiding form" としてまとめています。各ドメインの質問を行ったり来たりしながらプロセスを促進していきます。焦点を当てる領域をドメインとして分類したこと，ドメインごとにプロセスの進展に合わせたさまざまな質問をフォームとしてまとめたこと，自己共感を強調することなどが特徴としてあげられます。

　フォーカシングの教示には多様性があります。フォーカシングティーチャーがそれぞれ，実践を通してフォーカシングプロセスの進展に役立つ方法を工夫しているのです。私たちは，先人たちが工夫した教示法をよく理解し知識として蓄え，自らに，また目の前のフォーカサーに役立つと思われる声かけを，そのときの自分の内側に照らし合わせながら，行なっていけばよいのです。

　フォーカシングの練習は自転車に乗る練習に喩えられることがあります。はじめて自転車に乗ったときは，ハンドルをまっすぐにとか，目線は少し前を見るとか一つひとつの動作を意識して行ない，補助輪や後ろから押してくれる人に助けてもらいます。しかし，慣れてくれば一つひとつの動作を意識せずに乗ることができるようになりますし，また一人で乗れるようになります。フォーカシングの練習も同じで，最初はリスナー／ガイドがいるフォーカシングを行ない，上述したステップを意識しながら行なっていきますが，徐々に慣れてくればこれらのステップを意識せずにフォーカシングプロセスの流れに沿って自然と何をしたらいいかわかるようになっていきます。

9　いろいろなフォーカシングの進め方　87

Section
10 フォーカシングで困ったときに

1. 困ったときの大原則

　ここで，フォーカシングで困ったときの対応について少し述べておきます。
　フォーカシングで困ったときの大原則は，まず自分を大事にする（安全を守る）こと。そして，フェルトセンスを大事にすることです。
　本当に怖いものが出てきて自分の安全が守れないように感じたときには，目を開いて，注意を自分のからだの内側から引き上げるのも手です。あなたがいる部屋の広がりに注意を向けて，自分が現実にここにいることを確認して，のびをして深呼吸してから，「ああ，怖かったねえ……」と自分をいたわってあげましょう。こういうときに誰かがそばにいてくれることはとても支えになります。
　自分の安全がある程度確保できているようならば，その感じがそこにあるのを「認める」ことを試してみましょう。「認める」ことはフォーカシングの基本ですが，同時にもっとも強力な手段でもあります。とても対処できないと思うようなフェルトセンスでも，「対処しようとする」前に「認める」ことで，（それを大事にしつつ）適切な距離がとれ，耳を傾けやすくなるということがよくあります。

2. フォーカシングがうまくいかないときにまず必要なこと

　フォーカシングがうまくいかないとき，その状況に対処するためにまず必要なことがあります。それは，うまくいっていないと気づくこと，そして，どううまくいっていないのかがある程度わかることです。フォーカシングがうまくいかない感じがしている人は，まずフォーカシングのプロセスの中で「何かうまくいっていない感じがあるなあ」と自分に認めるところから始めましょう。そして，「今，どんなふうにうまくいっていないのかな」と自分に尋ねてみてはどうでしょう。これは，どううまくいっていないのかを考えて自分にダメ出

88　第2章　フォーカシングのプロセス

しすることとは違います！　大切なのは，今自分が何に困っていて，何を必要
としているのか，自分に耳を傾けて理解することです（これができると日常で
もとても役に立ちます）。

　時に，フォーカシングはこういうものだ，こういうふうでなければいけない
という思い込みが，自分自身と自分の感じているものとの間に壁をつくってし
まうことがあります。「フォーカシングらしく」なっていることが大事なので
はありません。あまり「ちゃんとやろう」と思わないでください！　大事なのは，
あなたが何を感じているかということであり，その感じをあなたがあなた自身
としてどう大事にできるかということなのです。

　以下にフォーカシングで困ったときのためのアイデアをいくつかあげます
が，あなたの「うまくいっていない」という感覚を（つまり「うまくいっていない」
のフェルトセンスを）リストに従って分類したりしないようにしてくださいね。
あなたのフェルトセンスは常に分類項目以上のものを含んでいます。ここに載
せたのは，あなたが自分の「うまくいっていない」という感じを理解し，機転
と工夫と，ひょっとしたらユーモアももって，あなたの時間を豊かにすごすた
めの，ちょっとしたヒントや提案です。

3.　困ったときのためのアイデア

●自分の気持ちや感じに圧倒される場合

　フェルトセンスを感じるには適度な距離が必要です。自分の気持ちや感覚に
圧倒されるように感じたり，しんどく感じたりする場合，あなた自身とそのと
きに触れている事柄との（あるいはフェルトセンスとの）距離が「近すぎる」
のかもしれません。そんなときには，クリアリング・ア・スペースと呼ばれる，
事柄やフェルトセンスと距離をとる方法が効果的です。「クリアリング・ア・
スペース」（p.36）「ほどよい距離」（p.34）の項目を参照してください。

　「認める」ことは有効なクリアリング・ア・スペースの方法です。もしそれの
ほうからこちらに近づいてくるように感じられるときは，突き放したり逃げた
りする前に，「近づきたいんだね。わかったよ。でもこれでは近すぎて，少し離
れないとあなたの話が聴けないよ」とそれに伝えてみるのも手かもしれません。

10　フォーカシングで困ったときに　　**89**

●フェルトセンスが感じられない

　フェルトセンスがうまく感じられないということもあります。ただ，感じることが極端に苦手な人の場合や，ショックで放心しているような状態というのでなければ，何も感じていないということは普通はありません。ひょっとしたら，フェルトセンスとの距離が「遠すぎる」か，あるいはフェルトセンスというもののとらえどころのなさにあなたがまだ慣れていないのかもしれません。そんなときに役に立つかもしれないアイデアをいくつかあげておきます。

1. フェルトセンスは「状況について感じられている感じ」です。フェルトセンスがイメージとして発展したり生き物のように動き出すとは限りません。「ちょっと落ち着かないな」とか「元気！」というのも状況の中であなたが感じていることです。そういった日常的な普通の感覚に，いつもより丁寧に注意を向けてみてはどうでしょう。それでもやっぱり何も感じが見つからないようなら，自分に「ご機嫌いかが？」と問いかけてみてもいいかもしれません。「今，なんにも気になることがないというぐらい，スッキリして完璧にいい気分かな？」と自分に問いかけてみるのも一つの手です。「そのとおり！」という感じなら，そのいい気分を嬉しく味わいましょう。自分の反応が「……うーん……」だとしたら，その「うーん」がどんな感じか，というところから始めてみてはどうでしょう。

2. フォーカシングはからだを重視しますが，身体感覚ということにこだわりすぎると逆にフェルトセンスを見失ってしまうこともあります。「からだでは特に何も感じません……ちょっと気になっていることはありますけど」というときには，それがどんなふうに「気になっている」のかに注意を向けてみましょう。それがフェルトセンスになっていきます。

3. フェルトセンスが，背景のように，漠然とした気分として内側に広がっているということもあります。試しに，自分の内側に背景として流れている気分や雰囲気がどんな感じか，注意を向けてみるのはどうでしょう。何も問題がなくすっきりしているのでしょうか，何もなくてもの寂しいのでしょうか，しっとりと落ち着いているのでしょうか……それともせっかくのフォーカシングの時間なのに何も出てこなくて焦っているでしょうか？
　　時には，あなたの体験したことがつらすぎて，あなたのからだがあなた

を守るために何も感じないようにしていることもあります。何も出てこないなあ，感じられないなあという人は，あまり無理はせず，ただゆったりと自分をいたわることに時間を使うのもいいかもしれません。

●何か感じるけれど，そこからどうしたらいいかわからない

　これはフォーカシング初心者によくある悩みかもしれません。もしあなたの中にフォーカシングを「進めよう」とする焦りのようなものがあるとしたら，それを認めて脇に置いておきましょう。そして，感じられる「何か」をそのままに受け容れます。フェルトセンスから何か言葉やはっきりした反応が返ってくるとは限りませんが，その様子やそこに漂う雰囲気を「感じ取り，理解する」よう試してみましょう。この感覚は自分にとってどんな意味をもっているのかなあ，何かわかっておけるといいことはあるかなあと，そのフェルトセンスのためにおだやかな興味をもちながら温かいまなざしを向けましょう（フェルトセンスは「どうにかする」ものではなく「大事にする」ものであることを忘れないようにしてください）。あるいは，その感じが自分の普段の生活とどんなふうにつながっていそうか，自分の胸の内にやさしく尋ねてみてもいいかもしれません（フェルトセンスに問いかけることはフェルトセンスと対話するうえで有効な手段です。p.109「ガイド」も参照）。もし「まだはっきりわかっていないけれど，そこには何かありそう」という感覚があれば，それはすでに大事な一歩です。

●頭で考えてしまう

　頭で考えるのは別に悪いことではありません。でもせっかくなので，考えたことがしっくりきているかどうか，実感に共鳴させて確かめてみませんか。実感につながることで，思考もフォーカシング的に扱うことができます。

　どうしても頭だけで考えてしまうという人は，まず，考えたくなる感じがあることを自分に認めて，そこにフォーカスしてみてもいいかもしれません。それは，はっきりしないと不安だという感じかもしれませんし，物事をもっと先に進めたいと焦っている感じなのかもしれません。フォーカシングセッションでは，「はっきりさせる」「先に進める」ことよりも「曖昧なものにとどまり耳

を傾ける」ことに時間を使うほうが実りあることが多いのですが，「今は考えるのに時間を使いたい！」というのが実感であれば，もちろん，それでもかまいません。考えたあとで，出てきた結論に「それは実感としてもしっくりくるかな？」と確認してみればいいのです。

　時には，「自分は考えているだけなんじゃないか」という疑念が，表面的なところしか感じられていないという不満や不全感の表われであることもあります。あるいはひょっとして，フォーカシングのプロセスが他の人と比べてドラマチックでないのでがっかりしているのかもしれません。だとすれば，まずはそんな自分の思いを認めることが，何かのヒントになるかもしれません（フォーカシングのプロセスは人によってさまざまで，どれが良いということはない，ということは覚えておいてくださいね）。

●終わり方がわからない／セッションを終えるときにしんどさが残っている

　フォーカシングのセッションの終わり方を難しく感じる人も多いようです。実際，状況の中で何かを感じるというプロセス自体は，私たちが生きている限り続く終わりのないプロセスです。フォーカシングのセッションを終えるときは，きりがよくなくても，そのときの感じを全体として確認してそのままあらためて認め，ただシンプルに終わりにすればいいと思います。「そろそろ時間だね。今，こんな感じなんだね，わかったよ。また聴かせてね」というスタンスです。もし，まだ終われない！という感覚があるとすれば，セッションを終えるにあたって自分が何を必要としているのか，自分の内側に尋ねてみるのもいいでしょう。少し静かな時間をとるというだけで十分な場合もあります。

　自分の中に出てきた感じがなかなか収まってくれないということもあります。それはセッションのあともあなたに抱えていてもらうことを要求しているのかもしれません。そんなときには，これから戻っていく日常生活の中でどんなふうにそれを抱えていられたらいいか，自分の内側と相談してみることが役に立つかもしれません。時にはそこに自己批判が絡んでいることもあります。自己批判に陥っていないかどうか，振り返って確認してみてもいいでしょう。

　セッションの終わりに際してしんどい感覚が残っているときは，まずは目を開け，一息つきましょう。それから，あまりその感覚には入り込まず，そうい

92　第2章　フォーカシングのプロセス

う感じがあるということを，遠めに，ただ認めるようにしましょう。時にはセッションのあとに体調を崩したりすることもありえます。普段触れないけれどもずっと抱えていたしんどさが，セッションで顔を出したのかもしれません。それは触れがたいものかもしれませんが，ずっとそれに触れずに生きていくというのも難しい，ということもあります。この機会に，それにどう向きあうか，それとどうつきあっていくかを考えてみてもいいかもしれません。一つの方法は，自分をいたわる時間を日常の中で時々とってあげることです。もし毎日1分でもそんな時間をとれるなら，それはかなり豊かな時間になります。自分一人では難しいと感じるときは，カウンセリングを受けるなど，専門家の助けを借りることも考えてみてください。

●うまくできているのかどうかよくわからない

　フォーカシングは曖昧なものに触れていくプロセスですので，うまくできているのだろうか，と不安になることもあるかと思います。そんなとき，自分は，自分自身の感じているものに対して誠実だったかな，と自分に確かめてみてはどうでしょうか。フォーカシングが上達することはある意味では，自分に対してより繊細に，そしてより多面的に，誠実にいられるようになることなのです。

Section 11　リスナーとしての心得——傾聴

　私たちが自分自身に耳を傾け，感じられてくるフェルトセンスを言い表わし，自分にとってしっくりくるかどうかの感覚を頼りにして，今はまだない何かをつかもうとするとき，誰かがそばにいて，私たちが進んでいこうとする歩みを支え手伝ってくれたら，それはとても助けになるでしょう。この節では，そのような助けをする「リスナーとしての心得」について述べます。

　フォーカサーがフォーカシングプロセスを歩もうとするとき，リスナーが安定して「ここ」にいることは，歩みの土台をつくります。フォーカサーとともにしっかりといることがリスナーの第一の心得です。これについては，本章 Section 1「しっかりとここにいること——プレゼンス」（p.25）に詳しい解説があります。

「しっかりいる」とは何か，なぜ必要なのか，どのようにすればいいのか，どのようなことが起こるのかが書かれています。また，「リスナーがそこにいることの意義」（p.30）も述べられています。特に「リスナー側が自分自身のからだ全体でしっかりとここにいるためのやり方」（p.31）は具体的な手立てとして役に立つでしょう。本節では，さらにリスナーの実践における基本姿勢である「傾聴」の心構えと実践のヒントを述べます。心構えは，心得るための助けになることを願い，リスナーが自分自身に言う（心の中で唱える）言葉かけ（①〜⑧）の形で示しました。

1. 傾聴の基本

●リスナーの姿勢

> 言葉かけ①

「私の役割は，あなた（フォーカサー）がフォーカシングするのを助けることです」

気負うことなく自然なそのままの自分としてそこにいましょう。リラックスしてここにいるかどうか，自分に問いかけることが役に立つかもしれません。気負いや緊張に気づいたら，それらにフォーカシング的態度を向け，ああ，そうなんだね，とわかってやるだけで緩む，ということはよくあります。

> 言葉かけ②

「そのため（①のため）に，しっかりここにいます」

しばらくただ自分自身の呼吸に注意を向けたり床や座面とからだが接している部分を感じたりする時間をもつことは，役に立つでしょう。その場の環境に注意を向けて安心・安全を確かめそれを感じるのもいいでしょう。もしリスナーをするだけの落ち着きが足りないと思ったら，そのことにただ気づいて，今，何を必要としているかなあと自分に問いかけ，可能であればそれをしましょう。からだに注意を向けてみると，ここは（比較的）落ち着いているなあというと

ころが見つかるかもしれません。そこを感じて味わうことは，しばしば役に立つようです。

言葉かけ③
「そして，あなたに耳を傾けます」

　自分の姿勢に注意を向け，肩や首，あごの力を抜いて胸を開きましょう。ふーっとゆっくり息を吐くのもよいでしょう。自分のことは脇に置き，柔らかなまなざしをフォーカサーに向けます。もし，必要ならクリアリング・ア・スペース（p.36を参照）を行ない，フォーカサーに耳を傾けるためのスペースを自分の心につくります。

言葉かけ④
「聴かれるところに言葉は生まれ，邪魔さえなければフォーカシングプロセスは自然と展開していくことを信じています」

　フォーカサー中心の態度を大切にします。つまり，フォーカサーを尊重し，人に備わっているおのずと開けていく機能を信頼します。フォーカシングするのはフォーカサーで，フォーカシングプロセスはフォーカサーのものです。リスナーが何かをしようとしたり，何かを起こそうとしたりする必要はありません。フォーカサーが力を発揮する機会と環境を提供すればよいのです。

　あまり難しく考えないでください。やってみましょう。フォーカシングとそのリスニングを学びはじめた人たちがお互いにペアになってセッションを行なったとき，その感想としてしばしば分かち合われるのは「リスナーの存在がありがたかった」ということです。それは，経験を積んだフォーカサーにとっても同様です。まずは，今，目の前にいるフォーカサーの助けに足る落ち着きがあればよいのです。経験を積むにつれて慣れ，次第に安定感が増してそこにいられるようになっている自分に気づくでしょう。もし，積極的にこのような態勢を耕したいと思ったら，本章 Section 1 で紹介されているワークを日常の中に取り入れることが役に立つと思います。

11　リスナーとしての心得――傾聴　　95

●語りの背景にあるフェルトセンスに目を向ける

言葉かけ⑤

「あなたが話すことを，私のからだで受けとめながら聴き，あなたの言葉の奥にあるフェルトセンスに耳を傾けます」

リスナーはフォーカサーの言葉だけを聴くのではありません。その言葉が表現として出てきた源にあるフォーカサーのフェルトセンス，あるいは，フォーカサーその人全体，その生きざまを聴きます。あなたの目の前の人の瞳の奥には，自分の人生の喜びや困難の中でそれを生きようとしている人がいるのです。ジェンドリンは，このことを「瞳の奥のその人」と呼びます。そこでまさに「人」が生きているのです。

そのためには，リスナー自身が自分のからだとつながり，フェルトセンスを感じようとしながら聴く必要があります。フォーカサーの言葉のみならず声の調子や強弱，息づかい，表情，姿勢，仕草なども含めてリスナー自身のからだで感じ，フォーカサーが体験していることをなぞるようなつもりで聴くことが役に立つかもしれません。

●絶対傾聴

言葉かけ⑥

「あなたが話したいことを話したいように話せるように，聴きます」

助言したり，別の感じ方をするように勧めたり，解決しようとしたり，自分の話を始めたりしません。話したいことを話すのを遮るような質問をしません。リスナーからの応答は強力です。自分で自分のフェルトセンスに耳を傾けているフォーカサーの助けになることもあれば，邪魔になることもあります。フォーカシングプロセスはあくまでフォーカサーのものであり，リスナーは伴走者であることを心得ましょう。

そのための方法が絶対傾聴です。ジェンドリンは「リスナーとしてのあなたが相手のいったポイントのひとつひとつをあなたが理解したままにいい返してやると，もっと相手の援助になるのです。それを私は絶対傾聴と呼びます」

(Gendlin, 1981／訳 1982, p.156) と述べています。

　少なくとも初心者のうちは，しっかりいて次に述べる「伝え返し」をすることに徹しましょう。その先の「フォーカサーに教えてもらう」(p.103) 考え方や枠組みがフォーカサーもリスナーも身についていると，フォーカサーの邪魔にならず，安心・安全に，そして，フォーカサーとは別の存在としてリスナーが「ここ」にいることを最大限活かしたやりとりができるようになります。ジェンドリンは，『Focusing（フォーカシング）』の中で，十分に習熟してから次の方法に移ることを勧めています (Gendlin, 1981／訳 1982, p.155)。

●伝え返し

　言葉かけ⑦

「あなたがフェルトセンスを言い表わしたとき，その言い表わし方であっているかどうかを確かめるお手伝いをするために，私が聴いていて私のからだに響くこと，大事そうなところ，気持ちがこもっていそうに感じられるところを，短く伝え返します」

　リスナーの心得の第2は，先の引用にあるようにフォーカサーが言ったことのポイント（要点）を「伝え返す」ことです。

　伝え返しがもつ機能は，フォーカサーが行なう「共鳴」(p.65 を参照) を手伝ったりうながしたりすることです。下記は，すでにフォーカシングすることとそのリスナーを務めることに慣れた二人によるフォーカシングセッションの実例です（F はフォーカサー，L はリスナーを表わします）。

F1：何かフォーカシングしたいことがあるかなーというところから……
L1：はい（聴く態勢を調える）
F2：見てみます（からだに注意を向ける）
L2：はい，ゆっくりどうぞ
F3：（しばらく沈黙したあと）一日何をしているのかなあって
L3：一日何をしているのかなあ【伝え返し】
F4：あ，これは見ないほうがいいです

L4：見ないほうがいい……【伝え返し】

F5：（顔の右横あたりに右掌を上げ声がした場所を示しながら）そっちへ行くなという声がした……ここにいることにします

L5：えっと……（Lの右肩先に右掌を上げ，場所を示すようにしながら）ここに何かある，（Lの左肩先に左掌を上げ，場所を示すようにしながら）そして，その何かを見てはいけないと言っている声がしている，だから，（何かのほうへは行かずに）（両掌を上半身に向ける仕草をしつつ）ここにいる【伝え返し】

F6：そうそう……（しばし沈黙）……なんだか可笑しい感じがしてきた

L6：可笑しい感じ【伝え返し】

F7：いやー，何やってんの？！って感じ

L7：何やってんの？！【伝え返し】

（セッションはこの後も続いていく）

　伝え返すときは，そうする前に一呼吸おきましょう。そうすることで，リスナーの声を聴き取るための時間的な間をフォーカサーに与えることができます。

　そして，共鳴作業を手伝うことを目的とした伝え返しの段階では，まだその言い表わし方がフェルトセンスにしっくりくるかどうかわかりません。なので，完結した文章にして伝え返すことはしません。ここで言う完結した文章とは，上述の実例を用いて説明すると，(L3)「一日何をしているのかなあって思ったのですね」とか，(L4)「見ないほうがいいのですね」とか，(L6)「可笑しいんですね」などです。このような完結した文章にするための語尾はつけず，フォーカサーの言い表わし方のまま，返します。一般にそのほうが，伝え返された言葉を聞いたフォーカサーにとって共鳴作業に使いやすいからです。

　フォーカサーには次のいずれかが起こります。

a. そう言ったけど，まだ十分に言い表わせていない

b. そう言ったけど，今は違ってしまった

c. そうは言っていない

d. そうそう

a〜cの場合はフェルトセンスと伝え返された言葉がずれているわけですが，ずれていることがはっきりすること自体がフォーカシングしていく助けになります。ずれを感じたら，フォーカサーはより適切に感じられる表現で言い直すでしょうから，それをリスナーは伝え返せばよいのです。そして，ｄの場合はおのずと次のプロセスへと進みます。先の例では，L5を受けて，F6で新たな側面が現われています。

　さらには伝え返す際には，そっと二人の間に差し出すようなつもりで行なうことをお勧めします。そのようにすると，伝え返したリスナーに応える方向にフォーカサーは誘われずにすみ，伝え返された言葉を取り入れるかどうかを自分で選択しやすくなるからです。リスナーは，伝え返す声の強さや弱さ，高さや低さ，緩急，抑揚，余韻，語尾の選択などに感じ取ったニュアンスを込めることができます。そんなふうにニュアンスを込めることで，明示的なガイドフレーズではなく伝え返しに提案のはたらきをのせることもある程度可能です。例のフォーカサーが発した（F6）「可笑しい感じ」に対するニュアンスの異なる伝え返しには次のようなものが考えられます。

　　・「可笑しい……」あるいは「可笑しい感じ……」（なるべくフォーカサーの
　　　言い方をなぞって）
　　・「（大きく息を呑んで）可笑しい」（ああ，新しい何かが出てきたのですね
　　　というニュアンスを込めて）
　　・「可笑しい……」（リスナーにはしっくりきていない感じを込めて）
　　・「可笑しい……」（そこにもっと何かありそうな感じを込めて）
　　・「可笑しい感じがしてきた」（可笑しい感じを認めるニュアンスを込めて）

　また，例のL5のように，言葉だけでなくジェスチャーを用いることもできます。

　伝え返しは，単に共鳴作業を手伝うだけでなく，リスナーの理解が合っているかどうか確認する機能ももちえます。先の例では，F5の「ここにいる」ということがどういうことか定かではなかったので，L5において，リスナーなりの理解を試みに伝え返しています。この作業について，ジェンドリンは一例

として次のように述べています。

「時には相手のいうことが大変複雑なことがあります。相手のいったことを理解できないことがあるし，あるいはそれがどんな意味なのかすぐにわからないことがあります。そういうときはまず，相手のいった核心と思われることを一言，二言いってみてください。それを相手とともにそれがピッタリかどうかつき合わせてみてください。相手にそれを訂正させ，何か付け加えたかったらばそうさせてください。彼らが変更したり，加えたりしたことを受け取り，言い返してください。そうして，相手が感じたとおりにあなたが理解していると相手が賛成するまでそれを続けてください」

(Gendlin, 1981／訳 1982, p.157)

また，フォーカサーを支えつつ伝え返す言い方として次に示すような表現もあります。

・何かが感じられていることに気づいている
・○○という感じと□□という感じの両方を抱えている
・あなたは，あなたの中の何かが泣きたい気持ちでいることに気づいている

言葉の使い方でフォーカサーを支える方法を詳しく知りたい方にはアン・ワイザー・コーネルとバーバラ・マクギャバンの『*The Focusing Student's and Companion's Manual*（フォーカシング・ニューマニュアル）』(Cornell & McGavia, 2002／訳 2005) が役に立つと思います。

言葉かけ⑧
「そのようにしながら，私はあなたとともにいます」

しっかりと「ここ」にいてフォーカサーに耳を傾けていると，そのままの自分から自然な応答が非言語的にも言語的にも出てくると思います。たとえば，息づかい，うなずきや相槌，そのときのフォーカサーの発言に応じた表情や姿

勢や仕草などです。伝え返しに徹しようとするあまり，それらまで止めようとする必要は，基本的にはありません。多くの場合，そうしたリスナーの表出に，フォーカサーは関心をもってともにいてくれている感じを覚えるでしょう。

　また，フォーカサーの非言語的な表出を伝え返すことは，しっかりと丁寧に自分（フォーカサー）のことを大切にしながら，リスナーがついてきてくれているという感じをフォーカサーにもたらすことが多いです。たとえば，次のような応答です。

　フォーカサーに起きたこと／リスナーの伝え返し
　・涙がにじむ／「涙が上がってきた」
　・両掌を上に向けて胸の前に出す／同じ仕草をする
　・大きく息を吐く／「深く息が入る」
　・口元が緩む／「口元が緩む」
　・背筋が伸びる／「背筋が伸びる」

　ただ，これらの表出にフォーカサー自身が気づいていないことは珍しくありません。フォーカサーを驚かさないか，伝え返して大丈夫な感じがするか，リスナー自身のフェルトセンスで確かめましょう。

　リスナーの相槌やうなずき，あるいは，伝え返しなどが，フォーカサーにとって適切かどうかは，そのときのフォーカサーの表情や声の調子，姿勢などに表われるかもしれません。リスナーは，自分の目や耳，聴いているときのからだの感じ（フォーカサーとの関係についてのフェルトセンス）から気づくかもしれません。気づけばフォーカサーにとって適切になるよう調節することができます。ジェンドリンは，伝え返したあとのフォーカサーの反応や様子，つまり，話の進み方や息づかい，ため息，緊張や弛緩，沈黙の雰囲気，表情などに着目するよう勧めています（たとえば，Gendlin, 1981／訳 1982, pp.158-160）。さらに役に立つのは，次項で述べる「フォーカサーに教えてもらう」という考え方です。その前に，何を伝え返すか判別する力をつけることに役立つワークを紹介しましょう。

11　リスナーとしての心得——傾聴　101

ワーク work 13　３つの椅子を用いたフォーカシング・デモセッション

　リスナーとして，実際に伝え返ししながら聴こうとすると，フォーカサーが話すことのどこを伝え返せばいいのか迷うかもしれません。フォーカサーが話していることが，事柄や考えを述べているのか，フェルトセンスを言い表わした言葉なのか，フォーカシングで大切にする態度を向ける語りなのかを区別できるようになると，洗練された伝え返しができるようになります。その区別に役立つワークを紹介します。これは，ロバート・リーというフォーカシング・トレーナーが創案した「ドメインフォーカシング」がもとになっています（Lee, 2019）。

■やり方■

① ベテランのフォーカサーがデモンストレーターを務めます。フォーカシングすることに慣れていれば，自分が何をしているか，自分の発言は上記３つのうちどれなのかを区別することができるからです。

　リスナーは，誰か一人でもいいですし，フォーカシングや傾聴を学ぶ場なら複数の人が交代に務めてもいいでしょう。

② ３つ椅子を用意します。１つ目は事柄の椅子です。２つ目がフェルトセンスの椅子，３つ目はフォーカシング的態度の椅子です。「わかってやります」「思いやりを向けてみます」など自分がこれからしようとしていることを言葉にしている場合は，フォーカシング的態度に含めることとします。

③ フォーカサーはこれら３つの椅子を座り変えながら今の自分の発言がどれにあたるのか，そして「伝え返し」が必要かを示しつつフォーカシングします。フォーカサーがフェルトセンスの椅子に座っているなら，それは「伝え返し」が助けになることを示すという具合です。

　このやり方は，「伝え返し」に慣れてきた人たち向けの実習としても使えます。実際にフォーカシングしてみるとわかりますが，フォーカサーがリスナーにお

願いしたいことは共鳴のための「伝え返し」だけではありません。事柄をわかってもらいたいこともありますし，提案がほしいときもあります。この場合は先ほどの説明よりも自由度を上げて行ない，事柄の椅子に座っているフォーカサーにリスナーが理解したことを伝え返す練習もできます。また，たとえばフォーカシング的態度に座ったフォーカサーにリスナーのほうから提案をするようにすれば，次節で扱う「ガイド」の練習にも使えます。そして，さらにもう1つFATの椅子（FAT：フォーカサー・アズ・ティーチャー法については後述）をフォーカサーの前に用意し，FATするときにその椅子に触れることで，FATしていることを目で見てわかるように示すこともできます。

2. フォーカサーに教えてもらう

　前節で述べてきたことは，フォーカサーに共感的にありのままのフォーカサーのプロセスを尊重してついていくための一般的な心構えです。一人ひとりのフォーカサーはそれぞれ違い，そのプロセスもその時々で異なります。それでは，今ここのその人，そのプロセスにどうしたら合わせていけるでしょう。フォーカサーはどう聴いてもらいたいと思っているのか，今，何を必要としているのか，リスナーのうなずきや相槌は多すぎたり少なすぎたりしていないか，リスナーとして共感的についていけているのか。それらを知っているのは，フォーカサーです。ですから，フォーカサーに教えてもらいましょう。

●共感を教える方法
　フォーカサーは，自分自身と自分のフェルトセンスに誠実に，かつ，リスナーが聴いてくれていることへの感謝をもって，リスナーに自分にとって必要なことを伝えていいのですが，自分のために聴いてくれていると思うと遠慮しがちになります。けれどリスナー側からすると，フォーカサーが教えてくれたほうがずっと楽に耳を傾けることができます。あれこれおもんばかってこれでいい

のか不安にならずにすみます。聴くスペースを心の中に保つために不安を脇に置く必要も生じません。それを体感できるワークを紹介しましょう。ジャネット・クラインが共感的にフェルトセンスを聴くことを学ぶ人に向けてつくったワークです（Klein, 1995）。

ワーク work 14　近づく実習

この実習は 2 人組で行ないます。2 人が最低 3 メートルくらい離れて向き合って立てる空間が必要です。それぞれ自分のからだに注意を向けてフェルトセンスに気づきつつ行ないましょう。

■やり方■
① A さんが近づく人です。B さんは近づかれる人になり、じっと黙って立ったままでいます。お互いに目を合わせた状態で、A さんは、B さんから近づいてよいという許可をもらって始めます。
② A さんは、B さんがどんなふうに近づいてほしいと思っているか、たとえば、普通の速度でか一歩一歩ゆっくりか、まじめな顔でか笑いながらか、真正面からか少し斜めからかなどを推測しながら黙って近づいていきます。そして、B さんからのフィードバックは言語的にも非言語的にもいっさいもらわずに、B さんが望んでいると思う位置でちょうどぴったり止まります（ただし、B さんがこれ以上近づかれたら嫌だと感じたときには、手で止める合図を出しましょう）。
③ 止まったら、まずは B さんにとってその位置でよかったか確認しましょう。そして A さんの近づき方について感想をもらいましょう。B さんは、近づき

方の希望（速さや視線，表情や動きなど）を伝えましょう。

④再び離れ，向き合って立ちます。Ａさんは，今度は推測ではなく，先ほど教えてもらったＢさんの希望に従って近づきます。その最中も，これでいいかどうかＢさんに尋ねたり，ＢさんはフェルトセンスをもとにＡさんに希望を伝えたりします。そして，止まってもらいたい位置をＢさんはＡさんに伝え，Ａさんは止まります。その位置でよいかどうかの調整も，Ｂさんのフェルトセンスをもとに行ないます。

⑤ここだという位置が見つかったら，感想を分かち合います。

⑥推測による１回目と，Ｂさんが希望を伝えた２回目とそれぞれ何が起きたでしょう，どんなフェルトセンスを感じたでしょう。止まった位置に違いはあるでしょうか。

⑦次に役割を交代して，同様のことを行ないます。

　この実習の，近づかれる側がフォーカサー，近づく側がリスナーにあたります。近づかれる側が何を感じ，どう近づいてほしいか，どこで止まってほしいかは，近づかれるその人にしかわかりません。それを推測と直感で正確にとらえようとするのは無理であることが体感できるのではないでしょうか。真剣にやろうとすればするほど，近づく側は不安になり緊張することでしょう。それは，近づかれる側に伝わったのではないでしょうか。

　また，近づかれる側からすると，まったく受け身の状態で何も反応することができずすべてを相手任せにしている状況自体に，なにがしか緊張や不安を感じたのではないでしょうか。それは，フォーカシングに必要な安心・安全の感覚が損なわれていることを示しています。

　一方，２回目では，どうすればよいか教えてもらっているので，近づく側は１回目よりずっと楽に近づくことができます。もし，これでいいか不安になったらその都度教えてもらうこともできます。そして，近づかれる側にとってちょうどぴったりの位置で止まることができます。近づかれる側は，どうしてほしいかあらかじめ伝えることも途中で伝えることもできます。相手がそれに従ってくれることで，安心・安全な感じを持ち続けられます。そのようなやりとりを通して，自分まるごとを大切にしてくれている感じがしてくるかもしれません。目標は，「黙ったままでピタリと当てる」ことではなく，お互いを尊重しフェ

11　リスナーとしての心得——傾聴　　105

ルトセンスを大切にしながらやりとりして安心・安全な関係をつくり保ち，一緒に了解し合って取り組むことです。

●フォーカサー・アズ・ティーチャー法（FAT）

前述のように，リスナーが，フォーカサーにとって共感的なやり方で聴くには，フォーカサーが教える必要があります。いくらリスナーが共感的に聴こうとしても，リスナーなりに精いっぱい推測しても，実際にわかってもらった感じがするかどうかを知っているのはフォーカサーです。この考え方をもとにクライン（Klein, 1995）は，**フォーカサー・アズ・ティーチャー法**（the focuser-as-teacher mode: FAT）を提唱しました。この方法は，フォーカサーが自分のプロセスを守り，リスナーがフォーカサーのプロセスを守るための手立てです。リスナーは，どう聴いてもらいたいかも，フォーカサーに教えてもらいましょう。

● FAT による傾聴の進め方

フォーカサー・アズ・ティーチャー法は，その頭文字をとって FAT と呼ばれます。（フォーカサーが）FAT する，（フォーカサーに）FAT してもらうというような言い方をします。ここでは，具体的にどのように行なうかを紹介しましょう。

一般に，フォーカサーはリスナーに伝えたい事柄を話すほうが「わかってもらっている感じ」をフェルトセンスで感じ取りやすいので，ここでは話す／聴くという設定にします。

話す時間をあらかじめ決めておくとよいかもしれません。20分でも8分でもできると思います。その場合，話し手はその時間内でこの聴き手にこの状況で話せそうな話題を選びます。

まず，話し手がわかってもらいたい話題についてフェルトセンスを感じる時間を少し持ちます。そして，次の手順を意識しながら進めます。

①話し手は，順序よく話そうとしなくて大丈夫です。自分が聴き手にわかってもらいたい事柄のフェルトセンスに触れつつ，ゆっくり一区切りずつ話

します。話すことに夢中になって話し続けすぎないよう注意します。

②聴き手は，自分のからだの感じに注意を向けながら聴き，話し手の話が自分に響いているところをとらえます。そして，話し手がわかってもらいたいこととして，その響いているところで感じているフェルトセンスをことばにして，伝え返します。

（すると，当然ずれが生じるでしょう。そのずれを次のステップでフォーカサーに修正してもらいます）

③話し手は聴き手からの伝え返しをフェルトセンスにつき合わせて（共鳴させて）わかってもらった感じがするかどうか確かめます。話したことで自分に何か変化が起きていることもあります。

④話し手は③の共鳴に基づいて聴き手にフィードバックします。たとえば，「そうです，そうです」「いえいえ，変じゃなくて笑っちゃうほうの可笑しいんです」「ええと，わかってもらいたいのは，止まったほうがいいってことなんです」「さっきはそうだったんですけど今は……」のようになるでしょう。

⑤④により聴き手は，自分の理解や受けとめを軌道修正することができます。聴き手は，話し手からのフィードバックを取り入れ応答します。

⑥③〜⑤を丁寧に行ないつつ，（決めた時間まで）話し聴きます。

⑦話し手の話が一段落したら聴き手は，今の話が話し手にとってどんな話だったか話し手の身になって感じる時間をもちます（話の要約ではなく）話し手の話全体のエッセンスあるいは核心を表わすイメージや言葉や短い言い回しが出てくるのを待ちます。それがつかめたら話し手にそっと差し出すように伝えます。

⑧話し手は，聴き手から差し出されたことを，内側で感じて，聴き手への感謝をもちつつフィードバックします。

⑦はコラム11で紹介している「インタラクティブ・フォーカシング」（p.148）の聴き手から話し手への共感的応答にあたります。これをするには，しっかりそこにいて話し手が発した言葉だけでなくからだごと話し手に耳を傾け，話についてのフェルトセンスが自然と形づくられるような聴き方をしている必要が

あります。そのフェルトセンスは，たとえば，こんなふうにいい表わされます。

・英語が得意でない話し手から，海外講師のワークショップに参加した話を
聴いて，「飛んでいってしまいそうな色とりどりのたくさんの風船をしっ
かり握りしめているイメージが浮かびました」
・勤めていた職場が業務の統廃合によりなくなった話を聴いて，「ホームを
失った」

リスナーはフォーカサーとは違う存在ですから，リスナーが間違えるのは当
然です。リスナーもフォーカサーもそれを前提としてください。「ピタリと当て
る」ことより，フォーカサーが訂正できることが大事です。FATの実践を通して，
フォーカサーの主体性が育まれ，フォーカサー中心のあり方がリスナーに育ま
れます。また，間違えやずれも，それ自体がフォーカサーのプロセスに役立ち
うるのです。先の⑦において聴き手から伝えられたことが，フォーカサー（話
し手）としてしっくりはこないけれど，そこから何か進展（p.69を参照）が起
きることはままあります。フォーカサーが自分のフェルトセンスをうまく言葉
にできないと感じていることを言い表わせないとき，リスナーのほうからフォー
カサーのフェルトセンスから感じ取ったことを試みとして返すことが役立つ場
合があります。FATをしっかりフォーカサーにしてもらうことで，この試みを
フォーカサーのフォーカシングプロセスを妨げない形で行なうことができるで
しょう。このことをジェンドリンは以下のように述べています。

「セラピストが心がけるのは，自分の伝え返しにクライエントが訂正を加
えやすくすることである。そうすると，一種のリズムができていく。つま
り，クライエントが何かを言う。セラピストがそれを伝え返す。クライエ
ントがそれを訂正する。セラピストが訂正された相手の言葉を再度言う。
そして，クライエントは「この伝え返しで私が言いたかったことは本当に
言えているだろうか」と，自分の内側を感じる。すると，セラピストに受
け取ってもらえなかった微妙なニュアンスが見つかることが多い。(中略)
このように，そのまま伝え返すことは，クライエントが自分の体験の中に

さらに深く入っていくための，数少ない強力な方法なのである。相手に何も押しつけることなく，相手の心にできるだけ近づく方法なのである」

（Gendlin, 1996／訳 1998 上巻，pp.86-88）

　この節で述べたことは，フォーカシングプロセスに慣れ親しんだ者どうしで行なうフォーカシングのセッションに限りません。相手がフォーカシング初心者であっても，あるいは，カウンセリングや心理療法の中でも，そして，日常生活の中でも，活用できます。このやり方は，誰かの話に耳を傾けるときの，そして，人をエンパワメントするときの基本的な姿勢と言えるのではないでしょうか。相手（話し手）がFATを知らないときには，聴き手が「これで（聴き手に）わかってもらっている感じがするか」「こんなふうな聴き方でいいか」と，話し手に尋ねればよいのです。話し手の立場なら，「わかってもらえているか確かめたいので，あなた（聴き手）が理解したことを教えてもらえませんか」と頼むこともできます。聴き手がその場で起きていることに応答し，話し手のフェルトセンスに添って共感的に聴くことは，話し手が自分のフェルトセンスから自分にとっての意味感覚を見いだすことを助けます。
　誰かを感じる（聴く）力は自分を聴く力につながります。逆に，フォーカシングの実践を積むことは，自分のフェルトセンスを感じながら誰かを感じる（聴く）力につながります。「人に備わっているおのずと開けていく機能」（p.95 を参照）への信頼は，自分がフォーカサーとして，また，リスナーとして，フォーカシングプロセスを経験する中でより確かなものとなっていくでしょう。

Section 12　ガイド

　この節ではリスニングから一歩進めて，**ガイド（ガイディング）**について解説します。ガイドとは，フォーカシングのプロセスがスムーズにいくように提案をして援助すること，またその援助をする人のことを言います。フォーカシングセッションに臨席する場合，フォーカシングを進めるのはフォーカサーの役目ですが，フォーカシングのプロセスを「道案内」したり，プロセスが行

き詰まったときに先に進むためのアイデアや刺激を提示する役割はガイドが担うことになります。ある程度フォーカシングの経験を重ねて，リスニングにも慣れてきたら，次のステップとしてガイドも学んでみることをお勧めします。フォーカサーが自分でフォーカシングを進められる人であったとしても，リスナーが必要に応じて少しガイドしてくれると，とても助けになるのです。また，もしみなさんがフォーカシングをしたことがない人にフォーカシングのやり方を伝えたいと思うならば，ガイドとして提案ができることは必須のスキルです（初心者を適切にガイドするには熟達が必要ですが）。

　ガイドに熟達することはカウンセラーとしての仕事にも役立ちます。ただし，クライエントにフォーカシングのガイドをすることがそのまま有効なカウンセリングになるとは限りません。カウンセラーとしてフォーカシングを自分の臨床に活かしたいと考えている人は，第4章「フォーカシング指向心理療法」（p.157）も参照してください。

1. ガイドの基本姿勢

　まず，ガイドとしての基本的な姿勢についてお話ししておきたいと思います。

●しっかりとそこにいること，自分の存在感を信頼すること

　何よりも大事なのは，しっかりとそこにいることです。ガイドを学ぼうとするときは「何か役に立つことをしなければ」と考えてしまいがちですが，まずその人のためにしっかりとそこにいるということがなければ，ガイドとして役に立つことはなかなかできません。ゆったりと，同時にどっしりと，必要ならば深呼吸をして，フォーカサーのためにそこにいる態勢を整えてください（本章 Section 1「しっかりとここにいること——プレゼンス」（p.25）も参照）。

　しっかりとそこにいるということは，あなたが自分自身の存在感を信頼するということでもあります。場を抱える器になったつもりで，あなたの存在感をフォーカシングセッションの場に提供しましょう。

●リスニングが基本！

　ガイドをする場合でも，基本となるのはリスニングの姿勢です。ガイドをしなきゃ，と思うとつい傾聴から離れてしまうことがありますが，しっかりと聴くという姿勢がなければガイドのフレーズはあまり役には立ちません。ガイドは常にリスナーでもあります。つまりガイドはガイドを「提供する人」であるよりも前に，良き「同行者」であり，クライエントが表現することをきちんと「受け取る人」である必要があります。

●フォーカサーのプロセスを信頼すること

　ガイドはフォーカシングのプロセスの道案内役を担う，と書きましたが，実際には進むべき（展開すべき）方向を知っているのはフォーカサーのフェルトセンスです。ガイドの役割は，フォーカサーがフォーカサー自身のフェルトセンスに耳を傾け，それを表現し，それと対話できるようにすることです。そのためガイドには，フォーカサーの内側のプロセスを信頼するということが不可欠です。フォーカシングがうまくいかないときにガイドが「なんとかしてプロセスを先に進めないと」と焦ると，あまりうまくいきません。必要なのは，フォーカサーがしっかりと今感じている感じにとどまって，そこにある意味の感覚に触れていけるようにすることです。「進めよう」とするのではなく，「とどまる」ことによって進むというのは，フォーカシングの大事なポイントです。フェルトセンス自体のもつこの進展の動きをガイドが信頼することで，フォーカサーもまた，自分自身の内側のプロセスを信頼してとどまることがしやすくなります。

●専門用語は使わない，間を大事にする

　「フェルトセンス」といった言葉は言うなれば「専門用語」ですので，ガイドをするときは使わないようにすることをお勧めします。多くの人にとってこういった「勉強して覚えた」言葉は，頭で物事を処理する方向に人を動かしがちです。子どもでもわかるような平易な言葉を使うほうが，フォーカサーは自分の感じているものにおだやかな注意を向け続けやすくなります（英語だとおそらく，"felt sense"はわりと平易な表現で，すんなり意味が入ってきやすい

12　ガイド　111

のかもしれませんが）。

　それから，「フォーカシング業界」では一般的に使われるけれど慣れていない人にはわかりづらいような表現もありますので，注意しましょう。たとえば，「その感じを認めましょう」と言われると，慣れない人はその感じの正しさを「わかった。お前の言い分が正しい」と認めるよう求められているのだと考えてしまうかもしれません。「そんな感じがそこにあるんだなあとわかっておくのはどうでしょう」という提案であれば，こちらが意図していることはより伝わりやすくなります。

　提案をするときの言葉の間も大事にしましょう。スピーディな言葉は相手の頭の回転を早めスマートなやりとりへと導きますが，言葉が相手の実感に届くためには，ゆったりとしたペースで，十分な間をとることが必要になります。

●「指示」ではなく「提案」を

　ガイドが行なうのは「指示」ではなく，原則として「提案」です。「指示」は従うことを相手に要求するニュアンスを含んでいますが，「提案」は，提案を受けた人がそれを採用することも採用しないこともできるような形で，そっと目の前に置かれます。ガイドが提示するのは指示ではなく提案である，ということは，セッションの主体はフォーカサーであるということを意味しています。

　このことはフォーカシングでは特別に重要なことです。フォーカシングは自分自身の感覚に誠実に耳を傾けるプロセスです。フォーカサーが「それはやりたくないな，それは今の自分の感覚にフィットしないな」と感じているのに，その感覚を無視してガイドの言葉に従うというのは，まったくフォーカシング的ではありません。ガイドはフォーカサーが自分自身の感覚を大事にできるよう援助しているわけですから，ガイドとしては，フォーカサーがガイドの言葉よりもフォーカサー自身の感覚に従うほうがずっといいはずなのです。その意味で，クライエントが「NO」を表明したりガイドの理解のずれを修正したりすることは，とても望ましいことです。ガイドを学びはじめたばかりの人は「NO」を言われると落ち込んでしまいがちですが，フォーカサーの「NO」を歓迎し，修正を喜んで受け入れられる態度をもてるように心がけてみてください。ガイドがそのような態度でいてくれると，フォーカサーも「NO」を言っ

たり修正をしたりしやすくなります。

　提案を却下しやすいように，ガイドはある提案についてそれをやってもいいかどうかまず確かめてみるようフォーカサーに勧めることがあります。また，「こうしてみるのはどうでしょう。でも，もしそれがしっくりこなければその提案は捨ててください」というような「二段階教示」（p.180 を参照）をすることもあります。

　ここまでいくつかガイドの基本姿勢をあげましたが，これらの姿勢はいずれも，目の前にいるフォーカサーその人を尊重し，フォーカサーと一緒にフォーカサーのフェルトセンスを大事にする，ということにつながっています。これは，この後に紹介するあらゆるガイド・スキルの土台でもあります。スキルの実践が「ただの」スキルの実践になってしまわないよう，常にフォーカサーその人への尊重のまなざしをもつようにしてください。

　また，ガイドがフォーカシングのプロセスを先に進めるわけではないこともあらためて強調しておきたいと思います。フォーカシングの主体はフォーカサーであり，フォーカシングを進める原動力はフォーカサーとフェルトセンスの触れあいと対話の中にあります。ガイドが行なうことはいわば，フォーカサーがフェルトセンスとうまく関われるためのコンサルテーションです。

2.　プロセスを把握する

　さて，ここからは，ガイドするうえで必要なスキルについてお話ししていくことにしましょう。

　ガイドするうえで必ず必要になるのが，フォーカサーのプロセスを把握するスキルです。道案内をするためにはその人がどこにいてどこに行こうとしているのかがわからなければなりません。基本的な姿勢ができていて，プロセス（今どんなところにいるか，何が起こっているか）とニーズ（その人には今何が必要か）が的確に把握できていれば，あと必要なのは適切なフレーズの持ちあわせと提案をさしはさむ度胸だけです。プロセスを把握する練習は他の人のセッションを見るという形でもできますので，オブザーバーとしてセッションに臨

12　ガイド　　113

席する機会があればぜひその機会も活用してください。

　以下に，フォーカシングのプロセスを把握するうえで重要なポイントをいくつかあげます。

● フォーカサーはプロセスのどこにいるか

　本書でもすでに紹介したように，ジェンドリンは6つのステップでフォーカシングの流れを説明しています。フォーカサーは今，その流れの中のどのあたりにいるでしょうか。まだ内側に注意を向けていないのでしょうか，内側に注意を向けてフェルトセンスを見つけようとしているところなのでしょうか。あるいは，フェルトセンスはそこにあるけれど表現が見つかっていないのでしょうか，表現は見つかったけれどそれがぴったりかどうかは確かめずに「なんでそうなのか」を考えはじめたところでしょうか。それとも，ぴったりの言葉が見つかって「ああ！」という感覚が訪れたところなのでしょうか。フォーカサーが今どこにいるかによって，ガイドがすべきことは変わってきます。

　ガイドは，フォーカサーが困っているかどうか，助けを必要としているかどうかということにも気を配っておく必要があります。フォーカサーが沈黙していると，待っていたほうがいいのか，それとも助けが必要なのか，判断がつきづらいこともあるかもしれません。そんなときは「もし困っていたら（助けが必要そうだったら）言ってくださいね」と声をかけるのもいいかもしれません。

● フォーカサーとフェルトセンスは今どんな関係か

　フォーカサーとフェルトセンスの関係も大事なポイントです。意識しておくべきことの一つは，フォーカサーがどんな距離感でフェルトセンスを体験しているか，ということです。フォーカシングでは，「私」がここにいて，そしてフェルトセンスがそこに（私の内側に）ある，という距離感が重要です。フォーカサーが事柄や感情に圧倒されてしまっている場合には，少しそこから距離をとる提案が必要になりますし，遠くてうまく感じられない（追いかけると逃げてしまう）フェルトセンスがある場合には，その繊細な感じに，時間をとってゆっくりとつきあう提案が役に立つかもしれません。

　また，フォーカサーがフェルトセンスにどんな態度を向けているかというこ

114　第2章　フォーカシングのプロセス

とも重要なポイントです。フォーカサーはフェルトセンスにフォーカシング的態度を向けることができているでしょうか。うまくできないでいるようであれば，「そういう感じがそこにあるんだなあ」とやさしくわかっておくような提案が役に立つかもしれませんし，あるいはうまくできないことにやさしくできないということであれば，まずやさしく注意を向けることを覚える必要があるかもしれません。「内なる批判家への対処」（p.57）も参考にしてみてください。

●全体の見取り図——今どこにどんな感じがあるか

　フォーカサーが感じているフェルトセンスは１つとは限りません。フォーカサーが明確に２つのフェルトセンスに言及することもありますし，はっきりとは言葉にしなくても，その感じに対して感じている感じがありそうだったり，あるいはフォーカサーが漠然と感じている気分が背景にあって，それが重要だったりすることもあります。ガイドはフェルトセンスを単体としてのみ理解するのではなく，フォーカサーが感じているもの全体の見取り図をある程度意識できるといいかと思います。もっとも，すべてを完璧に把握することはできません。２つの感じがあるのかなと思ったけれど，実際にはどうやらさっきの感じは今はもうなくて，新しいものに変わったということだった，というようなことはよくあります。何がなんでも全体を把握しておこうと質問や確認ばかりしているとフォーカサーの邪魔になってしまいます。ゆるやかに全体の布置を意識しておく，というのがいいと思います。

3. 提案を伝える

　次に，フォーカサーへの具体的な提案についてお話しします。あなたがフォーカシングのプロセスを知っており，そして目の前のフォーカサーがどんなところにいるかが把握できれば，どんなガイドをすればいいかということはある程度見えてくるかと思います。しかし，ガイドのフレーズがすっと口から出てくるようにするためには自分にしっくりくるフレーズのレパートリーをもっておく必要があります。本書では具体的なフレーズも紹介しますが，実際に口に出して言ってみてしっくりこない場合は，自分らしい言い方を工夫してみるよう

12　ガイド　115

お勧めします。

●基本的なガイドフレーズ──まずは思いきって言ってみよう

　最初はとにかくガイドフレーズを口に出してみることが大事です。あなたがガイドする相手がフォーカシングにある程度慣れた人なら（はじめはそのほうがいいと思います。いきなり初心者相手のガイドは無謀です！），ガイドがなくても自分でセッションを進められるかもしれませんが，それでも少しだけガイドを入れるとフォーカサーはぐっとフェルトセンスに触れやすくなります。練習と思って，思いきってガイドフレーズを言ってみましょう。

　まず，「内側に注意を向ける」ためのガイドの例です。

言葉かけ

「そのことについてどんな感じがあるのか，からだの内側で感じてみる時間を少しとりましょうか」

　フォーカシングに慣れている人にとって，多くの場合，この提案は特に必要とは言えないものでしょう。しかし，自分でやろうとしていることでも「その時間をとりましょう」と言葉を添えてもらえると安心して自分の内側に注意を向ける時間をとることができます。次の2つのやりとりを比べてみてください。

　　F：ちょっとこのことについて，内側を感じてみますね
　　L（ガイド）：どうぞ
　　（沈黙）

　　F：ちょっとこのことについて，内側を感じてみますね
　　L（ガイド）：はい，じゃあその時間をしばらくとりましょうか
　　（沈黙）

　どうでしょうか。2つめの言い方のほうが，安心してゆったりと内側を感じる時間をとれそうな気がしませんか？

「内側に注意を向ける」というのは，ジェンドリンの6ステップで言うと，フェルトセンスを見つけるステップにあたります。また，共鳴のための提案と受け取るための提案も，ガイドが行なう提案として基本的なものです。

言葉かけ

・共鳴のガイドの例：「〜という言い方でしっくりくるかどうか，ちょっと自分の感覚に確かめてみませんか」
・受け取るガイドの例：「そういう感じがあることを，自分にわかっておきましょう」

ジェンドリンの6ステップには他にも，「クリアリング・ア・スペース」や「ハンドルをつかむ」「尋ねる」のステップがありますが，まずは「フェルトセンス（を見つける）」「共鳴する」「受け取る」の提案がやりやすいと思います。ハンドル（フェルトセンスを表わす言葉やイメージ）についてはフォーカサーが自分から言葉にしようとすることが多いので，提案をするとしても，次のようなあっさりとした問いかけで十分です。

言葉かけ

「その感じを表現するとしたら，どんなふうでしょうね」

もしフォーカサーがそのフェルトセンスについて考えはじめてしまったり，フェルトセンスを「どうにかする」べく格闘しているようであれば，立ち止まってそれにただ関心を向けるような提案をしてもいいかもしれません。

言葉かけ

「ちょっと止まって，その感じに関心を向けてただ一緒にいるような時間をとるのはどうでしょう」

フォーカシングに不慣れな人には，この提案の意図がよくわからないこともあります。そんなときには，「たとえば怒っている子どもに，なんとかその気

12　ガイド　117

持ちを変えさせようとするのではなく，どんな気持ちでいるのかな，とただ関心を向けながらしばらく横に座っていてあげるような，そんな関わり方を自分自身にもしてあげられそうでしょうか」などと説明を加えてもいいかもしれません。

●問いかけをうながすガイド

フェルトセンスに何かを尋ねてみることがとても効果的なことがあります。プロセスが自然と先へと動いているときには必要ないかもしれませんが，プロセスが行き詰まっているときやちょっと後押しが必要なとき，フェルトセンスに問いかけることで体験に新しい角度から光が当たり，フェルトセンスの新しい側面を浮かびあがらせてくれます。

問いかけをうながすガイドにはいくつか注意点があります。まず，ここで言う「問いかけ」とは，ガイドからフォーカサーへの「質問」ではありません。フォーカシングを深める問いかけは，フォーカサー自身が自分のフェルトセンスに向けて発する問いかけです。したがって問いかけのガイドとは，フォーカサーが自分に問いかけることをうながすガイドだということになります。たとえば「その感じには，何か気持ちが含まれているのですか。どんな気持ちですか」というのは，ガイドからフォーカサーへの質問です。そうではなく，次のようにそっとつぶやくほうが，フォーカサーが自分の感じに触れることをうながすことができます。

言葉かけ

「その感じには，何か気持ちが含まれているのでしょうかね，どんな気持ちがそこにはあるのでしょうね……」

もちろん，提案する言い方も役立ちます。

言葉かけ

「そこにはどんな気持ちがあるのかな，とその感じに問いかけてみるのはどうでしょう」

ガイドからの直接的な質問は絶対にしてはいけないわけではありませんが，相手の内側に「答えなければ」という構えを引き起こして内側に触れる動きを妨げてしまいがちです。そのため，フォーカシングをうながす助けにはなりにくいことが多いのです（フォーカサーがわかっていてシンプルに答えられるような事柄を確認するときには，質問は役に立ちます）。

　問いかけのためのガイドに対して，フォーカサーが自分のフェルトセンスを問い詰めはじめることもあります。そうなると逆効果ですので，必要に応じて説明を添えるといいかもしれません。問いかけで大事なのは，「どうしたのかなあ」と思いながら子どもの横に寄り添うような，そんな態度です。問いに対して答えが得られないこともありますが，それはそれでかまいません。問いかけの最大のポイントは，新しい問いが新しい視点となって，フェルトセンスを新しい角度から感じられることです。フォーカサーの中にはフェルトセンスが口を開いて問いに答えてくれるのを待っているという人もいますが，そのようなことはなかなか起こりません。問いをもちながら自分の感じに注意を向けるとどんなふうに感じられるか，ということが重要なのです。

　さて，どんな問いをフェルトセンスに問いかけるかですが，ここはガイドの（そしてフォーカサーの）アイデアや創造性がものをいうところです。どのような問いかけがフォーカサーにとって役立つ視点になるか，ぜひいろいろと考えてみてください。ただし基本は，フォーカサーのフェルトセンスそのもののプロセスを尊重することです。今大事なものが何なのかをフェルトセンスに教えてもらう問いかけは，よく用いられるものの一つです。

言葉かけ

「その感じはあなたに何を伝えたいのでしょうね」
「その気持ちの言い分があったら聴けたらいいなあと思いますが，どうでしょうね」
「そのことについて，自分に対してわかっておけるといいことが何かあるか，確かめてみませんか」

　フェルトセンスがもつさまざまな側面（p.44を参照）を知っておくことも，

おおいに問いかけの参考になります。フェルトセンスのそれまで意識していなかった側面を意識することで，新しい視野が開けることが多いからです。たとえば次のような問いかけです。

> **言葉かけ**
>
> 「(イメージが先行している場合) それは，からだの感覚としてはどんなふうに感じられているのでしょうね」
>
> 「ちょっと思ったのですけれど，それは何かイメージを伴っていますか。それはどんな姿をしているのでしょうね」
>
> 「そこには，(その出来事に対する) どんな思いが含まれているのでしょうね」
>
> 「その感じは，あなたの生活の中のどんなこととつながっているのでしょうね」

　ガイドが提示する問いかけがフォーカサーにはしっくりこないことは当然あります。フォーカサーがガイドにあわせようとしてしまうこともありますが，そんなときガイドは自分の問いかけを引っ込めたり，あるいはしっくりこなければ教えてくださいね，と伝えたりする必要があります。

●提案が役立つ場面

　他にも，ガイドが提案を行なう典型的な場面として，以下のような場合があります。

①フォーカシングに入るための声かけ

　慣れたフォーカサーは自分で「フォーカシングモード」に入ることができますが，初心者の場合，最初に導入的なガイドが必要な場合もあります（慣れたフォーカサーからも，フォーカシングに入っていくためのガイドをリクエストされることがあります）。熟練ガイドはそれぞれ声かけのレパートリーをもっていますが，ここでは，基本的なやり方だけ紹介しておきます。まず，ガイド自身がゆったりした語り方のモードに切り替える必要があります。フォーカサーに少しのびや深呼吸をうながす提案をすると，多くの場合，モードの切り替えに役立ちます。足，腰，肩，腕などにどんな感覚があるか順番にチェックをしていくのもからだに注意を向けるうえで有効です。そしてゆったりとから

120　第2章　フォーカシングのプロセス

だの内側に注意を向けてもらいます。セッションのテーマが決まっている場合には「その事柄についてどんな感じがしているか，少し時間をとって感じてみる」ような提案をします。特にテーマが定まっていない場合には「今自分の内側にどんな感じがあるか，注意を向けてみる」ような提案をして，セッションに入っていきます。

②距離をとるための提案（クリアリング・ア・スペース）

　フォーカサーが事柄や気持ちに圧倒されて，それをうまく扱いかねている感じがあるときは，その事柄や感じと適切な距離をとるガイド，つまりクリアリング・ア・スペースのガイドが役に立ちます。距離をとるための一番簡単で効果的なやり方は，「そんな感じがあるんだなあ，とわかっておく」ことです。「わかっておく（認める）」作業は，フェルトセンスとの距離を適切なところに整えてくれるはたらきをします。それでも難しい場合は，時間をとって，しっかりしたクリアリング・ア・スペースを行なう必要があるかもしれません（セッション全体がまるまるそれに費やされることもあります）。本章 Section 2 の「クリアリング・ア・スペース」（p.36）も参照してください。

③批判家への対処

　フォーカサーの内側に「内なる批判家」が出てくることはよくあります。フォーカサーが「自分はやっぱりダメだ」「自分はうまくやれていない」と自分にダメ出しを始めたり，「この感じをどうしたら捨ててしまえるか」とフェルトセンスに否定的な関わりをしはじめたときは，内なる批判家が出てきているサインです。フォーカシングでは内側に出てくるものは何でも認めるのが基本ですが，内なる批判家に対してだけは少し特別な，能動的な対応が必要です。内なる批判家からフォーカサーのフェルトセンスやフォーカサー自身を守る必要があるからです。まず必要なことは，「自分を批判するような感じが出てきているのですか？」と確認することです。内なる批判家が出てきていることを共有し確認しておくことで，フォーカサーは内なる批判家を対象化して少し客観的になることができます。対象化できれば，フォーカサーとガイドの間で批判家への対処の作戦を考えることもできます。実際に批判家に対処する方法としては，シンプルに「脇にどいておいてもらう」方法と，「批判の内容はともかくとして，批判家がどんな思いで（何を心配して，怖がって）そんなことを

12　ガイド　　121

言うのかに耳を傾ける」方法があります。本章 Section 4 の「4. 内なる批判家
への対処」(p.57) も参照してください。

④セッションを終えるための声かけ

　慣れたフォーカサーは自分でセッションを終わりにすることができますが，
セッションをどう終えればいいか戸惑うフォーカサーもいます。そのようなと
きにはガイドが少し主導してあげられるといいかと思います。そろそろ終わり
に向かっていけたらいい時間であることをゆったりと伝え（あまり焦らない・
急かさないことが肝要です），もう一度，その時点での自分の内側の感じを，
今はこんな感じなんだなあ，とわかっておく提案をすれば，多くのフォーカサー
はセッションを終える方向に向かうことができます。終わりに際して，そのと
きの感じを覚えておくために，「印をつける」ガイドをすることが有用な場合
もあります。ただし，初心のフォーカサーは「印をつけてください」と言われ
ても何のことかわかりません。少し丁寧に，「それにふさわしい言葉やイメー
ジをラベルにしておくと，あとで，あのときのあの感じ，というのを思い出し
やすくなりますよね。何かそういう，思い出す目印になるような言葉やイメー
ジがあるといいのかなと思いますが，どんな言葉やイメージがしっくりくるで
しょうね」と説明してあげてもいいかもしれません。終わり方については本章
Section 10「フォーカシングで困ったときに」(p.88) にも記載がありますので，
参考にしてください。

4. ガイドの精度を高めるために

　最後に補足として，ガイドの精度を高めるために意識すべき事柄をいくつか
あげておきます。

●フェルトセンスの性質に注意を払う

　フェルトセンスにはさまざまなものがあります。どんな提案が適切かは，
そこで感じられているのがどんなフェルトセンスかということによっても変
わってきます。たとえば，心地いい感覚であれば「その感覚をしばらく味わっ
てみませんか」という提案は適切なことが多いのですが，しんどい感覚を「味

122　第2章　フォーカシングのプロセス

わう」ような提案をされるとよけいしんどくなってしまいそうです（このような場合には，「一歩ひいて眺めてみる」ような，少し距離をとる提案のほうがよさそうです）。また，フェルトセンスがそれ自体の意思や気持ちをもっているようであれば（たとえば，自分の内側に住んでいる子どものようだったり，まるで怖がっている動物のようだったりするのであれば）それと対話を試みるような提案は役に立ちますが，そうでなければ「それに話しかけてみましょう」という提案をしてもフォーカサーは戸惑ってしまうかもしれません。たとえば，岩の壁と対話を試みるのは無理があるかもしれません。そのような場合は，たとえばフェルトセンスの質感やニュアンスを感じ取っていくような提案のほうがよいでしょう（もっとも，岩の壁に挨拶するようなガイドが，意外な展開を生むこともあるのですが）。このように，フェルトセンスの性質に注意を払うことで，より細やかなガイドが可能になります。

● フォーカサーの熟練度に応じたガイドをする

　ガイドは，そのときのフォーカサーに応じて，オーダーメイドで行なうものです。当然，フォーカサーの熟練度によっても適切なガイドは異なってきます。フォーカサーが熟練者の場合には，基本的にはフォーカサー自身がプロセスを進め，ガイドは要所要所でシンプルな提案を提示するという形が基本になるでしょう。たとえば，フォーカサーがやろうとしていることを「じゃあその時間をしっかりとりましょうね」と言ってサポートしたり，フェルトセンスが出てきたときに「そんな感じがあるんだなあと，ちょっと時間をとってわかっておきませんか」と一言伝えるだけでも，熟練者には十分に助けになります。プロセスが行き詰まったようなときでも，フォーカサーが熟練者であれば，ガイドはフォーカサーと一緒に次の一歩を考えられればいいでしょう。

　一方，初心者に対してはしっかりしたガイドが必要です。フォーカサーはまったく慣れていない土地を旅しているようなものですから，一人にさせたらきっと心細いでしょう。ガイドは，フォーカサーが今どんなところにいるかを細やかに気にかけて，丁寧に，少し能動的にガイドしていくことになります。

　初心者のガイドで必要になることが多いポイントをいくつかあげます。まず初心者フォーカサーは多くの場合，事柄についてあなたに語るというモー

12　ガイド　123

ドから自分に向きあうというモードに切り替えるために助けを必要とします。フォーカシングのセッションなのにただ事柄について話して終わってしまったということにならないよう，「内側を感じる」方向へとガイドが先導しましょう。

　初心者のガイドでは，こちらの提案についての説明を添えていくことが必要となる場合もあります。ただ，ガイドがずっと説明のための言葉を並べていると，初心者はそれを聴くのに精いっぱいで自分の内側に注意を向けられなくなってしまいます。丁寧に伝えることと，相手が内側に注意を向けるためのスペースを対話の中にゆったりと確保すること（こちらの説明で間を埋めてしまわないこと）を両立するためには，メリハリ（すっと出してさっと引っ込めること）や，必要なことをシンプルに伝えるスキルが必要になります。

　また初心者は，ガイドの言うことに従わなければならない，と思っていることもよくあります。先ほども触れましたが，フォーカシングを学ぶということは自分の感じ方に誠実でいることを学ぶことです。ガイドの言うことであっても自分の感覚にしっくりこなければ却下していいし，そうすることが大事だと折に触れて伝えていくことが，初心者のガイドをする際には重要になります。

●フォーカサーのタイプを意識する

　フォーカサーのタイプについても少し意識しておけるとよいでしょう。フォーカサーには，進むテンポの速い人もいれば，じっくり取り組む時間が必要な人もいます。また，イメージが展開しやすい人もいれば，身体感覚が優位な人もいます。自分とは違うタイプのフォーカサーをガイドするときには特に，自分がフォーカシングするときの感覚でガイドをするとずれてしまいがちですので，注意をしてください。その人にとって必要なことは何か，その人はどんなテンポでどんなふうに声をかけるとよいのかを意識しながら関われると，ガイドはより質のよいものになるでしょう。

5. ガイドのトレーニングとコーチ法

　ガイドを練習するには練習のための場が必要です。ガイドを学びたい人は，お互いのリスナーをしながらフォーカシングセッションを行なうフォーカシン

グパートナーをもつか，あるいはコミュニティ（フォーカシングのためのグループ）に属すると，練習の機会を得やすいでしょう。お互いに組み合うセッションで自分がリスナーをするとき，「途中，ガイドに入ってもいいですか？」とことわっておいて，リスナー兼ガイドとしてセッションに臨むのです。もちろん，セッションはあなたのガイドの練習のためにあるわけではありません。セッションはフォーカサーのものです。ガイドの練習とはそもそも，フォーカサーのプロセスを尊重する練習であることを忘れないようにしてください。ガイドがまだ不慣れな間は，フォーカサーにはしっかりFAT（p.106を参照）をしてもらえることが理想です。FATは自分のセッションを守り豊かにするものですが，FATとしての率直さはガイドにとっても大きな学びの機会を提供します。

　フォーカシング初心者にガイドするのは，フォーカシング熟練者相手にガイドの提案が自然にできるようになってからがいいと思います。そしてできるだけ，ガイドのやり方を教える指導者（コーチと呼ばれます）についてもらうことが望まれます。

●コーチ法のやり方

　ここでは，コーチに指導をしてもらいながらガイドを学ぶ，**コーチ法**という練習の枠組みを紹介します。コーチ法はジャネット・クラインが考案した方法で，いわばリアルタイムでガイドのスーパーヴィジョンを行なうやり方です。

　コーチのいるガイドセッションでは，ガイドとフォーカサーのほかに，もう一人コーチがセッションに入ります。コーチを担当するのは原則として，ガイドに熟達した人です。コーチはガイドとフォーカサーのやりとりの邪魔にならないよう，しかし必要なときにはガイドとすぐにやりとりができるように，ガイドの横に添うように座ります。

　ガイドは通常どおりフォーカサーとのセッションに臨みますが，困ったり迷ったりしたときには，フォーカサーに「コーチと相談しますね」とことわって（必ず一言ことわってください！），コーチに助言を求めることができます（もしフォーカサーが「今はやめてほしい」と言えば，それに従います）。ガイドとコーチはその場でガイドについて相談します（フォーカサーに内緒でというふうにはせず，フォーカサーにも聞こえるようにします）。ガイドは，コー

12　ガイド　　125

チからの助言がしっくりくるか確かめます。しっくりこなければ助言は使わなくてもかまいませんし，助言を使うことにしたとしても，自分の言葉でそれを言えるよう少し整理の時間をとるといいと思います。そして準備ができたら，フォーカサーに「戻ります」と声をかけてセッションに戻ります。

　コーチのほうから助言に入りたいという合図を送ることもあります。ガイドは（今は中断したくないと感じれば別ですが）やはりフォーカサーに一言ことわって，コーチと相談します。この場合も同じように，助言がしっくりくるか確かめる時間をとって，そして「戻ります」の声かけをフォーカサーにして，セッションに戻りましょう。

　以上がコーチ法の進め方です。コーチはガイドとやりとりをするだけで，コーチとフォーカサーが直接やりとりをすることはありません。フォーカサーに提案するのは常にガイドの役目です（フォーカシングセッションの中で，リスナーやガイドがフォーカサーのフェルトセンスとは直接にやりとりしないのと同じです）。

　コーチ法ではフォーカシングのセッションに「タイム」が入ることになるので，プロセスの流れを妨げてしまうのではと心配になるかもしれませんが，ちゃんとことわって，フォーカサーを尊重しつつ「タイム」をとれば，中断は大きな妨げとはならないことがほとんどです。フォーカサーには自分のために相談してくれている声が聞こえてくるので，その間にプロセスが進むということもよくありますが，それはそれでかまいません（プロセスを進めないようにと言われてもそれは無理ですしね）。

　以上，ガイドについて述べてきました。ガイドを学ぶことはフォーカシングのプロセスやそのポイントを整理してもう一度学びなおすことでもありますので，自分自身のフォーカシングの学びにとってもいい機会になるのではないかと思います。他の人と一緒にセッションをする機会のある人は，まずはフォーカサーのプロセスを丁寧に把握して，役に立つかもしれない提案のポイントに気づくというところから，ガイドとしての学びを始めてみてはどうでしょうか。

第 3 章

Chapter 3

生活の中のフォーカシング

フォーカシングの広がり

世良さんと倉井さんはカウンセリング面接中です……

倉井さん：最近，ちょっと新しいことに興味をもっているんです。

世良さん：そうなんですね。どんなことなんですか？

倉井さん：フォーカシング，っていうんですけど……

世良さん：えっ，フォーカシングですか。

倉井さん：ご存知ですか？ 先生はカウンセラーだから，よくご存じなんですかね。

世良さん：いえ，私も，最近少し学びはじめたところなんです。

倉井さん：そうなんですか。僕は今度，フォーカシングのワークショップに出てみ
　　　　　ようかな，と思っていて。でも，カウンセリングと似たような部分もある
　　　　　のかな，と思って，世良先生に相談をしてから，と思ったんです。カウン
　　　　　セリングを並行して2つ受けるっていうのはよくないって聞いたことがあ
　　　　　るので。

世良さん：相談していただけてよかったです。場合によっては，今はエネルギーを
　　　　　使うことはやめておいたほうがいいかも，ということもありますしね。で
　　　　　も今の倉井さんであれば，参加されてみていいのでは，と思いますよ。

倉井さん：ありがとうございます。じゃあ，申し込んでみようかな。

　　　　　　　　　□　　□　　□　数回後の面接　□　　□　　□

倉井さん：行ってきました，ワークショップ。

世良さん：フォーカシングのワークショップですね。どうでしたか？

倉井さん：なんていうんでしょうね……正直はじめる前は，ちょっとスピリチュア
　　　　　ル系なのかな？ みたいに思っていたところもあったんですけど……やって
　　　　　みると，普通のことをすごく丁寧にやっているだけかもしれないと思った
　　　　　り……でも一方で，フェルトセンスっていうんですかね，その，言葉になっ
　　　　　ていない気持ちみたいなものに目を向けるって，やってみたことなかった
　　　　　なって思って。……自分は理屈で考えがちなところがあるし，さあ次はど
　　　　　う先に進めるか！ みたいなことばっかり考えがちなので，新鮮でしたね。

世良さん：うんうん，普通のこと，という感じもするけれど，倉井さんにとって新しい，
　　　　　新鮮なものに触れた感じもしているんですね。

128　第3章　生活の中のフォーカシング——フォーカシングの広がり

倉井さん：はい。……これまで，自分に向きあうっていうのは「なぜこうなんだろう」って自分を問い詰めることのように思っていたところがあるんですけど，こういうやり方があるんだな，自分にやさしく聴いてあげていいんだなっていうのが，自分にとっては発見で。

世良さん：それは倉井さんにとっては新しい発見で……。……その発見って，倉井さんの中で，どんな感じがしているんでしょうねえ……（あ，今私，ちょっとガイドフレーズっぽかった？）

倉井さん：……なんていうんでしょう……すごくあったかくもあるし……変な言い方かもしれないですけど，ずんとくるあったかさ。

世良さん：ずんとくるあったかさ……。

倉井さん：うん，はい，そうです。……ああ，こういう場って世の中にちゃんとあるんだなあ，みたいな。

世良さん：うんうん，こういう場って，ちゃんとあるんだなあ，って……。

倉井さん：……実は，同じワークショップで一緒だった人たちと，フォーカシングコミュニティっていうのかな，実践のための会をやろうかっていう話になったんです。ワークショップの先生も，やっぱり実践を重ねるのが大事っておっしゃっていたので。

世良さん：そうなんですね。

倉井さん：はい。それから今，普段の生活の中で，フォーカシングをどう使えるのかなあ，ということを考えているんです。

世良さん：ほお，普段の生活の中で。

倉井さん：しっかりフォーカシングの時間をとるのもいいんだけど，普段の生活のちょっとした場面で，自分の心の声におだやかに耳を傾ける，みたいなことが，自分にとってすごく大事なことなんじゃないかっていう気がしてて。

世良さん：なるほど。先生に教えてもらうワークショップだけじゃなく，仲間うちでの実践へ，そしてフォーカシングのセッションだけじゃなく，生活の中へ，という感じですね。

倉井さん：そうですそうです！

Section

1 何でもフェルトセンシング

1. 現象としてのフォーカシング

　フォーカシングはセッションで体験されるものだけでなく，生活の中で自然にまたは意識して体験されるものでもあります。そもそもジェンドリンは技法としてのフォーカシングに先立って，成功した心理療法の研究から現象としてのフォーカシングを見いだしていました。心理療法が成功するかどうかの要因は，クライエントの話す内容ではなく，クライエントが体験過程に注意を向けて言語化するというプロセスにあることがわかりました。人が体験過程に注意を向けて言語化するプロセスは，心理療法のような特別な場面だけでなく，日常的な生活の中でも体験されている現象です。胸のモヤモヤや頭の重さなど漠然としたからだの感じや違和感に注意を向けることは特別なことではありません。たとえば，日本語には（悲しいニュースを見て）胸が締めつけられる，（仕事が終わらず）頭が痛い，（苦手な人に会いに行くときに）足が重い，（好きな場所に行くときに）足どりが軽いといったように気持ちをからだの感じで表現するものが多くあります。また，私たちは，簡単に言葉にできないような感覚をそれが良い感じであれ悪い感じであれじっくり味わおうとすることがあります。たとえば，映画館で映画を見たあとに簡単に言葉にできないような余韻に浸ってなかなか席を立てないときなどはそんな時間です。

2. 生活の中のフォーカシング

　ここではセッションで体験されるもの以外，それも心理療法のような特別な場面ではなく日常的な場面で体験される**生活の中のフォーカシング**について取り上げます。生活の中のフォーカシングは次の3つに大きく分けられます。

　①フォーカシングを知らなくても自然に体験されているフォーカシング
　②意識して生活に活かそうとするフォーカシング

130　第**3**章　生活の中のフォーカシング——フォーカシングの広がり

③フォーカシングが身につくことで自然に起きてくるフォーカシング

　まず，①フォーカシングを知らなくても自然に体験されているフォーカシングについてです。フォーカシングを知らない人にフォーカシングを教えるときに，「お昼ご飯に何を食べるのかとか」「今何の音楽を聴くか」などの選択をする際に意識せずともフェルトセンスを参照していること，日常生活の中で自然とフォーカシングの過程が起きていることを説明します。そうするとかなりの人が納得をしてくれます。それはフォーカシングを知らない人でも自然とフォーカシングの過程を体験しているからです。もちろん個人差があって，自分の内的な感覚に注意を向けることに慣れている人もいれば慣れていない人もいます。中にはフォーカシングを知った人が以前を振り返って，人生に大きな影響を与えたフォーカシング的体験があったことに気づくこともあります。

　②意識して生活に活かそうとするフォーカシングは，フォーカシングを知り，セッションや心理療法で体験することによって，意識的にフォーカシングを生活に活かそうとすることです。たとえば，緊張しているときに自分の内側に注意を向けて緊張している感じに「緊張している感じがあるのはわかったよ」と伝えると，少し落ち着きます。今やらなくてはいけない仕事があるのに，他のことがいろいろと気になって集中できないときに簡単にクリアリング・ア・スペースを行なうことで，目の前の仕事に集中できるようになります。大事なことを相手にうまく伝えられていないときに，自分の内側の「伝えたい気持ち」に注意を向けながらゆっくりと話すと，相手に自分の気持ちを伝えやすくなります。

　一方で，フォーカシングに慣れ親しんでくると，意識してフォーカシングをしようとしなくても自然にフォーカシングが起きていることに気づきます。それが，③フォーカシングが身につくことで自然に起きてくるフォーカシングです。フォーカシングが身につくと自分の内側に注意を向けたり，気がかりと距離をとろうとすることが自然と起きやすくなります。たとえば，メールを書くときの言葉選び，相手からの問いかけへの返答や会議での発言といったちょっとしたことでも自分の内側に注意を向けたり，気がかりがたくさんあって混乱しそうなときに，自然とそれらと心理的な距離をとることができるようになるのです。

1　何でもフェルトセンシング　131

これは，生活の中でのフォーカシングというよりも生き方そのものがフォーカシング的になっていると言えるかもしれません。

このように生活の中で意識的にまたは自然にフォーカシングの過程は起きてきます。日常生活でフォーカシングを活用する糸口は，フェルトセンスを大切にする態度です。それは，フォーカシングほど十分に時間をとり枠を整えて行なうものではないけれども，フェルトセンスに注意を向けて感じること，いわば**フェルトセンシング**を大切にすることです。生活のさまざまな場面でフェルトセンシングによって，フェルトセンスのメッセージを役立てることができます。

コラム 05

フェルトセンス・リテラシー

フェルトセンス・リテラシーとは，人が生活に必要な読み書きの力を身につけるように，フォーカシングもまた，人が生活するうえで身につけるべき普遍的な力であるという考えのもとつくられた言葉です。メアリー・ヘンドリックス・ジェンドリン（Mary Hendricks Gendlin）は，フォーカシングは誰もが無料で学べるようにして，もっと一般の人に伝えていくべきだと主張しています。実際に，フォーカシングを学ばなくても，自然にフォーカシングができる人は一定数います。この本を読んでいて，「ああ，これは私が自然にやっていたことだ」と思った方は，「ナチュラル・フォーカサー」と呼ばれる人たちです。

なぜ，フォーカシングは一般の人に広まらないのでしょうか。その答えとしてヘンドリックスは，3点あげています。①主に心理療法の中で活用されているため，セラピスト−クライエント間にとどまってしまい，社会一般に伝わっていない，②フォーカシングを教えるトレーナーの養成には数年という長い時間が必要，③「フォーカシングは何か」について，単に概念や言語で答えることが難しく，体験してみないとわからないことをあげています。このことは，今の日本の現状にも当てはめて考えることができそうです。

ヘンドリックスは，いずれは専門家がお金をとってフォーカシングを教えるのではなく，自然にフォーカシングが起きる方法を非専門家の人が教えていける

ようにしていきたいと考えていました。「ポーズ（pause, いったん止まること）」といったちょっとしたコツや方法を増やし，誰でもがそれを伝えていけるようにしていきたいと述べています。

　国際フォーカシング研究所認定のトレーナーになるには，長い年月のフォーカシングやリスニング経験，訓練が必要です。つらい体験についてフォーカシングをするときや，心理療法などに適用するには，いろいろな注意が必要になってくるからです。でも，フォーカシングを，何気ない日常の一場面で活用する，普遍的な営みとして人に伝えていくことは誰にでもできます。

　この考えに則ったフォーカシングのワーク集として『フォーカシングはみんなのもの』（村山，2013）があります。

　フェルトセンスを誰もが自然に感じられるようになったら，どんな社会になるでしょうか。人それぞれの違い，その人の中でも時々によっても違い変化することを当たり前に受け入れられるような平和な社会を，ヘンドリックスは願っていたのかもしれません。

（小坂淑子）

文献

村山正治（監修）(2013). フォーカシングはみんなのもの：コミュニティが元気になる 31 の
　　方法　創元社

コラム 06

コミュニティウェルネス・フォーカシング

　アフガニスタンでは長引く戦争により家族と生活を失ったトラウマやコミュニティの断絶による心理的問題が大きく広がっていました。そんな中，2001 年に医療人類学者パトリシア・オミディアンらがアフガニスタンの人道支援機関スタッフのためにフォーカシングを取り入れたメンタルヘルスのプログラムを行なったことからコミュニティウェルネス・フォーカシングは始まりました。翌年には，アフガニスタン人教師が難民少女に教えるための研修プログラムが国際救済委員会（IRC）によってが開発されました。そこでは，通常のワークショップのように順序に沿ってフォーカシングを教えるのではなく，集団がすでに行なっている活動にフォーカシングが取り入れられています。フォーカシング

1　何でもフェルトセンシング　133

プロセスのさまざまな要素の中から，対象とするコミュニティのニーズに合わせて必要なものを選び，そのコミュニティの文化に合う形で提供するという方法がとられています。それによって，短時間で容易に身につき，実際に使ってもらえるばかりか，周囲の人（家族やコミュニティの人たち）に伝えてもらうこともできます。そうしたフォーカシングの要素としてクリアリング・ア・スペースやフェルトセンスを感じること，傾聴といったスキル，ポーズ（いったん止まること），しっかりとここにいること，といった態度もあります。またフォーカシング的態度を伝える際にも，客をもてなすことを大切にするアフガニスタン人には「ゲストハウス」など，その文化に根づいた比喩を用います。

　これらのワークはコミュニティのニーズ（解決したい問題）を知ることから始めますが，取り組む順序としては問題点の改善よりも，うまくいっている点を認識したり，さらに伸ばすことに焦点を当てます（やがては自然と，うまくいっていないことが取り上げられることになります）。その際に用いられるのが良い逸脱（positive deviance）のアプローチです。これは，そのコミュニティにすでに存在しているが，まだ認識されていない効果的な方法を見つけるため，うまく機能している人が用いている方法を探るものです。特に，同じように過酷な状況を経験しても心理社会的健康を保っている人の特性（レジリエンス）に注目します。コミュニティウェルネス・フォーカシングは1対1のセラピーモデルにとどまらず，既存の援助機関と協働しコミュニティの心理社会的健康（ウェルネス）を促進する試みであり，エルサルバドルにおける活動などへ広がりを見せています。

（高瀬健一）

文献

Omidian, P. A. et al.(2017). *Reaching Resilience.A Trainig Manual for Community Wellness.* Captive Press Publishing. 土井晶子・髙橋紀子（監訳）(2021). レジリエンスを育むフォーカシング：コミュニティ・エンパワーメントの技法　金子書房

Omidian, P. A. & Lowrence, N. J.(2014). Community Wellness Focusing is Crossing and Collaborating.*The Folio, 25*(1), 48-57

Section 2 フォーカシングを生活に活かす

1. フォーカシングって何の役に立つの？

　フォーカシングは第1章 Section 3の「3. フォーカシングはどう役に立つのか」（p.17）にあるように，幅広い領域で役立ちます。心理療法やカウンセリングのテーマになるような，自己理解や対人関係の悩みなど人生の課題の役に立つのはもちろんですが，何気ない日常生活のさまざまな場面にも役立ちます。もしくは，特別に意識しなくてもフォーカシングが役立っていることに気づくことがあります。これまでもフォーカシングの適用できる場面や方法についてはいろいろな箇所で触れてきましたが，フォーカシングは大小さまざまな選択に役立てられます。お昼ご飯は何を食べるかという選択，大事なプレゼンテーションで何を話そうかという選択，カウンセラーがクライエントにどのように応答しようかという選択。そのようなさまざまな選択にフォーカシングを用いることで，納得でき，かつ創造的な選択ができやすくなります。そして，フォーカシングを知り，その方法を身につけることで，困ったときにもフォーカシングという有効な対処法をもっていると思えば安心できます。人生のさまざまな選択で迷ったり，困ったりしたときにフォーカシングによって自分らしい選択ができることは自信につながります。

ワーク work 15　からだを使って書く

　ここで紹介するのはソンドラ・パール（Perl, S.）によるフェルトセンスを用いた作文のガイドラインです。彼女はニューヨーク市立大学の教員であり，ニューヨーク市ライティング・プロジェクトの創設者でもありました。彼女は，熟練した著述家であれば自然に行なっているような内的作業を，誰もがステップを追って行なえるように，作文のガイドラインをまとめました。これはジェンドリンによる手ほどきを受けながら，フォーカシングの教示を参考にして作

2　フォーカシングを生活に活かす　135

成されたもので，自分が言いたいことについての内的感覚（フェルトセンス）
に照らし合わせながら書くのが特徴です。ここではパールによるガイドライン
を少し簡略化して紹介します。実際に行なうにあたっては，手続きの細部より
も，支持的で生産的な心持ちを大切にします。

■やり方■

①楽にいられる方法を見つけます。手をブラブラさせたり，深呼吸して，椅子
　に座って落ち着きます。もしよければ目を閉じて，リラックスしましょう。
　静かにくつろいで，あなたの内的な状態に気づけるようにします。

②あなた自身に「たった今，私はどんな感じだろうか？　私が書くことの妨げ
　になっているものが何かあるだろうか？」と問いかけます。あなた自身の答
　えが聞こえたら，少し時間をとって，思い浮かんだ「気を散らしたり，妨げ
　るもの」をリストにして書きとめます。

③今度はあなた自身に次のように問いかけます。「私の心にあるのは何だろう？
　私が知っているあらゆることの中で，今は何について書きたいのだろう？」。
　あなた自身の答えが聞こえたら，思い浮かんだことを書きとめます。一つの
　ことかもしれませんし，リストになるかもしれません。

④一つの確たるアイデアであれ，リストの全体であれ，書いたものを見渡して，
　「今，どれが私の注意を引くだろうか？　何について書きはじめられるだろ
　うか？」と，問いかけましょう。そのアイデア，言葉，項目を新しいページ
　の一番上に書きましょう。

⑤では，あなた自身に，「この主題について，連想することや，知っていること
　は何だろうか？　今，それについて，何を言えるだろうか？」と，問いかけ
　ましょう。これらの反応を書きとめるのに，必要なだけ時間をとりましょう。

⑥しばらく書いたら，一度やめて，書いたものをすべて脇に置き，この主題あ
　るいは論点を新鮮な目で見てみます。部分や断片ではなく，その主題の全体
　をつかみ，あなた自身に問いかけます。「私にとって，この主題の興味深い
　ところは，どこだろう？　これについて私がまだ言えていない重要なことは
　何だろう？　この論点の核心は何だろう？」。その主題についての「フェル
　トセンス」から，言葉，イメージあるいはフレーズが浮かんでくるのを静か
　に待ちます。浮かんでくるものは何でも書きとめましょう。

⑦この言葉やイメージを取り上げて，「これはいったい何だろう？」と，あなた
　自身に問いかけます。感じ，イメージあるいは言葉を描写します。書くにし
　たがって，「フェルトセンス」が深まるのに任せます。「これでいいだろうか？
　近づいているだろうか？　私はそれを言葉にできているだろうか？」。あなた
　が正しい方向に進んでいるときのように「そうだ。これ（表現）は，それ（フェ

ルトセンス）を言えている」と感じられるかどうか，確かめてみましょう。

⑧手が止まっているのに気づいたら，「足りないのは何だろう？　まだ紙に書ききれていないものは何だろうか？」と問いかけます。また，あなたの「フェルトセンス」に触れて，言葉やイメージを探ります。心に浮かんだものを書きとめます。

⑨終わりが近いと感じたら，あなた自身に「これで完成したと感じられるだろうか？」と問いかけます。あなたの「フェルトセンス」，お腹の反応，からだからの答えを探ります。

文献

Perl, S.(2004). *Felt Sense: Writing with the body.* Portsmouth, NH: Boynton/Cook Publishers.

2. さまざまな人生の選択

デヴィッド・I・ローム（Rome, 2014／訳2016）はフェルトセンスによる決断の手順として，①関連する情報を集めて理解する，②いくつかの立場を区別しそれぞれに耳を傾ける，③自分の主たる自己に問いかける，④選択肢を熟考する，⑤振り返り，共鳴させる，⑥自分の意思を決定する，というステップをあげています。フェルトセンスによる決断は単なる直感的な決断ではありません。そこには関連する情報を集めたり，選択肢を熟考したりといったステップも含まれます。フェルトセンスは関連する諸要素と相互作用しているため，その決断に関わる全体についてのフェルトセンスを感じることは，関連する情報やいくつかの立場や選択肢をふまえた決断をする助けになります。

フォーカシングは心理療法や問題解決の場だけではなく，生きることすべてに活用できるものです。たくさんの条件や側面が絡み合う状況の全体を感じながら最適な次の一歩を見つけることは，生きることすべてに関わることだからです。ただ，生活の中での活用の仕方を表わすためには，フォーカシングという心理療法や自己治癒的なプロセスの全体を指す名称よりも，その場その場で状況全体を感じ取るという意味で，フェルトセンシングという言い方のほうが適切かもしれません。フォーカシング（あるいはフェルトセンシング）が活用される代表的な場面を以下のコラムで取り上げます。

コラム 07

料理とフォーカシング

「今日の夕食，何にしようかな」

　今日の夕食を決めるとき，どのような要素が関与しているでしょう。季節，昨日食べたもの，お昼に食べたもの，誰と食べるか，一緒に食べる人の好み，自分にどれだけ凝った料理をつくる元気があるか，買い物に行く時間があるか，近くのスーパーの品揃え，冷蔵庫の中に何があるか，自分の体調や気分，テレビや情報の影響，自分の力量や自分のもっているレシピ（今は検索すればレシピはふんだんに出てきますが），それらのレシピを見てつくれそうか，おもしろそうか……。あげればきりがないほど，多種多様，多方面の条件で食べたいもの・つくりたいものは変わってきます。実際にはそれらの条件をいちいちあげて検討することはありません。「今日は何にしようかなあ」と冷蔵庫を開けて材料を確認しながら，上記のような状況全体のフェルトセンスを感じ取ることによって，なんとなく，メニューの候補が浮かんできます。どの条件も決定に関与はしているでしょうが，メニューの決め方に決まったパターンはありません。今日は冷蔵庫の残りもの処理という日もあれば，今日は誕生日のスペシャルディナーだから断固これをつくるぞ，という日もあります。自家菜園があれば，「今日は水なすがいい感じの大きさになっているから，水なすのカルパッチョ風だ」と，収穫物に応じてメニューが決まることもあります。先日私がロールキャベツをつくったときのきっかけは，車で通過したスーパーの店頭でちらっと見かけた 39 円のキャベツでした。実際に行った店では挽肉がお買い得。ということで，ロールキャベツに決定でした。

　もちろん，いったんメニューを決めていても，新しい事態になって変更を強いられることもあります。家に帰ってスープストックがないことに気づいたり，おなかがすいている子どもが，ロールキャベツを煮込む時間を待ちきれないので，急遽メンチカツと千切りキャベツに変更するかもしれません。

　このように膨大な条件を検索・選択・判断をし，その条件が変わるたびに修正変更しているわけですが，その検索・選択・判断は意識的に考えてやっているわけではありません。実際には自動的に行なわれて，「じゃあ，メンチカツにしよう」という結論が浮かび上がり，すぐさま料理に取りかかります。「何にし

ようかな」と冷蔵庫を見たり「急ぐなら，どうしようかな」と探っているだけでいいアイデアが浮かんできます。それは無意識ではありませんが，全部言語化したり意識化して考えているわけでもありません。

　フェルトセンシングしていると，その状況に最適な（あるいは，まあまあ適した）メニュー案が浮かんできて，「そうだ，それがいい」となるわけです。それがフォーカシング，あるいは，フェルトセンシングによるメニュー決定です。

　こう書いてみると，主婦の人たちには「そんなこと当然，言われなくてもやっている」と言われそうです。フォーカシングを知っていることで，それ以上に，何か役に立つことはあるでしょうか。あまりないかもしれません。人はフォーカシングを知らなくても，生きている状況を感じながら，最適な次の一歩を見つけつつ生きていっています。頭で考えなくても，「何にしようかな、何ができるかな」と言いながら，冷蔵庫の材料を眺めるだけで，おなかがすいたからだは，食べたいもの・つくりたいもの・つくれるものを見つけてくれるのです。

（日笠摩子）

コラム 08

住まいとフォーカシング

　20 年以上昔，コラージュ療法のワークショップで「人生もコラージュ」と言われたことが今も印象に残っています。現代の生活では，ファッションでも食事でもインテリアやガーデニングでも，根本から新しいものをつくることはありません。既存製品を選択し組み合わせることが，その人らしさの表現であり創造性なのです。コラージュは既存の写真を選び組み合わる作業だという意味で，現実生活の創造的営みと重なります。

　コラージュ療法では，雑誌の中からなぜだか惹かれる写真を選び切り取り配置していきます。そしてその選択や配置がしっくりくるかどうかを感じます（フェルトセンシング）。ぴったりで納得感があるときもあれば，なんだか違うと違和感があるときもあります。違和感があるときには修正をします。それを繰り返して自分にとってぴったりな組み合わせ配置ができることが自己表現となります。そしてその自己表現が治療的なのです。

2　フォーカシングを生活に活かす　139

現実生活における，コラージュと似た作業，自分にとって快適なものを選び配置する作業が住まいの設えです。自分や家族にとって心地よく使い勝手のよい家具や道具を選び，バランスよく家の中に配置していく際，人はフェルトセンシングを行ないます。どういう状態が快適かは人によって異なるので，一般公式だけでは自分らしい居心地のよさは得られません。家具やカーテンなどインテリアを決めるにはフェルトセンシングは欠かせません。

　室内の観葉植物の配置決めにもフェルトセンシングが役立ちます。観葉植物の鉢を並べて置くときには，葉や花の彩りや雰囲気，全体の高さやボリュームをいろいろ取り合わせ，それぞれが引き立つように配置したいものです。そのために，配置しては一歩下がってフェルトセンシングします。すると，スパティフィラムとプロテアが隣どうしでは緑が濃く重すぎると感じます。そこで間にオリヅルランの軽やかさを配してみます。そしてまた一歩下がってフェルトセンシング。まあまあです。しかし，エバーフレッシュの細かい軽やかな葉が加わるといっそうしっくりきます。そうやってリビングの一隅が変化に満ちた安らぎのグリーンコーナーになっていきます。

　筆者宅のエバーフレッシュは，購めたときは20センチほどの小苗でしたが4年ですでに2メートルにも育ちました。春夏には，ワラビのような新芽がどんどん出て，数日で20センチほどの葉に拡がります。芽吹きや成長を見るのは楽しいのですが，あっという間に重く垂れ下がり不格好になります。置き場を変えてみても収まりが悪く，結局，剪定するはめになります。そこでようやく，軽さが戻りすっきりするのです（図1，2）。

　収まりのよい配置やバランスかどうかは眺める人間側の好みですが，植物自体にも光や湿気や温度の程度に好みの条件があります。その植物側の条件も，経験や知識があれば配置の判断の中に活かすことができます。知識がなくても，植物がその場で元気かどうかは，しおれてないか新芽が出ているかとフェルトセンシングすることである程度わかります。そうすることで自分にも植物にも居心地のいい場所に配置することができるでしょう。

　植物と人間の両方にふさわしい配置や剪定のためのフェルトセンスの活用は，もちろん，インテリアグリーンだけでなく，ガーデニング一般に必要なことです。

　このような暮らしの中でのフェルトセンシングと，じっくり時間をとってのフォーカシングは何が違うのでしょう。前者の場合，時間枠をとるわけでもありませんし聴き手も必要としません。作業の途中にちょっとフェルトセンシン

グの時間をとるだけです。ただ，自由に思いつくままに動いてみる，その後一歩引いて全体を眺めしっくりくるかどうかを感じてみる，変化に応じてその時々にしっくりかどうかを確かめる，など，フォーカシングの心得は，日常でのフェルトセンシングにも役立つように思います。

　住まいは私たちの環境であると同時に私たちがつくるものです。私たちは自分らしく設えた環境の中で生きていきます。住まいは環境でもあり自分でもあります。その相互作用プロセスこそが生きる営みと言えるのではないでしょうか。

（日笠摩子）

図1　不格好に延びたエバーフレッシュ　　図2　剪定で取り戻された調和

コラム 09

スポーツとフォーカシング

　スポーツにフォーカシングを取り入れて，自分にやさしく粘り強いプレーをしてみませんか？

　私は数年前，高校の部活で続けていた卓球を再開しました。はじめは汗をかくだけで満足でしたが，試合に出場すると勝てずに悔しい思いを繰り返しまし

2　フォーカシングを生活に活かす　141

た。「どうしたら勝てるのだろう。今からでは到底追いつけないのかな」と悩む日々。次第に練習前から「また帰りに落ち込んでしまうのかな」と，体育館への足が重くなるのでした。

　そんなある日，ふと「フォーカシングを活用したら楽しくプレーできるかな」と思い，試してみることにしました。

　そこで実りある体験ができましたのでご紹介します。

　ある試合の当日，体育館に向かうからだはひどく緊張し，硬くなっていました。特に腕が棒のようです（フェルトセンス）。こんなとき，普段は音楽を聴き自分に「頑張れ」と言い聞かせますが，たいていは落ち着きません。

　そこで硬くなった腕の感覚に注意を向けました。無理にその感覚を変えようとせず「何かわけや言い分があるのだろうね」と語りかける思いで，やさしく眺めてみました（フォーカシング的態度）。

　そうするうちに，高校3年当時の引退試合が思い出されました。はじめてのシードで張り切って臨んだ試合でした。しかしこの本番でミスを連発し，初戦敗退。自分が情けなくて泣いた記憶が，腕の硬さから思い出されたのです。同時に，そんなプレーを叱責する部分（批判家）が詰め寄ってきます。「張り切りすぎだ」「なぜミスの修正ができなかったのか」「次もこんな試合をしたら許さないぞ」と。頭の中は「またミスを重ねて負けたらどうしよう」という恐れでいっぱいでした。

　この恐れが落ち着くにはどうしたらよいのか思案しました。まず「批判家」の矢のような叱責から距離を置く必要がありました。

　そこで「批判家」に別の部屋のベッドで，しばらく休んでいてもらえるかお誘いしてみることにしました。

　すると意外にも，このように告げてお誘いどおりに部屋に入ってくれたのです。「あのときのような惨めな思いにさせたくなくて言っているだけなのだよ。あとは頼む」と。

　これで泣いている部分と関わる準備は整いました。さてどう関わるか。いろいろと慰め言葉を探しましたがかける言葉が見つかりません。そこで黙って一緒に座り，ただ傷の手当てをするイメージをつくることにしました。すると徐々にその部分が泣き止み，落ち着いていくのが感じられました。

　そろそろ体育館に入る時間です。幾分か落ち着いてはいましたが，中に入ればまた緊張しそうです。

　そこで私は「どんな入り方をしたら，落ち着いていられるかな」と内面に尋

ねました。ほどなく「一緒にいてほしい」との反応が返ってきました。

　これにぴったりなイメージは何かな，としばらく探すとカンガルーの親子のように怖がる部分をお腹に包み，見守る感じが浮かびました。こうすると体育館に入っても落ち着いていられて，腕も軽くなっていきました。

　間もなく試合開始です。試合中はフェルトセンスとゆっくり時間をとることはできません。ミスが続いてもすぐに立て直さないとなりません。そこで問いかけてみました。「試合中でもこの安心感を守るには，何があったらいいかな」と。すると「卓球台の向こう側に，見守り役の存在を置く」というアイデアが出てきました。得点したら向こう側の見守り役が拍手，声援。ミスをしたときには「大丈夫だよ」と頷いてくれる。そんな存在です。

　試しにシュミレーションしてみると……いい感じです！「さぁ見守り役に，いいところを見せてやろう」という気持ちがわいてきます。

　いざ試合が始まりました。相手は回転を変化させてミスを誘う，カットマンという戦型でした。しかしこの日はミスをしたときには，すかさず台の向こうに目を向けました。向こうにいる存在が，うなずいて拍手して「大丈夫，それでいいよ，いいよ！」と言ってくれます。いつもなら弱気になってしまう局面でも，一人じゃないと感じ，攻め続けることができました。

　試合は競り合いながら終盤に差しかかってきました。終盤ほどミスを恐れるところですがこのときは「もう勝ち負けなんて，どうでもいい。ただ，思いきりのいいプレーをして，台の向こうの見守り役をびっくりさせてやるのだ」と試合を楽しむ気持ちでいっぱいでした。最後にはチャンスボールをしっかり決めて，貴重な１勝をあげることができました。

　この経験によって，ますますフォーカシングをスポーツに取り入れてみたくなりました。からだの緊張・こわばり（フェルトセンス）があるときは，それをやさしい態度で見守り（フォーカシング態度），そのわけを理解していくようにすると緊張が緩んで新たな発想がわき，本来のパフォーマンスを発揮しやすくなるのです。スポーツは心理状態の影響を受けやすく，フォーカシングと相性がよいと思います。みなさんもいろいろな競技にフォーカシングを取り入れ，その効果を確かめてみませんか？

（田邊　裕）

コラム 10

ファッションとフォーカシング

　その日一日を心地よくすごせるファッションを身につけるには，どうしたらいいのでしょう。なんだか今日着た服がしっくりこなくて居心地が悪い，そんな経験はないでしょうか。逆に，今日はお気に入りの服ですごして元気が出た！ということもあります。

　朝起きて，今日は何を着ようかとクローゼットの前に立つとき，どうやって服を選んでいるでしょう。その日の気温や天気，行く場所，会う相手，時間帯によって組み合わせは変わるでしょうし，洋服の触り心地，生地感，その日の気分の色にも左右されることが多いでしょう。洋服を買うときもそうです。値段，生地，流行，すでにもっている服との組み合わせ，ずっと使えるものか，そのシーズンだけ沢山着たいのか。予算と比べてどうだろうか。

　洋服を選んで買い，着るということの中にも，その人の生活状況の全体が反映されているのかもしれません。

　その日の天気，どんな場所に行って，誰と会うといった，その日の全体を思い浮かべながら，クローゼットの前に立って洋服に触れてみます。そのとき，自分の内側を確かめてみるのはどうでしょうか。今，どんな感じがしているかな……。どんな服を身につけていたいかな……。どんな気分でそこにいたいかな。きちんとしていたいか，着心地のよい楽な服装でいたいか……。やわらかい質感か，キリっとしたデザインか，明るい色か，落ち着いた色か……，身につけていたいアイテムはあるかな……。思い浮かぶままにして，しっくりくるアイテムがあったら手に取り，そこからコーディネートしてみる。自分のその日のフェルトセンスに従って洋服選びをしてみる。なんとなく惹かれる服を出してみたら，意外としっくりくることもあるかもしれません。

　当日にはそんな時間はないかもしれません。そんなときは前日に，翌日の準備をしているときでも，ほんの少しだけ，これでしっくりくるかな？と内側に響かせてチェックするのはいかがでしょう。

　洋服の整理については，私は近藤麻里恵さんの『人生がときめく片づけの魔法』（河出書房新社，2011 年）を参考にしたことがあります。服を片づけるときに，すべての服を部屋の真ん中に一度出し，その服を残すかどうかは，「ときめき」

144　第3章　生活の中のフォーカシング——フォーカシングの広がり

を基準に選ぶのです。何にどう役に立つかなどを頭で考えるのではなく，その
アイテムを眺めながら，どう感じるかによって決める。そこに，フォーカシン
グとのつながりを感じました。その日に着る洋服を選ぶときにも，頭で考えず，
アイテムを見て，しっくりくるかどうか，いい感じがするか。それによって決
めてみるのも面白いかもしれません。

(小坂淑子)

3. 身体症状へのフォーカシング

　ジェンドリンは，身体症状はフェルトセンスではないと考えていたため，か
つては身体症状へのフォーカシングは勧められていませんでした。しかし，そ
の後国内外のフォーカサーからフォーカシングをすることで身体症状が楽に
なったという報告がされるようになり，身体症状へのフォーカシングが広がっ
てきています。たとえば，ごく初期の風邪，耳痛，火傷の直後，足の負傷，遺
伝性の足痛，心因性の消化器不調など，さまざまな症状に応用した例が報告さ
れています。身体症状へのフォーカシングでは早急な効果を期待しすぎず，し
かし諦めずにつきあっていくこと，症状の部位に対して受容的な気分や落ち着
いて観察する眼差しをもつことが大事です。森川（2015）は，第一段階として，
ほんのちょっとした気持ちのよさ，変化への感受性を高める，心地よいところ
も味わうワーク，第2段階として，ありのまま見る，贈り物をする，好きにし
てもらうワークをあげています。
　身体症状への効果が指摘されている他の類似の手法，マインドフルネススト
レス低減法，自律訓練法などは，所定の手続きに従ってルーティンとして淡々
と進めていきます。一方で，フォーカシングはあくまでフェルトセンスに従っ
て臨機応変に進めていきます。強い身体症状に対して，受容的な気分や観察す
る眼差しを自分で維持してプロセスを進めることは，少し難しいこともあるか
もしれません。ただ，フォーカシングは他の類似の方法に比べるとやや主体的
でアクティブな方法のため，無理やりではなく自然な主体性を回復する方法と
言えるのではないでしょうか。

2　フォーカシングを生活に活かす　**145**

4. 生活の中でのフォーカシングからセラピーへ

　これまで述べてきたようにフォーカシングは生活に役立ちます。体験過程が進まなくなっているときに，フォーカシングの知識や技能，フォーカシングセッションを通じて体験過程を進めます。一方で，一人でのフォーカシングやリスナーとのフォーカシングセッションだけでは体験過程が進まないときには，より相互作用の大きい方法であるセラピーが役に立つ可能性があります。これについては第4章で「フォーカシング指向心理療法」（p.157）を紹介します。

Section

3 人間関係とフォーカシング

1. 自分の感じも相手の感じも両方大事にする

　フォーカシングはセルフヘルプの方法として発展していますが，第2章のリスニングやガイドで示されているように聴き手がいるほうが進展しやすいことがわかっています。フォーカシングは「フェルトセンスを表現する」という個人の内的プロセスに見えますが，実際には聴き手（リスナーやガイド）の存在など環境の影響も大きいのです。同じテーマについてフォーカシングをしたとしても，聴き手が変わったり，場所が変わったりすると，フォーカシングのプロセスも変わってきます。ジェンドリンがフォーカシング指向心理療法において第一に大切なこととしてセラピストとクライエントの関係性をあげていることからも，フォーカシングプロセスにおける関係性の意義がわかります。

　では逆に，フォーカシングの実践が人間関係に影響を与えるということもあるのでしょうか。日常生活におけるフォーカシング的態度と働く人の心理社会的要因との関連を調べた研究では，フォーカシング的態度は個人のストレス反応の緩和やモチベーションの高さだけでなく，周囲への相談行動，周囲からのサポート，職場の協力関係，職場の承認感など対人関係資源とも関連していることがわかりました（永野ら，2018）。つまり，フォーカシング的態度が高い人は関係性の資源に恵まれていると感じているということになります。このこ

146　第3章　生活の中のフォーカシング——フォーカシングの広がり

とからフォーカシング的態度が高い人は自己理解が進んでおり，同時に，関係性をある程度良好に保つことができていることが示唆されています。フォーカシング的態度は自分を大事にする態度であることに加えて，対人関係を良好にする態度にもなりうるのです。フォーカシング的態度はフォーカシング経験によってある程度養われていくものと考えることができます。このことからフォーカシングは人間関係にもポジティブな影響を与えると考えられます。

　フォーカシングを基盤とした人間関係を一言で言うと「自分の感じも相手の感じも両方大事にする」ということではないでしょうか。フォーカシングのセッションでフォーカサーは，自分のフェルトセンスを大事にしながら進めるので，フォーカシングに慣れ親しんでくると自分のフェルトセンスを大事にすることが自然と身についていきます。一方で，リスナーはフォーカサーのフェルトセンスを大事にするため，リスナー体験によって相手のフェルトセンスを大事にすることを身につけていきます。リスナーはフォーカサーのフェルトセンスを第一に大事にしながらも，同時に自分のフェルトセンスも尊重してリスニングを実践していきます。そのようなやりとりを続けていくことで，フォーカシングの実践者は，自分のフェルトセンスも相手のフェルトセンスも両方大事にするようになっていくのでしょう。

2. コミュニティグループ

　フォーカシングの実践は，コミュニティグループと呼ばれる，自主的な集まりの中で行なわれることがよくあります。コミュニティグループは心理療法で得られる恩恵をセラピストとクライエントという特別な役割でなくても得られるようにする「チェンジズ」と言われるグループから始まりました。フォーカシングは心理療法で起こっているエッセンシャルな創造的過程を抽出したものですが，心理療法の枠組みがなくてもパートナーシップによって相互に恩恵を得ることができます。

　現在，日本国内を含めて世界中に数多くのフォーカシングのコミュニティグループがあります。フォーカシングの勉強会やワークショップをきっかけとしてフォーカシングを学び続けるグループ，対人援助の職場や仲間でセルフヘル

プや対人援助のためにフォーカシングを学ぶグループ，マインドフルネスやリラクゼーションなど他の技法と組み合わせたグループ，フォーカシング指向心理療法を学ぶグループなどさまざまな継続的グループがあります［日本のフォーカシングコミュニティに関する情報は日本フォーカシング協会 https://focusing.jp/ を参照してください］。最近では対面によるグループだけでなく，Zoom などのオンラインツールを用いたグループも増えてきています。このようにフォーカシングのコミュニティグループの特徴の一つは多様性です。これは，フォーカシングが生活のさまざまな場面に活かすことのできる方法であり，他のセラピーとの関連性も指摘されている方法でもあるためと考えられます。

　フォーカシング実践の基本はフォーカサー体験とリスナー体験ですが，コミュニティグループ全体の進行にはフォーカシングらしさが表われます。たとえば，あるコミュニティグループでは最初に各自でフォーカシングをして自分のフェルトセンスを確かめて，準備ができた人から順番に自分の伝えたいことやりたいことを話していき，他のメンバーはそれを傾聴することから始めます。そのような自分も相手も尊重する態度がフォーカシングのコミュニティグループのもう一つの特徴と言えます。

> ### コラム 11
>
> ## インタラクティブ・フォーカシング
>
> 　ジャネット・クライン（Klein, J.）は，癒し合う人間関係を探求し，インタラクティブ・フォーカシングの枠組みを編み出しました。リスナーが伝え返しながらフォーカサーのプロセスを支えるフォーカシングセッションでは，リスナーが自らに生じた反応を言葉にすることは，基本的にありません。しかし，フォーカサーは時に，自分が感じていることを，リスナーはどんなふうにわかってくれたのか，自分のセッションがリスナーにどう響いたかを知りたくなります。リスナーのほうでも自分の反応を話したくなることがあります。お互いに分かち合うことを望んだ場合，それらはセッションの振り返りで語られることになるでしょう。それにより，フォーカサーが，さらなる進展を体験したり，より深くわかってもらえたと

感じたり，お互いに深いところでつながっている感覚を覚えたりすることがあります。こういった分かち合いを安心・安全に行なえるよう，インタラクティブ・フォーカシングは考案されたと言えるでしょう。その概略を紹介します。

■やり方■
[準備] 話し手も聴き手も静かな時間をもち気持ちが落ち着くのを待ちます。話し手は，この場で目の前にいるこの人に何を聴いてもらいたいか自分に問いかけ，その話したいことをからだの感じでとらえます。聴き手は，自分のことは脇に置いて，話し手の話を感じながら聴く心理的スペースをつくります。
[FAT による傾聴（第 2 章 Section 11「リスナーとしての心得 ── 傾聴」p.93 も参照）]
①話し手は，話したいことのからだの感じに触れながらゆっくり言葉にします。わかってもらいたい事柄（状況）も話してよいのですが，事柄ばかりを話すのではなく感じながら一区切りずつ，伝え返してもらえるように話します。順序立てて話す必要はありません。
②聴き手は，自分のからだの感じに触れながら聴きます。話の中で気持ちがこもっていると感じられるところ，からだの感じに響いたところを伝え返します。自分が思ったことや感じたことは話しません。わからなくても聞きたいことが出てきても質問はしません。わかったところを伝え返します。足りなければ話し手が教えてくれるでしょう。伝え返しに徹します。
③話し手は，伝え返しを自分のからだの感じにつき合わせ，それでいいかどうか，わかってもらったと感じるかどうか確かめます。その確かめに基づいて，聴き手にフィードバックします。
　　聴き手は，そのフィードバックを取り入れ伝え直します。
④①に戻り，一段落するところまで，①から③を続けます。
[二重の共感のとき]
⑤（話が一段落したところで）聴き手から声かけする場合は「今のあなたの話が，あなたにとってどういうものだったか，あなたの身になって，私のからだで感じてみます。あなたも，今の話があなたにとってどういうものだったか，ご自身に思いやりをもって感じてみてください」と，「聴き手から話し手へ」と「話し手から話し手自身へ」の二重の共感の段階へ誘います。
　　聴き手は，話し手の立場に立ち，話全体のエッセンスを自分のからだの感

じから象徴的な言葉やフレーズ，イメージ，ポーズや動きなどでとらえます（**共感的応答**）。話の要約ではありません。両者ともに感じ取れたら，まずは聴き手が話し手にそっと差し出すように共感的応答を伝えます。話し手は，聴き手から伝えられたことを受け取って，そこで感じられたことを聴き手に伝えます。その後，話し手自身で自分に共感的に振り返って感じたことを聴き手に伝えます。

［相互作用的応答］

⑥今度は最初の聴き手が話し手になり，今聴いたことで生じた自分自身の気持ち，聴いた話がどのように自分に触れてきたかを話します。話に対する助言や意見，批判ではありません。最初の話し手が聴き手となり，自分の話は脇に置いて，共感的に聴くためのスペースをつくります。そのようにして，①〜③を行ないます。

⑦⑤と同じように，二重の共感のときをもちます。

［関係の確かめ］

⑧⑦まで終ったら，お互いに話し聴いた今，自分自身のこと，相手と自分の関係をどう感じるか，確かめる時間をとります。感じがつかめたら，どちらからでもそれらを伝え合います。

　手順にしっかり沿うには練習が必要ですし，練習を重ねても扱いがたい事柄はあります。しかしこの方法は，互いの関係のトラブルさえも安全に取り扱う枠組みを提供してくれます。そして，深い満足感や進展，想像を超える豊かな展開が起きたりする探究しがいのある方法です。深い傾聴のトレーニングにもなります。　　　　　　　　　　　　　　　　　　　　　　　　　　　（堀尾直美）

文献

クライン，J.（著）　諸富祥彦（監訳）　前田満寿美（訳）（2005）　インタラクティヴ・フォーカシング・セラピー：カウンセラーの力量アップのために　誠信書房

ワーク work 16　フォーカシング指向アート鑑賞

　絵画などのアート作品を目の前にしたときに，言葉では簡単に表現できない

ような感覚を体験したことはないでしょうか。そもそもアート作品自体が，言葉では簡単に表現できない作者の複雑なフェルトセンスをアートとして表現したものと考えられます。そして，アート作品を目の前にした受け手側にも作品についてのフェルトセンスが形成されると言えます。フォーカシングはアートとの関連が深いため，フォーカシングによってアートセラピーを進めたり，アートについてのフォーカシングから自分のフォーカシングプロセスを進めたりする方法はさまざまに工夫されています。逆に，フォーカシングを用いてアートを鑑賞するための方法がフォーカシング指向アート鑑賞です。フォーカシング的にアートを鑑賞することによって，アート作品を理解できるようになったり，作者がどのような思いで作品をつくろうとしたのか理解しやすくなります。この方法はアートを鑑賞したときに自分の感じを感じたあと，作者にとってどんな感じかを共感的に感じ，自分の感じと作者の感じを重ね合わせる方法です。このワークは一人で行なうこともできますし，ペアやグループで行なうこともできます。ペアやグループの場合は，終わったあとに一人ずつ自分の体験を話し，他の人は傾聴します。

■ **やり方（教示）**■
①これからアート作品が自分にとってどのように感じられるか，そして作者の思いを感じる体験をしてみます。この体験は正しくアートを鑑賞するためのものではないし，正しい答えを見つけるためでもありません。合っているとか合っていないとか気にせずに楽しみながらやってみましょう。
②対象のアート作品を一つ選びます。アートのポストカードを並べた中から選ぶか，アート作品のインターネットのアーカイブから選ぶか，美術館を歩きながら探してみるか，どんな方法でもかまいません。まず自分が気になる，ひきつけられる作品を一つ選びます。
③楽に座れる（もしくは立てる）姿勢を見つけて，何回か深呼吸をしてからだに注意を向けましょう。足の裏やおしりなどからだが支えられているところに注意を向けて，からだ全体の重さを感じましょう。地面の固さに身をゆだねて，地に支えられて自分がここにいることを感じましょう。美術館や博物館ではそこから建物全体に注意を向けて，周りの環境を感じておいてもいいでしょう。
④選んだ作品に注意を向けます。その作品は，「自分にとってどんな感じかなあ」と問いかけてみます。からだではどんなふうに感じられるでしょうか。ゆっくり時間をかけて，その感じを表現するのにぴったりな言葉を見つけましょう。身体感覚や感情が出てくるかもしれません。イメージや生活の出来事が出てくることもあります。何か言葉が出てきたら，その表現でぴったりかど

うか確かめましょう。

⑤それでは，自分が今感じたことはひとまず脇に置いておきましょう。そして，その作者にとっての作品について感じてみましょう。作者がその作品をつくっているところを思い浮かべてみましょう。作者の立場に立って，作品をいろいろな角度から丁寧に見直してみてもよいでしょう。その作品は，「作者にとってどんな感じかなあ」「作者はどんな気持ちでつくったのかなあ」と問いかけてみます。頭で考えるのではなく，からだでどんなふうに感じられるか，ゆっくり時間をかけて，その感じを表現するのにぴったりな言葉を見つけましょう。何か言葉が出てきたら，その表現でぴったりかどうか確かめましょう。

⑥「自分にとっての感じ」と「作者にとっての感じ」を重ね合わせてみましょう。そこから感じられることをゆっくりと時間をかけて言葉にしてみましょう。何が浮かんできても，やさしく思いやりをもってそのまま受け止めるようにしましょう。

⑦ひととおり終わったら，次は特に気にならない，ひきつけられない作品を選んで同じように体験してみます。興味をもたないまま通りすぎていくアート作品も多いと思います。そんな作品に関心を向けることはアート鑑賞の楽しみを広げる体験になるでしょう。

　フォーカシング指向アート鑑賞は，アートを深く体験することができますし，アートへの興味を広げることもできます。また，作者の立場に立ってアートを感じようとすることは，カウンセリングで相手に共感しようとする練習，さらに自分の感じと相手の感じを重ね合わせて理解を深めようとする練習にも発展させることができるでしょう。

文献
村山正治（監修）(2013). フォーカシングはみんなのもの　創元社

ワーク work **17**　価値観のワーク

　私たちは普段意識するかしないかに関わらず，それぞれに大切にしたいと思う価値観を自分の中にもちながら生きています。そして，その価値観と日々の行動が合致していると実感できるとき，私たちの中には前向きなエネルギー

が生まれ，多少の困難にも立ち向かう意欲がわいてきます。しかしながら忙しい生活の中では，求められている役割を果たすことや，やるべき仕事をこなすことに精いっぱいで，自分は本当は何を大切に生きていきたいと思っているのかについて振り返る時間はほとんどないというのが実情です。そして，そのような日々をすごすうち，次第に自分なりの価値観を見失い，ただ振り回されるような日々にへとへとになってしまっているという人は少なくありません。日本の労働者のメンタルヘルスの問題は長らく指摘されており，各企業では，メンタルヘルスケアへの取り組みが課題とされています。

　ここでご紹介する「価値観のワーク」は，主に筆者がある企業の社員向けストレスマネージメント教育の中で実施しているワークです。あるとき，筆者はその企業の管理職から「ストレスはもう避けられない時代だと思うので，そのような中でも前向きに働けるような方法は何かないのでしょうか？」と尋ねられました。それまで，ストレスマネジメント教育にフォーカシングのクリアリング・ア・スペースを導入し，気がかりを置いて少しホッすることや心の整理をすることにメンタルヘルス上の手応えを感じてはいたものの，このところほんの少しの物足りなさを感じていた筆者は，ストレスフルな時代の中でももっと前向きに働けるような何かという発想に心を惹かれ考えてみることにしました。本ワークは，アメリカの健康心理学者ケリー・マクゴニガル（McGonigal, K.）の著書『スタンフォードのストレスを力に変える教科書』（2015）に記されていた，「ストレスを見直すエクササイズ　あなたにとって大切な価値観は？」がもとになっています。そのエクササイズに，フォーカシングのエッセンスであるからだの感覚に注意を向けること，そして価値観の選択にあたって自分の感覚を参照することをステップの中に取り入れ作成しました。

■やり方■

　大まかな流れは，「からだの感覚に注意を向ける」→「自分にとって大切な価値観を選ぶ」→「それが大切な理由を書く」→「日常での実践を振り返る」→「シェアリング」です。所要時間は約40分程度で，準備するものは表の価値観リスト，ノートあるいはB5程度の大きさの紙と筆記用具です。

①導入としてこれから行なうワークの趣旨を説明します。たとえば本稿の冒頭の文を使って「私たちは普段意識するかしないかに関わらず，それぞれに大切にしたいと思う価値観を自分の中にもちながら生きています。そして，その価値観と日々の行動が合致していると実感できるとき，私たちの中には前向きなエネルギーが生まれ，多少の困難にも立ち向かう意欲がわいてきます。ここでは，少しの時間をとって自分の価値観について見つめていきましょう」などのように，です。

表 価値観リスト（マクゴニガル，2015, pp.142-143 を改変）

・チャレンジ・冒険・アートや音楽・スポーツ・連携・有言実行・コミュニティ・思いやり・能力・協力・勇気・創造性・好奇心・規律・発見・効率性・情熱・平等・対等・倫理的行動・優秀・公正・信仰／宗教・家族・自由・友情・楽しみ・寛容・感謝・幸福・勤勉・調和・健康・人助け・誠実・名誉・独立・ユーモア・革新・品位・喜び・生涯学習・リーダーシップ・愛・忠実・マインドフルネス・自然・率直・忍耐・平和・個人的成長・外見・ペット／動物・実用主義・問題解決・信頼性・自分への思いやり・自立・強さ・優しさ・質素倹約・伝統・信用・意欲・知恵・お金・安心・安全

②準備としてからだの感覚に安心して注意を向けられる場所を探します。研修会場などでは，その部屋の中で隣の人が気にならないような位置を探して移動します。座る位置が決まったら，ゆっくり数回，深呼吸をします。このまま次のステップに進んでもよいですが，場の緊張がまだ高いようであれば，フォーカシングの導入として用いられるチェッキングを行なってもよいでしょう。特にフォーカシング未経験者が対象の場合には，からだの感覚に触れることができるよう時間をかけて導入することが大切です。その準備ができていないと，価値観を頭で考えすぎて選べなくなったり，選ぶこと自体が苦痛になったりする場合もあります。筆者は，通常ここに 5 分程度の時間をかけています。

③準備ができたら，価値観リスト（表）を眺めながら，自分にとって大切だと思える価値観を 3 つ選びます。人から望まれていることや役割として期待されていることではなく，胸のあたりに注意を向けて，これが大切にできたら嬉しいなぁとか，いいなぁと自分で思えることを手がかりに選びます。リストにないものを思いついたらそちらを優先します。選ぶ時間は約 10 分です。なかなか選べなかったり，選ぶのに困ったりしたら我慢をせず手を挙げて合図をするよう伝えておき，手が挙がれば傍に行って必要なサポートをします。

④価値観を 3 つ選んだら，次にそのうちの 1 つを選びそれが大切だと思う理由をノートに書きます。理由を書いたら，この頃の自分を振り返って，その価値観を日常生活でどのように実践しているか，そのために今日（昨日）はどんなことをしたかを書いていきます。所要時間は約 10 分です。ここでは，選んだ価値観すべてについて書く必要はありません。1 つについて時間をかけて丁寧に取り組むことが大切です。もしも他の 2 つの価値観についても取り組みたい場合は，別の機会に自分で時間を設けて同じように書いてみるとよいでしょう。

⑤ここまで終えたらシェアリングです。4 ～ 5 人のグループに分かれて円になって，ワークでの自分の体験について話せる範囲で話します。シェアリングで

は，人の体験を批判しないことや，無理に話す必要がないことを約束事として決めておきます。時々，自分の体験を話したり他の人の体験を聴いているうちに，自分の価値観は別の言葉のほうがしっくりくるように思え，修正したくなる人もいます。たとえば，価値観リストから平等を選んでいた人が，シェアリングで話をしながら自分が大切にしたいのは平等というより対等かも，と思い修正したところ，より力がわいてきたということもありました。自分の感覚が別の言葉のほうがいいと感じる場合は，その感覚に沿って修正するほうがうまくいくようです。

　ここまでが価値観のワークの標準的な流れですが，最後にオプションとして，「①今，自分が決断できなくて困っている問題があるかどうか探してみる」→「②（問題があれば）その１つを思い浮かべる」→「③その問題に深く入り込むのではなく，その雰囲気を軽く感じてみる」→「④その問題は自分が選んだ価値観の視点で見るとどうだろうかと，問題と選んだ価値観とを交差させる」→「⑤何か気づけばその気づいたことを受け止める」の５つを５分程度で行ないます。短い時間ですが，なかなか決断できない問題について，自分の価値観と交差させることで，新たな気づきや取り組みのヒントが得られることがあります。ただし，ここで大きなシフトを体験する人もいれば，何も動かない人もいるため，あくまでもオプションとして，やってみたい人は試してみましょうというぐらいの態度で進行するほうがよいでしょう。

　今回は集団での実践について紹介しましたが，本ワークは，カウンセリング場面でセラピストとクライエントの１対１で行なうこともできますし，何かに行き詰まったときやつらいときに一人で行なうことも可能です。しかし，これまで集団で実施して思うことは，集団で実施すること自体にも意義があることです。参加者の感想には，日頃あまり考えなかった価値観についてゆっくり考えたことがよかったという反応だけでなく，特にシェアリングで体験を共有することで，メンバーが大切にしていることがそれぞれ違うことを知ったり，また大切にしていることを話してもらったことで，みんながカッコよく思えたという感想がとても多く出されます。フォーカシングをベースとした安全な雰囲気の中で，お互いの大切な価値観について語り，共有することはお互いを尊重し合う良好な関係づくりにも役立つものと考えます。

文献

マクゴニガル，K.（著）神崎朗子（訳）(2015).スタンフォードのストレスを力に変える教科書　大和書房

3　人間関係とフォーカシング　155

コラム 12

ミラーリング（子どもとフォーカシング）

　ある小さな小学校でのお話です。「教室で勉強をしたがらない子どもがいて。床に寝転んでぜんぜん動こうとしないんですけどちょっと会ってもらえませんか？」とある先生から声をかけられました。ついていくと，教室からだいぶ離れた広い部屋の隅，仕切りの壁の内側で，電車を並べて遊びながら床に寝転がっている男の子がいます。さて，みなさんならどうやってこの子と関係をつくっていきますか。

　「子どもとフォーカシング」では，まず子どもに「ちょっとお話ししてもいいかな」と許可を得ます。このときも私はそう声をかけながら子どもに近づきました。次に「ミラーリング」をしました。「ミラーリング」とは子どもの言葉やしぐさや身振りを鏡のように真似して返すことです。このときはその子が床にベターっと寝っ転がっているのが印象的だったので，「こんにちはって本当はこうやって私も寝っ転がったほうがいいんだろうけど」とからだを斜めにしながら子どもと目線を合わせて挨拶してみました。さすがに先生の前でいきなり横になる勇気はなかったのです。そうしたら，なんとその子のほうがむくっと起き上がって「こんにちは」と挨拶してくれました。「あ，起きてくれたんだ，ありがとう」と私。「今，電車で遊んでいたの？　電車は好き？」ときくと「うん。好き」とニコッとする男の子。それからしばらく電車の話をしました。「ところで，なんでさっき床に寝転がっていたの？」と聞いてみると，「だって冷たくて気持ちいいじゃない」とその子。「そっかー，床は冷たくて気持ちいいんだ」と私は返しました。これも言葉を返す「ミラーリング」です。こうして会話を重ねていくうちに子どもの気持ちがこちらによく伝わってきます。

　この話を帰りに校長先生にお話ししたところ，後日，いろいろと複雑な想いを抱えている別の子が授業中に機嫌を損ねて体育館で寝転がっていたとき，先生はその横で同じように寝てみたそうです！　それからその子が校長先生に心を開き，いろいろなことが展開していったことは言うまでもありません。「ミラーリング」の力をあらためて知った私でした。

(笹田晃子)

文献

スタペルツ，M.・フェルリーデ，E.（著）　天羽和子（監訳）(2010). 子ども達とフォーカシング：学校・家庭での子ども達との豊かなコミュニケーション　コスモス・ライブラリー

第**4**章

Chapter 4

フォーカシング指向
心理療法

世良さん：フォーカシングって、ほんとうにいろいろなこととつながっているんですね。なんていうか、生活する、とか、生きる、っていうことの全部とつながるみたい。

仁先生：本当にね。フォーカシングの背景にある哲学は、カウンセリングや心理療法だけでなくて、有機体としての人間がどんなふうに環境と関わりあっているのか、ということの根本に関わるものですしね。

世良さん：でも、カウンセリングとも関係はあるんですよね？

仁先生：もちろん。カウンセリングや心理療法を効果的にするものは何か、という研究が、フォーカシングの理論や実践が生まれた一つのきっかけですから。

世良さん：あの、自分で進めるフォーカシングも少しずつできるようになってきて、フォーカシングが自分自身の生活を広げてくれるものだなあというのは感じているんです。でも、そろそろフォーカシングをカウンセラーとしての仕事でも使いたいなあ、とも思っているんです。フォーカシングのリスニングも学んできて、ちょっとだけガイドの提案もできるようになりましたし……。先生、フォーカシングをカウンセリングの中で使うには、どうしたらいいんですか？ ガイドフレーズをどんどん言えばいいんでしょうか。

仁先生：世良さんはカウンセリングに役立てられる方法を求めて、フォーカシングを学びはじめたのでしたものね。試しに面接の中で、ここだと思ったところで「それはあなたのからだの内側ではどう感じられるのか」と訊いてみてもいいかもしれないね。もし「はぁ？ いったいなんですかそれは？」という反応が返ってきたら「ああ、気にしないでください、ええと、さっき話していたのは……」と引っ込めればいいんだから。

世良さん：なんか適当な気もするけど……。

仁先生：ははは。まあでも、こちらがやろうとしていることを押しつけるのではなく、あくまで提案として差し出すっていうこと、それから、クライエントの様子をよく見ていて、それがクライエントの感覚にあっていなければちゃんと引っ込めるということは、実際、とっても大事なことですよ。

世良さん：なるほど。押しつけない，クライエントさんにぴったりこなければ引っ込める，そういう態度さえもっていれば，どんどんガイドフレーズを使っていっていいんですね。

仁先生：うーん，ただどうかなあ，あんまり意識して「フォーカシングを使う」というふうにしすぎると，カウンセリングが不自然なものになってしまうかもしれないなあ。フォーカシングがカウンセリングの中で一番活きるときというのは，カウンセラーがいいと思う方向に誘導するというのではなくて，2人の関係性の中でクライエント自身のプロセスが豊かに展開するような，そういう場がカウンセリング面接の中にひらけるときのようにも思うんです。

世良さん：クライエント自身のプロセス……。そうですね，それを大事にするのがカウンセリングの基本なんだと私も思います。そうすると，フォーカシングに誘導するようなガイドは，カウンセリングではやっぱりしないほうがいいんでしょうか。

仁先生：「お誘い」はするけどね。でもそれは，そうすることでその人のプロセスがより深く，より純粋にその人自身のものになっていくからなんです。

世良さん：なるほど。うーん……これは言ってよくてこれは言っちゃだめとか，これを言えばフォーカシング的になるとか，そういう簡単なことではなさそうですね。

仁先生：そうそう。大事なのはあくまでもクライエントその人のプロセス。でもね，あなたのカウンセリングはひょっとしたらすでに，前よりもフォーカシング的なものになっているかもしれませんよ。

世良さん：え，どういうことですか？

仁先生：カウンセラーにとってフォーカシングを学ぶことが役に立つというのは，何よりもまず，クライエントの内側で生じているプロセスへの感受性が豊かになるからだと思うんです。たとえば，クライエントが面接の中で，内側の微妙な感覚に触れて，なんとかそれを言葉にしようとしていたら，今のあなたはそれが大事な動きだということに気づくでしょう。

世良さん：あ，はい，それはそうかもしれないです。

仁先生：微妙だけれど大事な動きに目を向けていく，耳を傾けていくっていう感受性は，フォーカシングを通じてあなたに身についてきているんじゃないか

　　　　な。しっかり身についていればいるほど，ほとんど意識せずに普通のこととしてやっているかもしれないけれど。
世良さん：うーん，なるほど……でも，クライエントさんのプロセスをしっかり感じ取れているかというと，自信はあんまりないなあ。
仁先生：もちろん，より丁寧にクライエントに添っていけるようになるために，経験を積んでいく必要はあるだろうけどね。世良さんがクライエントのプロセスをより繊細に感じ取れるようになっていくと，クライエント自身も，より繊細に，フォーカシング的態度をもって，世良さんと一緒に自分の中の感覚や動きに目を向けていくことができるんだと思います。
世良さん：少しイメージができてきました。ガイドフレーズは，クライエントさんのプロセスに丁寧に添うということがないと，言ってもなんとなく浮きそうですね……。
仁先生：そうだね。フォーカシングや，それからフォーカシングの背景にある理論を，カウンセリングにどう活かすかということを……あるいは，カウンセリングにどう活きているか，かもしれないけれど……一緒に考えてみましょうか。

この章では，フォーカシングをカウンセリングにどう活かすかということを考えていきたいと思います。「カウンセリングに」と書きましたが，この章で書かれていることは狭い意味でのカウンセリングに限らず，対人援助に関わる人に広くヒントになるのではないかと思います。なお，この章では「心理療法」という言葉と「カウンセリング」という言葉を使っていますが，両者は基本的に同じものを指していると考えていただいてかまいません（本当はこの2つは少し意味が違うのですが，日本では「カウンセリング」という言葉が広まって，心理療法も「カウンセリング」という名で呼ばれることが一般的になっています）。

　対人援助の仕事に就いている人で，フォーカシングを自分の仕事に活かしたいけれどどのように実際のカウンセリングや対人援助に導入すればいいのかわからない，という人は少なくないのではないかと思います。これまでお伝えしてきたように，フォーカシングはその人の内側で生じるプロセスであって，それ自体はセラピストがクライエントに対して用いる技法のようなものではありません。しかしフォーカシングはもともと心理療法の効果研究を一つのきっかけとして見いだされたものですから，心理療法の実践にももちろん役立ちます。フォーカシングの観点を取り入れた心理療法は，**フォーカシング指向心理療法**，あるいは体験過程療法と呼ばれます。

　セラピストがカウンセリング面接でフォーカシングをどう「使う」か考えてみると，まず思いつくのは，第2章 Section 12「ガイド」（p.109）で述べたような教示や提案をクライエントに用いることでしょう。実際ジェンドリンは，試しにクライエントに「そのことはここ（胸の内側）ではどんなふうに感じられますか」と言ってみたらいい，と勧めています。一定の割合のクライエントはそれでぐっと面接が深まる，と。しかし，そう言われてもいったい何を言われているのかまったくぴんとこないクライエントもいますし，フォーカシングの教示をカウンセリング面接に「取ってつけた」だけだと面接が不自然なものになってしまうこともあるでしょう。また，もしセラピストがフォーカシングのやり方にこだわってフォーカシングの提案をクライエントに押しつけようとするなら，それはおそらくカウンセリングの妨げにしかなりません。フォーカシングのガイドはカウンセリングでも役に立ちますが，そのためにはセラピス

161

トがフォーカシング的な感受性と態度を身につけている必要があります。むしろ，こう言ったほうがいいかもしれません——フォーカシング指向心理療法の要は，面接の中で起こっている微細なプロセスへの感受性と，そのプロセスを尊重する態度にこそあるのだ，と。セラピストが自らの内にフォーカシング的な感受性と態度を育てていれば，フォーカシングをうながすような相互作用は心理療法の中におのずと生じてくることが多いのです。

　ジェンドリンはフォーカシング指向心理療法を，独立した流派としてではなく，さまざまなアプローチを豊かにするものとして提示しました。フェルトセンスの次元への視点と感受性は，アプローチの違いを越えて臨床実践に奥行きを与えるものです。これまで他のアプローチを学んできた人も，新たにフォーカシングを学ぶにあたって今までのやり方を捨てる必要はありませんし，「宗派がえ」をする必要もありません。フォーカシング指向心理療法はセラピストが従うべき方法論のようなものではなく，一人ひとりのセラピストそれぞれの実践を深めてくれるようなものだからです。ですからこの章は，「フォーカシング指向心理療法のやり方を学ぶ」ためというよりも，「自分の心理療法をフォーカシング指向にしていく」というつもりで読んでいただけたらよいかと思います。

Section

1 フォーカシング指向心理療法の基盤——関係性

　フォーカシングをカウンセリングの実践に活かすためには，まずセラピストとクライエントの間のパーソンセンタードな（その「人」を中心とする）関係性が不可欠です。ジェンドリンは，心理療法で「第一に重要なのは関係であり，第二が傾聴で，ようやく三番目にくるのがフォーカシングの教示」だと言っています（Gendlin, 1996 ／訳 1999, 下巻 p.497）。フォーカシング指向心理療法でもっとも重要なものは，クライエントとセラピストの間の関係性なのです。

　では，心理療法におけるクライエントとセラピストの関係とはどのようなものでしょうか。ジェンドリンは，クライエントとの間に何もはさまないこと，つまり，セラピスト自身の感情や個人的な気がかりはもちろん，理論や，ある

いは「上手な聴き方」「応答の仕方」なども脇に置いて，ただ一人の人間として クライエントの前に存在することが大事だと言っています。ただしこれは，クライエントと距離が近づいて仲よしになることとは違います。ジェンドリンはこうも書いています——「触れあうことは溶けあうことではない。まったくその逆である。触れあうことは，相手が別の存在であるという現実を厳しく感じることである。溶けあう場合には，自分の思いこみでしか相手を見ていない。そして，相手が自分の思いこみとまったく違うことを感じていることに気づくと，溶けあいは崩壊してしまう。しかし，触れあいの質は高まる」（Gendlin, 1996／訳 1999, 下巻 p.486）。セラピストが一人の人間としてしっかりとそこにいて，クライエントという一人の他者にちゃんと出会い，向きあうということ。このことの重要性は，いくら強調しても強調しすぎるということはありません。

　この関係性を表現するジェンドリンの印象的な言葉に「**その中にいるその人** (the person in there)」というものがあります。私たちは普段，多くの時間を外向きの社交的な顔ですごし，人と接しています。しかしそのような外向きの顔の中のより深いところには，さまざまな体験を抱えつつ世界にまなざしを向けているその人がいます。セラピストはこの，人に目を向ける必要があります。もしセラピストがクライエントを，「周囲に気配りができる人だな」とか，あるいは「なるほど，抑うつ症状で困っている 40 代男性だな」というように，外向きの顔や外的な属性だけから理解しようとするならば，心理療法における関係性は豊かなものとはなりません。セラピストが目を向けるべき人は，そういったものの奥にいます。また，この「その中にいるその人」はフェルトセンスとも違います。それは体験の中でさまざまな気持ちやフェルトセンスを抱えながら奮闘している誰かなのです。このことの重要性を言葉で説明するのは難しいのですが，もしあなたがクライエントとして一人のセラピストに会いにいくとしたら，そのセラピストがあなたの話の内容を聴いているだけなのか，あるいはいろいろな思いを抱えながら頑張っているあなた自身にまなざしを向けてくれているのかは，大きな違いではないでしょうか。

　時にこの人は，奥深くに隠れていて，容易には表に出てこないこともあります。それでもセラピストは，クライエントの瞳の向こう側にいるであろうその人に，じっとまなざしを向け，耳を傾け続ける必要があります。クライエント

1　フォーカシング指向心理療法の基盤——関係性　**163**

その人を見いだそうとまなざしを向けるセラピストの存在は，クライエントの語りや感じ方に，それまでとは異なる文脈をもたらします。この新しい文脈の中で，クライエントもまたこれまでとは違ったまなざしをもって自分自身の感じているものを探究していくことができるのです。

Section 2 フォーカシングの学びが傾聴の質を高める

　クライエントとセラピストが人と人として出会うという土台のうえに，セラピストがクライエントの言葉に耳を傾けるという営みがあります。傾聴はカウンセリングの基本ですが，すでにセラピストとして対人援助に関わっている人であれば，質のよい傾聴というのがいかに難しいことか痛感しておられるかもしれません。実は，フォーカシングを学ぶことはセラピストの傾聴の質を高めるのにおおいに役立ちます。傾聴というと，クライエントの言葉をしっかり聴いてその「内容」を理解すること，と考えがちですが（そしてもちろんそれはとても大事なことなのですが），ここまで本書を読んでこられたみなさんはもう，クライエントの言葉の意味が単なる字面上の意味内容以上のものであることを知っているはずです。クライエントの言葉は，クライエントが実感として感じている何か，つまりフェルトセンスを反映しています。クライエントの言葉の源にあるフェルトセンスに感受性を向けることで，傾聴はより良質なものとなるのです。

　たとえばクライエントが「信頼していた人にひどく裏切られて，悲しいです」と言うとしましょう。セラピストはもちろん，悲しいという言葉の一般的な意味を知っているでしょう。そこでセラピストは「ああ，なるほど。信頼していた人にひどく裏切られたから，悲しいんですね。そりゃあそうですね」と言って，手元のメモに「悲しい気持ち」と書いて，クライエントがこの状況で何を感じたかは理解したと考えるかもしれません。しかし実際には，クライエントが感じていることをそんなに簡単に「理解」できるはずはないのです。そこには，クライエントが「悲しい」という言葉で指し示しているある感覚，フェルトセンスがあります。その感覚を直接体験することはセラピストにはできませんが，

164　第4章　フォーカシング指向心理療法

セラピストはクライエントの内側に感じられているであろうそれの感触にクライエントと一緒に触れていこうとします。セラピストは，目の前のクライエントが抱いている感覚の重みを感じ取ろうとしながら，「悲しい……」とつぶやくかもしれません。これは「伝え返し」と呼ばれる応答技法ですが，セラピストがクライエントのフェルトセンスに感受性を向けながらクライエントの言葉を口にするとき，それはクライエントの言葉をただ「伝え返している」だけのものではなくなっています。それはセラピストがクライエントのフェルトセンスに——フォーカシング的態度をもって——触れようとしていることのあらわれなのです。

　このことは，ロジャーズ（Rogers C. R.）があげたセラピストの3つの態度条件の一つ，**共感的理解**と密接に関連しています。共感的理解とはクライエントの私的な世界をその人の立場に立って理解することを言いますが，フォーカシング指向の観点からは，共感的理解はクライエントのフェルトセンスを視野に入れた理解，クライエントのフェルトセンスにクライエントとともに触れていくような理解だと言うことができます。クライエントのフェルトセンスを視野に入れることで，セラピストはクライエントの体験をより繊細に理解し，そしてより豊かにクライエントとともにいることができるようになります。

　クライエントのフェルトセンスに感受性を向けながら耳を傾けるセラピストの姿勢は，クライエントが自分自身に関わる姿勢にも影響を及ぼします。面接の中では，クライエントが自分の実感から語るという瞬間は実はしばしば自然に生じています。しかし多くの場合クライエントは，そんな曖昧な話をするのはいけないのではないかとか，筋道の通った話をしなければいけないなどと考えて，その貴重な瞬間をやりすごしてしまいます。しかしセラピストがそれを尊重し大事に受け取ってくれると，クライエントはそこにとどまることができます。一緒に目を向けてくれるセラピストがそこにいることで，クライエント自身もまた自分の体験に誠実でいられるような，そんな空間が面接の場の中に生み出されるのです。もちろん，クライエントがそれに触れていこうとするか否かはクライエント自身の主体性に委ねられているのですが。

　このようなやりとりが生じているとき，その面接はすでにフォーカシング指向のものになっていると言うことができます。ここではフォーカシングは単な

2　フォーカシングの学びが傾聴の質を高める　165

る介入技法として導入されているわけではありません。セラピストのフォーカシングの学びはむしろ，カウンセリングで起こっているプロセスを理解する一つの視点としてはたらき，面接全体を豊かにするという形で活かされています。この視点はカウンセリングの実践を本質的なところで豊かにしてくれるものです。フォーカシングはカウンセリングにつけ加えられるプラスアルファの何かではなく（もちろんそういう側面もありますが），カウンセリングの本質につながる道をひらき，基礎を深め，人が何かを語るというプロセスに対する見方を根本のところで豊かにする可能性をもっています。

Section 3 セラピストのフォーカシング

　セラピストがフォーカシング指向心理療法を行なうためには，まずセラピスト自身がフォーカシングに熟達する必要があります。フォーカシング指向心理療法では，セラピストはクライエントがフェルトセンスと適切に関われるよう支援していくことになりますが，その際，セラピストがフォーカシングのプロセスについて体験的に知っており，フェルトセンスとの関わり方を実感として理解していないと，細やかな支援をすることができません。

　セラピスト自身のフォーカシングのスキルが重要である理由はそれだけではありません。フォーカシング指向心理療法の面接では，クライエントのフェルトセンスだけでなく，セラピストのフェルトセンスも重要な役割を担います。セラピストはクライエントの体験のありようを，セラピスト自身のフェルトセンスを通じて感じ取っているからです。傾聴が理想的な形でなされているとき，セラピストはクライエントの語りに耳を傾けながら，自分自身の内側に生じてくる反応にも注意をひらいています。

　クライエントの語りに耳を傾ける中で，セラピストの内側には，胸が微かに熱くなったり，どきっとしたり，緊張が感じられたりと，さまざまな感覚が動きます。あるいは，クライエントの話を聴きながらなんらかのイメージや情景を思い浮かべたりすることもあるでしょう。セラピストの体験過程にはクライエントとともにいるということが含まれており，それに対してセラピストのか

らだが反応しているのです。セラピストは，自分自身の内側の反応に注意をひらいておくことで，いわば全身でクライエントに耳を傾けることができます。「私」という一つの全体として，クライエントの言葉の表面的な内容ではなくクライエントその人の全体に，耳を傾けることができるのです。

　自分自身の内なる反応を感知することができると，私たちは相手の話の中の大事な部分により繊細に気づくことができます。大事なことは，それを聴いている「私」の内側に響いてくるからです。このような主観的な判断は客観性に欠ける恣意的なもののように思われるかもしれません。もちろん，セラピストの感覚が間違っていることもありますから，セラピストは自分の印象にあまり固執するべきではないでしょう。それがクライエントにとって大事なものなのかどうかを判別するのは，最終的にはクライエントのフェルトセンスです。しかしだからといって，セラピストの感覚が意味をもたないというわけではありません。もしクライエントの言葉に接してセラピストの内側に何かが動くということがなければ，クライエントは自分の言ったことをセラピストにちゃんと受け取ってもらえたとは感じられないでしょう。クライエントの話を聴いているセラピストの内側に（微かかもしれませんが）さまざまな感覚や気持ちが動くということは，クライエントの言葉になんらかの実質的な意味を感じ取るという営みの，本質的に重要な一側面です。セラピストが自分の内側の動きに対する感受性をもっていること，何かが響いてきたときにそれをちゃんと感知できるような心の状態を保っていることは，相手の話を誠実に受け止めるうえでとても大切なことです。

　セラピストが自分自身の内側の反応を感知することは，言うまでもなく，セラピスト自身のフォーカシングの能力を必要とします。もちろん，フォーカシングを学んだ人にしかこのような聴き方はできない，ということではありません。すぐれた臨床家の多くは，自分自身の感覚に繊細に触れる能力を自然と身につけているように思います。セラピストのフェルトセンシングの能力は，心理療法一般に共通する促進要因の一つと言えるでしょう。そしてフォーカシングは，セラピストがそれを身につけるための方法論を提供することができます。

　自分自身の内側の感覚に，より意識的に，注意深く耳を傾ける必要が生じることもあります。それは，面接の中で何かがうまくいっていないと感じられる

3　セラピストのフォーカシング　　167

ときや，自分がクライエントに対して普段とは違う感じ方をしていると感じられるときです。これは精神分析で**逆転移**と呼ばれるものと関連しています。逆転移というのはセラピストがクライエントに対して抱くさまざまな感情や感覚のことです。たとえばクライエントの話を聴いていてなんだかイライラしてきたり，眠くなってきたり，クライエントは気持ちを話してくれているようなのになんとなくクライエントと触れあえていないように感じたり，あるいはクライエントが「先生のおかげです」などと言うのが心地よくて過度に親切にしたくなってしまったり。そんなときには，セラピストは「なんだろう，これは。何が起こっているんだろう」と思って自分の感覚に耳を傾けてみることが必要です。そうすることでセラピストは，まず自分自身の感覚から距離をとってそれに振り回されずにすむようになりますし，その感覚を，面接の場で生じていることやクライエントの内側で起こっていることの理解へとつなげていくこともできます。逆転移の重要性は心理療法の世界ではしばしば強調されていますが，フォーカシングの技法は逆転移を取り扱う具体的な方法を提供してくれます。特にフォーカシング的態度は，セラピストが自分自身の感覚に目を向けていくうえでとても重要なものです。セラピストの内側に生じてくるものが，たとえば怒りやうんざりした気持ちなどセラピストとして一般に好ましくないように思われるものだったとしても，私たちがそれに対してフォーカシング的態度を保ち，おだやかな関心を向けることができれば，それが自分の内に生じてくるわけに耳を傾けていくことができます。

　ここでお伝えしていることは，ロジャーズの言う**純粋性**（自己一致ともいいます）と関連しています。ロジャーズは，クライエントの前で嘘偽りなく自分自身でいることを重視しました。これはとても難しいことですが，フェルトセンシングの能力は嘘偽りのない自分自身の感覚に触れていく道を開いてくれます。クライエントと対話する中でセラピストの中に動くさまざまな思いや感覚は，私たちがそれに対しておだやかに注意を向ける術を心得ていれば，クライエントに寄り添っていくうえで大きな助けとなるのです。

　セラピストが自身の内で動く感覚に触れ吟味することは，慣れてくると（ある程度）面接の中でできますが，慣れないうちは面接の外で時間をとる必要があるでしょう。これは，自分の面接の振り返りや，あるいはスーパーヴィジョ

168　第**4**章　フォーカシング指向心理療法

ンを，フォーカシング的に行なうということでもあります。実際，セラピスト自身の感じている感覚に触れていく時間をとることで，面接の振り返りはかなり豊かなものになります。吉良安之はこの目的のために，**セラピスト・フォーカシング**という方法を考案しています。これはある特定のクライエントについて感じていることを一つひとつフォーカシング的に確認していくやり方です。興味のある方は成書（『セラピスト・フォーカシング』；吉良，2010）を参照してください。また，「私・あなた・関係のフェルトセンシング」という方法も，セラピストがフォーカシングを用いてクライエントとの関係を振り返るいい方法です（『フォーカシングはみんなのもの』；村山，2013 に記載あり）。この方法では，ある人との関係の中で自分自身はどんな感じを感じるか（その人との関係の中で「私」はどんな「私」でいるか），その人のことはどんなふうに感じているか（その人への印象やイメージはどんなふうか），そしてその人と自分の関係そのものはどんなふうに感じられるかという3つの観点から，他者との関係のありようを吟味していきます。

Section 4　体験的応答

　これまで共感的理解や純粋性（自己一致）に言及しながら，フォーカシングがどのようにカウンセリングの実践を豊かにするかをお話ししてきました。最後に，ロジャーズが重視したセラピストの3つの態度の残りの一つ，**無条件の肯定的関心**にも触れておくことにしましょう。読者の中には，無条件の肯定的関心は純粋性と両立しないのではないか，と悩まれたことがある人もいるのではないかと思います。クライエントがとうてい賛成しがたいようなことを口にするとき，それに無条件の肯定的な関心を向けることなどできるのだろうか，と。たとえば，クライエントが「世界をぶっ壊してやりたい」と言い，それを聴いたセラピストの内側に「それは困るな」という気持ちが浮かんできたようなときには，どうすればよいのでしょう。そんなときにセラピストはどのようにして，世界をぶっ壊してやりたいというクライエントの言葉を無条件に肯定し，同時に「それは困る」という自分自身に対して誠実でいられるのでしょうか。

4　体験的応答　**169**

時々誤解されることがあるのですが，無条件の肯定的関心は，相手の言葉の内容を「それでいいんですよ」と「肯定する」こととは違います（「肯定」という言葉が入っているのでややこしいのですが）。無条件の肯定的関心とは，良い悪いは別にして，クライエントの内側にそんな気持ちや感じがあるのだと認めるということです。これはまさにフォーカシング的態度そのものです。

　ある気持ちや感じを抱くことは，多くの場合，クライエント自身にもどうしようもないことです。時にはクライエント自身が，自分の中に浮かんでくる気持ちを否定して，そんなふうに感じないように抑えつけておこうとすることもあります。しかしここまでフォーカシングを学んできたみなさんは，一見ネガティブに見えるようなフェルトセンスであっても，フォーカシング的な態度を向け，そこにはどんなわけがあるのだろうかと関心を向けることで，新しい動きが生じてくることを知っているはずです。セラピストはクライエントに「あなたの内側に，世界をぶっ壊してやりたいという，何かそんな気持ちがあるんですね」と伝えて，（内容を肯定するのではなく）そんな気持ちがそこにあるということに関心を向けることができます。このことは，セラピストの内側に「困ったなあ」という気持ちがあることとはなんら矛盾しません。むしろそれがそこにあることにセラピストが肯定的関心を向けると，クライエントもまたフォーカシング的態度をもってその気持ちに触れていくことがしやすくなり，結果的に，その気持ちが実際に自分や周囲を傷つけるような行動として表出される危険は減ります。クライエントはセラピストとともにいる場の中で，その気持ちを内に抱えておきやすくなるからです。

　「あなたの内側に，世界をぶっ壊してやりたいという，何かそんな気持ちがあるんですね」というセラピストの言葉は，ごく表面的な，機械的な伝え返しとして口にすることもできるでしょう。しかしそれがクライエントの体験に響くものであるためには，セラピストの応答はクライエントの発した言葉の字面上の意味に対してではなく，クライエントの言葉のもとにあるフェルトセンスへと向けられる必要があります。このようにクライエントのフェルトセンスへと向けられた応答を，ジェンドリンは**体験的応答**と呼んでいます。

　伝え返しだけが体験的応答というわけではありません。セラピストはクライエントの内的な体験を解釈したり，なんらかの概念や理論で説明したり，ある

いはプロセスに介入したり（つまり積極的にクライエントにはたらきかけたり）することもあるでしょう。フォーカシング指向心理療法はこれらのアプローチを否定するわけではありません。ただし，それがそのときそのクライエントにとって意味をもつか否かを決めるのはクライエントのフェルトセンスです。セラピストが提供したものがクライエントのフェルトセンスに響き，何かがひらくような，体験の新しい側面が見えてくるような動きがクライエントの内に生じるならば，セラピストが行なったことは意味があったのだと言えるでしょう。しかしそのようなひらけがクライエントの中に生じないならば，たとえクライエントが「はい」とか「そうですね」などと答えたとしても，セラピストは自分の提示したものをいったんどけて，クライエントが今感じているものに注意を戻したほうがよいでしょう。フォーカシング指向の立場では，カウンセリングはフェルトセンスを中心として，つまりまだ言葉になっていないけれども実感として感じられているものを中心としてなされます。そこでは応答や介入の「正しさ」は，クライエントの感じに響くかどうか，そこに進展をもたらすかどうかによって測られます。

　セラピストは自分自身の感じたことや思ったことを言葉にしてクライエントに伝える場合もあります。それはクライエントの語ったことに対する反応やイメージかもしれませんし，クライエントとの関係に関連してセラピストが感じていることかもしれません。セラピストが自分の内に生じてきたものをクライエントに伝えることは，時にかなりの影響をクライエントの体験に及ぼします。ただ，自分の内側に浮かんできたものを何でも言葉にすればいいというわけではありません。セラピストの言葉の影響が悪い方向に及ぶことも多々あるからです。セラピストは，自分の内に浮かんできたその感じをクライエントに伝えることがその状況の中で「正しい」と感じられるかどうか，自分のフェルトセンスと相談し，吟味するべきでしょう。特にセラピストの言葉が，クライエントを動かしたい，クライエントを変えたいという欲のようなものを含んでいる場合は要注意です。応答は，クライエントの感じているものを尊重し，クライエントとともにそれに触れて理解していくためのものです。あるいは，クライエントのフェルトセンスがそれ自体の可能性をひらいていくことができるように援助するためのものです。そのためには，セラピストは自分の欲や思惑から

4　体験的応答　171

何かを言うということがないように気をつけなければなりません。実存主義的な心理療法で有名なクラーク・ムスターカスは，正直さと真実の違いについて書いています。私たちの内側にはその場の刺激に反応して一時的な気持ちが動くことがよくありますが，それを単に正直に口にするのでは面接の場に余計なものを持ち込んで混乱させてしまいかねません。それが自分自身にとって本当に真実であるようなもの，クライエントに伝える価値があるようなものであるかどうかは，時間をかけないと見えてこないことも多いのです。ですからセラピストは，自分の内側に生じてきたものを何でも即座に口にするということはしないほうがよいでしょう。最初は一時的な反応のように思われたものも，しばらく自分の内側に抱えておくことで，クライエントと共有できるようなものへと育っていくことがあります。

「セラピストの欲や思惑から何かを言わないように」と書きましたが，もちろんセラピストの提案は，クライエントが一歩先に進めることを願ってなされるのでしょうし，そこには多かれ少なかれクライエントを先に進めようとするセラピストの欲求が動いているものだ，と言うこともできるでしょう。大事な点は，それがクライエントの主体性を尊重するものかどうかということです。フォーカシング指向の立場で言えば，セラピストの提案はクライエントが「従う」べきものとしてではなく，クライエント自身の内なる力によってプロセスが先に進むきっかけとして提示されることが望まれます。セラピストの言葉に従わなければならないと思うとクライエントは（やらなければならない課題を課されたときのように）自由さが減る感覚をもちますが，良質な介入は多くの場合，クライエントの内に「やれる」という感覚を広げ，自由さの感覚を増幅させます。

Section 5 体験過程尺度

　この章の最初に，フォーカシング指向心理療法の要（かなめ）はフォーカシング的な感受性と態度にある，ということを書きました。フォーカシング指向でクライエントに関わろうとするとき，クライエントの語りのプロセスが今どんな動きを

172　第4章　フォーカシング指向心理療法

しているかを見てとる感受性をセラピストがもっていることはとても重要です。

　クライエントの中には，自然と体験過程に触れながら話す人もいれば，自分の体験の流れに触れるなどということは考えも及ばないという人もいます。人がどの程度体験過程に触れながら語っているかを測るための一つの物差し（評定基準）として，**体験過程尺度**というものがありますので，ここで紹介しておきたいと思います。体験過程尺度（EXP尺度とも呼ばれます）は，人の語りの各瞬間におけるプロセスの深さをアセスメントするために考えられた７段階の尺度です。ここで言う深さとは，語られた内容の「深さ」ではなく，どれだけ体験過程に触れているかというプロセスの深さを意味しています。セラピストがこの尺度を頭の片隅に置いておくと，クライエントの語りの中のミクロな動きに注意を向けることがしやすくなります。

　７つの段階とは，以下のようなものです（ここに示されている段階は便宜的に７つに分けられているだけで，実際には──特に第１～第５段階は──ほぼ連続しています）。フォーカシングのプロセスが生じていると言えるのは第５以降の段階です。

第１段階：話し手が自分のことに言及しない

第２段階：自分と心理的に関連のあることを話すが感情が表明されない

第３段階：個人的な気持ち（感じ，フィーリング）への言及がなされる

第４段階：出来事よりも自分の体験や気持ちがメインになり，自分の感覚に　　　　　触れる動きが生じる

第５段階：体験過程に探索的に関わる，つまりまだ表現になっていない自分　　　　　自身の感じを探っていこうとする

第６段階：新鮮な気づきが生じる

第７段階：その気づきが広がって他の事柄にもつながり，プロセスがさらに　　　　　展開していく

　プロセスの深さという観点をもっていると，セラピストはクライエントの話の内容だけでなく，そのプロセスについていくことができるようになります

5　体験過程尺度　　173

し，クライエントが体験過程により深く触れていけるよう援助することができます。その際に大切なのは，今クライエントがいるところの一歩だけ先を見る，ということです。第1段階にいる人をいきなり第5段階のプロセスへとお誘いするのは無理があります。自分の気持ちをまだ語れない人には，少しだけ自分の気持ちを言葉にできるといいなあというところで話を聴き，自分の気持ちに触れられる人には，まだ言葉にならない感覚，つまりフェルトセンスに触れられるといいなあ，そこに含まれている意味にその人自身が関心と受容的な態度をもって探索していけたらいいなあと思いながら耳を傾けていくというような感じで，カウンセラーはクライエントのプロセスの一歩先を見ていきます。ただし，話の内容としては，一歩「先」に進めようとする必要はありません。内容としては焦らずにそこにとどまり，プロセスとして，一歩深く，そこにあるもの，そこに感じられているものに関わっていくということが重要です。

<small>Section</small>

6 クライエントのクライエント

　セラピーの中で，クライエントが自分自身のフェルトセンスに気づき，ある種の態度をもつと，変化が起き，セラピーの効果が得られるとジェンドリン（Gendlin, 1984）は述べています。

　その態度とは，クライエントが自分のフェルトセンスに対して，「クライエントセンタード」なセラピストのように接することだといいます。クライエントが，自分自身のフェルトセンスを「クライエントのクライエント」として扱うというのです。

　それは，「フォーカシング的態度」（p.51 を参照）と呼ばれています。クライエントが，自分の中のフェルトセンスに対して，適度な距離をとりながら，やさしく，友好的な態度でそばにいるという態度です。フェルトセンスがはっきりしなくても，意味がわからなくても，「こんなこと何の意味もない」と批判せず，焦って頭で理解しようともせずに，待ちます。クライエントが自分の実感に対して，「こんなふうになっているんだなぁ」とやさしく耳を傾け，それが言わんとすることをひとまず受け取ります。すると，ホッとした感覚とと

もに，次の一歩が見えてくるのです。この流れについては，ジェンドリンの『*Focusing-oriented Psychotherapy*（フォーカシング指向心理療法）』の第4章「体験的一歩をもたらすためにクライエントがすること」（Gendlin, 1996／訳1998，上巻 pp.53-79）に，事例とともに詳しく書かれています。

　フォーカシング指向心理療法では，クライエントが自分で自分のセラピープロセスを進めていけるよう，援助していきます。クライエントのフェルトセンスを尊重するとともに，クライエントにフェルトセンスへの耳の傾け方，フェルトセンスのセラピストになる方法も伝えます。

　それができるようになれば，クライエントはセラピーを必要とせず，自分でプロセスを進めていけるようになるかもしれません。あるいは，プロセスを進める場として，またその見守り手，ガイドとしてセラピストを必要としながらも，どんどん自分でセラピープロセスを進展させるようになります。

Section 7 クライエントのプロセスを深める関わり方

1. フェルトセンスへの気づきをうながす

　フォーカシングセッションとは異なり，心理療法の面接におけるクライエントは，生活上の困難に関するストーリーを語ることが中心になります。Section 5で述べたように，その語りのプロセスが深ければ，つまりクライエントが自分の実感に触れながら話すほど，有意義な面接になる可能性が高くなります。

　クライエントは「フェルトセンス」という言葉も知りませんし，それが何かも知りません。しかし，現象としてのフォーカシング，つまり，クライエントが語る出来事について，自分のからだでどう感じているかに注意を向け，それを言い表わすことはありえます。クライエントが自分の実感に触れながら話すのであれば，セラピストは伝え返しをしながら傾聴していくだけでもクライエントの体験は十分に進展していくでしょう。ただ，クライエントが実感に触れることが少ない場合もあります。その場合は，セラピストのはたらきかけで，

7　クライエントのプロセスを深める関わり方　175

クライエントが実感に触れることをうながすことができます。

　つまり，フォーカシング指向心理療法におけるセラピストは，クライエント
が，自分自身のフェルトセンスに気づき，そのフェルトセンスにあった表現を
見つけることを手伝うことで，体験過程の進展をうながすのです。ここでは，
そのためのポイントを示していきます。

　そのような介入を必要とするケースとして代表的なのは，外的な出来事や事
柄が語られるばかりで，クライエントの実感が表現されない場合です。そのよ
うな場合に，次のような問いかけをして，クライエントの注意を実感に向けて
もらうことができます。

> 言葉かけ
>
> 「今，話してもらったそのことが，あなたにはどのように感じられますか」

　時にクライエントが抱える困難の核心に関わる重要なことが語られているこ
とに，セラピストが気づくことがあります。そうした，面接の流れの中の急所
とも言うべき場面は，そのような質問をするのにふさわしいと言えるでしょう。
また，セラピストが言葉をはさむ余地もないくらいに，一方的に話し続け，同
じような話が繰り返されるという場合もあります。クライエントにとっても，
自分がどのように感じているのかに気づく余地がないことでしょう。そのよう
な場合には，ひとしきり話をしたところで，ひとまず時間的な間をとることが
できるよう，場合によってはセラピストが「ちょっと，すみません」と言葉を
はさんで，クライエントに立ち止まってもらう必要があるかもしれません。そ
して，次のように提案することもできます。

> 言葉かけ
>
> 「ちょっと，ゆっくり時間をとって，そのことについて，ご自身がどのよう
> に感じているのか，確かめてみませんか」

　また，語られている内容が過去の出来事や気持ちである場合には「それにつ
いて話してみて，今はどのように感じていますか」と質問し，今ここでの感じ

に注意を向けてもらうことができます。新たな気づきは，今ここでのフェルトセンスに注目することによって生まれるからです。また，セラピストとしては，クライエントがフェルトセンスを見つけるだけではなく，そこにとどまって注意を向け続けることを願うのですが，はっきりしない感覚にフォーカシング的な注意を向け続けることは，多くのクライエントにとって難しいことです。そもそも，多くのクライエントにとって，そうすることが有益であるという認識がないわけですから，フェルトセンスから離れて，他の話題へと移ってしまうことが多くあります。ですから，見つけたフェルトセンスにより長くとどまれるように次のような声かけも有用です。

> 言葉かけ
> 「もう少し，その感じにとどまっていましょう」

ただ，こうした介入はクライエントの話の流れを遮ってしまったり，セラピストの介入意図がうまく伝わらなかったりして，クライエントを惑わせる要因にもなりますので，あまりに多用するのは考えものです。

2. 指し示す応答

もっと自然にクライエントの注意を実感に向けてもらう方法として，ジェンドリンは，「『そこにある何か』を創り出すための応答」について述べています。その応答とは，「はっきりしない『何か』を指し示すようなやり方（pointing way）で応答すること」（Gendlin, 1996／訳 1998, 上巻 p.89）です。

クライエントの語りの中で，まだフェルトセンスになってもいないような，わずかな感じがクライエントにありそうなところを，まずセラピストが感じ取っていきます。たとえば，クライエントが「確かに上司の言うとおりに，提案書を修正したら，得意先に受け入れられやすいのはわかってるんですけど，本当にそれでいいのかな……」と話したとします。そこでセラピストが，「上司の言うとおりに修正することに，何か気が進まない感じがあるんですね」と応答します。すると，クライエントはその「何か」，その感じの質感に注意を

7　クライエントのプロセスを深める関わり方　177

向けてくれることでしょう。それが何なのか，内容については，セラピストにもわかっていません。それでかまわないのです。そこから，クライエントがその「何か」に触れ，探っていくのを支えればよいのです。

　ここで，このような**指し示す応答**は，質問や提案の形ではなく，単に「〜という感じがある」ことを指摘するにとどめる（陳述形を用いる）ことで，より自然になります。先ほどの例で言えば，「『何か』がある」と伝え返し，クライエントの内側から何かが出てくるのを待ちます。この方法だと，セラピストの応答がクライエントの感覚に合っていない場合にも，クライエントはセラピストの言葉を無視しやすく，クライエント自身に起きるプロセスから外れてしまうといったことも起こりづらくなるでしょう。

　指し示す応答によって，クライエントがその感じに注意を向け，その描写しにくい感じにとどまることをうながすことができます。そこから，今語られている以上の，もっと多くが現われ，プロセスが展開することが期待できます。

3. セラピストの感受性とフォーカシング的態度

　セラピストがクライエントのフェルトセンスに気づき，指し示す応答によって，そのフェルトセンスにクライエント自身が気づけるよううながしたら，次はクライエントが自分で表現できるよう助けていきます。さらに，クライエントの状況に合わせて，フォーカシングを生かし，いろいろな提案をすることができます。その際に，セラピストがフォーカシング的態度をもっているととても有効なはたらきかけをすることができるのです。

　本章 Section 1で述べられているように，指し示す応答を行なう前提として，セラピストには，クライエントの内側で感じられているものに気づく，あるいは，感じられる可能性に気づく力が求められます。クライエントのフェルトセンスを感知するためには，セラピスト側のセンサーを磨く必要があります。そのためにセラピスト自身がフォーカシングセッションを重ね，フェルトセンスがどんなものでありうるか，どんなふうに展開しうるのか，その複雑精妙さを体験的に学んでいきます。

　さらに，セラピストは，フォーカシングを体験し学ぶ中で，クライエントに

178　第4章　フォーカシング指向心理療法

はセラピストが感じ取る以上の何かが生じうるという可能性に常に開かれている態度（フォーカシング的態度）を身につけていきます。なんであれ，クライエントの中にその感じが生じるにはわけがあるはずなのです。フォーカシング的態度があることによって，セラピストは，クライエントのフェルトセンスの意味を拙速に知ろうとせず，それとともにいて，そのプロセスに同行することができます。

4．フェルトセンスの表現を助ける

　クライエントが感じを表現するのを助けるためにセラピストができることは，フォーカシングセッションのガイドとしての技法と近似してきます。第2章で説明されているのでここでは詳細は省きますが，クライエントが感じていることにしっくりくるような言葉や表現を少しずつ探す援助をします。最初は意味がわからなくても，言い表わしていくことで，徐々に本来感じていた体験の意味が開かれてくるのです。

　クライエントの体験がセラピストに生き生きと伝わってきている場合があります。たとえば，クライエントの中に何か，「重い」感じ，「胸がつかえる」感じ，「何かがおかしい」という疑問なのか，何かがセラピストのほうにも伝わってきたとします。そのようなとき，セラピストは，「全然違うかもしれないけれど，何かこう，石や鉄のように重い感じなのか，それとも強い違和感なのでしょうか」と，いくつかクライエントに言ってみることもできます。その意図は，クライエントが感じていることを言い当てることではなく，クライエントが「そうではなくて，こういう感じなんです」と言ってくれるのを期待するものです。よりフォーカシングになじんでいるセラピストが，内側で感じた感じを言い表わす（p.169「体験的応答」を参照）ことで，その表現をクライエントが自分の内側に照らし合わせることができます。それによってクライエントの内側から出てきた微妙な差異，違いこそ，クライエントが独自に感じている意味感覚なのです。それを言ってくれたら，セラピストはすぐにクライエントの表現についていきます。

7　クライエントのプロセスを深める関わり方　　179

5. フォーカシングステップの一部を活用する

　心理療法の中では，ジェンドリンの 6 ステップ（p.79 を参照，Gendlin, 1981 ／訳 1982）をすべて追う必要はありません。クライエントが自分の体験過程に触れる機会があれば，どの部分も柔軟に活用できるのです。

　たとえば，気がかりを少し脇に置くクリアリング・ア・スペースができるだけでも，クライエントにとって十分な効果があることが多くの研究で示されています。気がかりについて考えすぎてしまう人にとっては，気がかりを置いておけるだけで十分に役立ちます。また，普段自分の感情やからだの実感に触れずに生活していて，体調が悪化してからストレスに気づく人もいるでしょう。そんな人には，普段の生活についてからだでどんなふうに感じるかを確かめるだけでも，体調が悪化することを防げるかもしれません。また，セッションで気づいたことを日常生活に生かす，具体的な「小さな一歩」を見つけるという行動ステップの考え方も，セラピーではとても有用な場合があります。自分の気持ちに気づいたら，日常でどんなことを試してみたいか，クライエントに内側の感じに問いかけてもらい，自然に答えが出てくるのを待ってみてもよいでしょう。ここであげたもの以外にも，いろいろな工夫が可能です。

6. セラピーの中で提案をする際に用いる二段階教示

　しかし，もしセラピストがフォーカシングをするようクライエントにうながし，クライエントがそれに「従う」としたら，クライエントの内側から生じるプロセスを阻害することにはならないでしょうか。これが，フォーカシング指向心理療法でクライエントにフォーカシングをうながすときのジレンマです。ジェンドリン（Gendlin, 1984）は，このジレンマに対する解決策として，**二段階教示**（split-level instruction）をあげています。具体的には，フォーカシングをうながす際に，ジェンドリン（1984）はこんなふうに言うと述べています。

180　第4章　フォーカシング指向心理療法

言葉かけ

「できる限りやってみてください，でもそれがちょっときついように見える
ときには，止まってください」

　つまり，やってみることをうながすと同時に，無理してやらないこともうな
がすのです。たとえば，クライエントがフェルトセンスに注意を向けられるよ
うに，セラピストが声がけをしたときに，とてもつらい感じがあって，セラピ
ストにはわからなくとも，クライエントとしては少しきついな，と思うことも
十分に起こりえます。そのため，あらかじめセラピストは「ちょっと，その「何
か」の感じに注意を向けていきませんか。でも，それを今はしたくないと思っ
たら，無理はしないようにしてください」と一言添えます。すると，クライエ
ントには，やってみようかどうしようかなと考える余地が生まれるのです。

　同時に，クライエントはたとえセラピストの言ったことであっても，従わな
くていいということを知ることもできます。セラピストは，この教示の中に，「セ
ラピーの主導権はセラピストにあるのではなく，クライエントにあるのですよ」
というメッセージも込めています。セラピーそのものの進め方においてもクラ
イエントの安心・安全を守り，クライエントが自分で自分の安全を守れるよう
になることを支持してきます（ただ，自分で自分の安全を守ることができない
クライエントに対しては，セラピストが教示をするかどうかを判断する必要も
あります。その点はここでは詳しくは述べませんが，セラピストはいろいろな
介入をする際にも自分のフェルトセンスに確かめながら行なうのです）。

　ジェンドリンは，前述のセラピストがうながすことで，クライエントの内側
から生じるプロセスを阻害する，というジレンマは，心理療法や援助に常につ
きまとうものだと述べています。そしてこのジレンマは，援助者側の活動を最
小限にとどめることで「本人が内側から動いていくための場と時間が守られる
し，本人も主役の座を奪われることがない」(Gendlin, 1996／訳1998, 上巻 p.190)
と述べています。そうすることで，クライエントは自分の内側から生じるプロ
セスに従うことができるようになります。

　セラピストの心構えとしてジェンドリンは，（フォーカシングをうながす教
示を与える際には）「セラピスト側が試しにちょっとやってみるという態度で

いることが肝心である」（Gendlin, 1996／訳 1998, 上巻 p.183）と述べています。セラピストの提案がクライエントの意に沿わなかったり，またはクライエントの感じをセラピストが正確にとらえられなかったとしても，そのこと自体が問題になることはあまりありません。それよりも，セラピストがおかした「間違い」について，セラピストがとる態度のほうが重要です。セラピストが自分の提案にこだわらず，クライエントの感覚を尊重して進めていくことが，クライエントの自然なプロセスを守ることになります。

7. フォーカシング的態度と二段階教示

　前述のように，セラピストがクライエントに真摯に向きあうことで，クライエントは今までもつことがなかった関係性をセラピーの中で体験できるかもしれません。また，セラピストのあり方を見て，クライエントが自分自身との新たなつきあい方を発見することもあります。

　日笠（2003）は，フォーカシング的態度をクライエントの内側に育てていくことが自然なフォーカシング指向心理療法であると述べ，それは「フォーカシング的態度をセラピストがモデルとしてクライエントに向けていくことで可能になっていく」と述べています。二段階教示には，クライエントの体験過程への信頼が込められています。まずセラピストがモデルとなり，クライエントのフェルトセンスを大切にし，信頼していきます。その安心・安全な場で，自然とクライエントはフェルトセンスに触れ，自分の感覚を信頼するやり方を身につけることができるでしょう。セラピーの中でその関係性を保つことで，クライエントは自分で自分のプロセスを主体的に進めていけるようになるのです。

Section
8 他の流派との響きあい

　ここでは，フォーカシングの視点が他の心理療法の流派とどのように響きあい，お互いを豊かにすることができるかについて，お話ししたいと思います。

182　第 **4** 章　フォーカシング指向心理療法

ジェンドリンは『*Focusing-oriented Psychotherapy*（フォーカシング指向心理療法）』（Gendlin, 1996／訳 1998, 1999）という本の中で，さまざまな心理療法の流派の違いにこだわるのではなく，流派の枠をはずして，さまざまなアプローチの道筋（avenues）があるというふうにとらえなおすことを勧めています。たとえば，言葉，イメージ，感情，夢，動き，といった道筋です。こういったさまざまな道筋はどれもフェルトセンスへとつながっています。つまり（フォーカシングの立場から見れば），さまざまな流派の違いはフェルトセンスにどのように触れるかという道筋の違いとして理解できるのです。

　もちろん，さまざまな心理療法の流派はそれぞれ独自の視点や考え方をもっており，フェルトセンスという観点だけですべてが説明できるわけではないでしょう。フォーカシングやパーソンセンタード・アプローチが他の流派から学べるものもたくさんあります。重要なのは，フェルトセンスを中心に置くフォーカシング指向心理療法の視点が，他の流派との統合に本質的にひらかれているということです。フォーカシング指向心理療法は決まったやり方をもつ固定したメソッドではなく，フェルトセンスを中心としてクライエントのプロセスを見ていくという一つの視点，一つの態度とも言えるものです。その意味でフォーカシング指向心理療法は，シンプルで，とても柔軟です。この柔軟さが，フォーカシング指向心理療法に他の流派が用いる道筋や視点を取り入れたり，あるいは自分が普段よりどころにしている流派のアプローチにフェルトセンスへの視点を取り入れたりすることを可能にしています。そうすることで心理療法の実践は，より広く，深く，豊かなものとなります。

　以下にいくつかの心理療法の流派を取り上げます。フォーカシング指向のアプローチと他のアプローチとがどのように互いを豊かにしうるのか，あるいは他のアプローチの中にどのようにフォーカシングの考え方が（すでに）活かされているかを，見てみましょう。もちろん実際には，この響きあいや統合は，本の中ではなくあなたの体験の中で起こるものです。あなたの内側では，どんな組み合わせが意味のあるものとして響くでしょうか。

1. 精神分析

　精神分析は心理療法の世界で特別な位置づけにあります。心理療法のもっとも大きな源泉であると言ってもいいでしょう。さまざまな心理療法のアプローチが精神分析から生まれました。同時に，精神分析はもっともたくさん批判をされてきた流派でもあります。多くの流派は，精神分析の考え方ややり方を批判的に検討することで，新しい考え方や方法論を生み出してきたからです。とはいえ，精神分析自体も発展を続けていますので，批判の中には現代的な精神分析には当てはまらないようなものもあります。

　ジェンドリンも精神分析的な考え方を批判しています（Gendlin, 1990／訳1999）。特に，人は自分の見たくないものを心の無意識の領域に隠して見えないようにしている（抑圧している），だからそれを意識させなければいけないという精神分析のもともとの考え方については，その問題点を詳細に検討し指摘しています（Gendlin, 1964／訳1999）。ジェンドリンによれば，心理療法で重要なのはすでにどこかに埋まっていたものを意識するというようなことではなく，有機体としてのプロセスが前向きに進展していくことです。それは見たくないものをしぶしぶ受け入れることではなく，新しい意味の創造であり，成長可能性の絶えざる展開なのです。

　実は精神分析の中にも，心理療法を意味の創造として理解する流れがあります。ドナルド・ウィニコット（Winnicott, D. W.）やウィルフレッド・ビオン（Bion, W. R.）といった人たちが属する流れです。これらの論者とジェンドリンはどちらも心の内容ではなくプロセスに着目しており，その理論には互いに響きあう部分が少なくありません。もちろん両者には違いもありますが，その違いはお互いを豊かにしてくれるようなものです。フォーカシングが精神分析に貢献しうることとして，面接の中で生じるミクロなプロセスへの視点を提供することや，逆転移の扱いなどに関して一定の方法論を提示できることなどがあげられます。一方，ウィニコットやビオンの理論は，フォーカシングが可能になるような「内側の空間」がリスナーやセラピストとの関係性の中でどのようにして育まれるのかということについて，一つの視点を提供してくれます。また彼らの理論は，心理療法で緊張した関係性が生じ，協力関係が壊れかねない

ようなときに，その状況をどのようにクライエントの成長へとつなげていけるのかというヒントももたらしてくれます。ウィニコットやビオンの考えでは，クライエントが自分の体験を自分の内側に抱えておけず，関係性の中へと持ち込むときに，セラピストとの関係性が器となってクライエントの体験を抱え，向きあえるものにしていくのです。

2. ユング派

　イメージを重視するユング派の心理療法は，フォーカシングとは相性がいいアプローチではないかと思います。私たちが意識的にとらえているものの背後により豊かな生命のプロセスが流れていて，それが人間としての成長の鍵になる，と考えている点も，ユング派とフォーカシングとで共通しています。ただユング派の場合は，そのプロセスには人類に共通の一定の方向性（元型といいます）があると考え，神話や昔話などに表現されている普遍的なモチーフへの理解が，クライエントに起こっているプロセスを理解するうえで重要と考えるのが独特な点です。ジェンドリンは，心理療法で生じるプロセスはすでに存在する傾向の表現ではなく状況との相互作用の中で生まれてくる新鮮なものだと考えますので，根本の考え方には違いがあるのですが，フェルトセンスへの視点はユング派の観点からクライエントのイメージを理解していくうえでとても有用ですし，またイメージに関してユング派の人たちが積み上げてきた知見は，（それが「しっくりくる」かどうか確かめることさえ忘れなければ）フォーカシング指向心理療法でもおおいに役に立つでしょう（コラム14「交差」p.216も参照してください）。

　ユング派の心理療法から派生した，からだに着目するアプローチもあります。アーノルド・ミンデル（Mindell A.）が創始したプロセスワーク（プロセス指向心理学）です。ユング派では夢を重視しますが，プロセスワークでは，ドリームボディと呼ばれる，夢とからだを包括する根源的なプロセスがあると考えます。私たちのからだがもつ知は，夢と密接なつながりをもっているのですね（ジェンドリンも『夢とフォーカシング』（Gendlin, 1986 ／訳 1998）という本を書いています）。

8　他の流派との響きあい　185

3. エモーションフォーカスト・セラピー

　エモーションフォーカスト・セラピー（以下 EFT）はレスリー・グリーンバーグ（Greenberg, L. S.）らによって開発された人間性心理学の流れを汲む心理療法です。ロジャーズのパーソンセンタード・セラピー，フレデリック・パールズ（Perls, F.）とローラ・パールズ（Perls, L.）のゲシュタルト療法，ジェンドリンの体験療法，ヴィクトール・フランクル（Frankl, V. E.）やアーヴィン・ヤーロム（Yalom, I. D.）の実存療法の要素と，現代の感情，認知，愛着，対人関係，精神力動，ナラティブの理論が統合されています。このアプローチは，当初はプロセス体験療法（process-experiential therapy）と呼ばれていたことからもわかるように，ジェンドリンの体験療法の影響を色濃く受けています。プロセス体験療法の著書（Greenberg et al., 1993／訳 2006）に掲載されている事例では，面接中にセラピストがクライエントにフォーカシングをするようにうながす場面が紹介されています。EFT の特徴として，面接中にクライエントの言動に表われるプロセス指標に基づいてセラピストの介入が行なわれることがありますが，そのプロセス指標の一つが「不明瞭なフェルトセンス」です。すなわち，面接中のクライエントがはっきりしないような体験，たとえば「何か感情を感じているのですが，それが何なのかわからない」といった困惑や，明確に意味の理解できないような体験をしている様子が見られれば，フォーカシングをうながす介入を行ないます。つまり，EFT ではフォーカシングを，アクティブリスニング，感情喚起的応答やゲシュタルト療法に由来する 2 つの椅子といった，数ある技法の一つに位置づけています。

　グリーンバーグもジェンドリンと同様に，クライエントがフェルトセンスや感情に注意を向けることにより，適応的な機能の発達が促進されることを指摘しています。ジェンドリンは状況についての複雑なフェルトセンスと単純な感情（恐怖，怒り，悲しみなど）を区別し，フェルトセンスの重要性を強調したのですが，EFT ではフェルトセンスだけでなく，基本感情の役割や面接中に感情が喚起される体験を通じて感情を処理するプロセスを重視しており，セラピーにおいては，クライエントの心理的困難の要因となっている機能不全の感情スキーマに取り組みます。

ですから，フォーカシング指向心理療法をベースとするセラピストが，EFT やプロセス体験療法を学ぶことによって，クライエントへの関わり方に広がりが生まれます。

4．AEDP™ 心理療法

　AEDP™ 心理療法は，ダイアナ・フォーシャ（Fosha, D.）が創始した心理療法です。フォーシャによる最初のテキスト『*The Transforming Power of Affect*（人を育む愛着と感情の力）』は 2000 年に出版されました（Fosha, 2000／訳 2017）。2021 年には，その後の理論的な発展をまとめた『*Undoing Aloneness & the Transformation of Suffering into Flourishing: AEDP 2.0*（孤独を打ち消し，苦しみを繁栄に）』（Fosha, 2021, 以下『AEDP2.0』）が出版されています。AEDP™ 心理療法は短期力動療法の系譜にあり，さらに，発達感情調節研究，トラウマ研究，神経科学，感情理論，愛着の理論と研究，変容研究，そして，体験的療法を取り入れ，変容過程をモデル化しています。その体験的手法には，フォーカシングの知見が含まれています。

　『AEDP2.0』の文献には，ジェンドリンの主著 2 点『*Focusing*』と『*Focusing-oriented Psychotherapy*』が載っています。「フェルトセンス」は概念の説明に取り入れられており，たとえば，フォーシャは「自己体験は『私』『これが私だ』というフェルトセンスに集約される」（p.389），「安全感は，安全を感じることに伴うフェルトセンスのことである」（p.379）と述べています。手法的には，感情や身体的体験，セラピストとの関係性の体験を扱い変容をうながすために，クライエントにフェルトセンスをとらえてとどまるよう介入します。セッションの逐語記録は felt sense という用語を使って解説されています（たとえば，p.178）。また，瞬間瞬間のクライエントについていくためにセラピストが自身のフェルトセンスに着目し続けることが奨励されています（p.112）。

　上述の AEDP™ 心理療法の書籍 2 冊の記述に Focusing という用語は登場しませんが，フォーカシングの立場から見ると，AEDP™ 心理療法ではクライエントにフェルトセンスを感じるよううながし，それにとどまってもらうことでフェルトセンスそのものが変化していく（フォーカシング）ことを変容の技法

8　他の流派との響きあい　187

として用いているように思われます。experiential であること，すなわち，フェルトセンスへの着目とフォーカシングプロセスをうながすことは，AEDP™心理療法における加速化と変容の要（の一つ）と言えるのではないでしょうか。そして，AEDP™心理療法では，セラピストとクライエントの関係性を用いてクライエントの安全感を図る介入，肯定的な体験や変容プロセスにさらにとどまりそれを発展させていくメタプロセシング，瞬間瞬間クライエントに起きていることをとらえていくトラッキングが明示化されています。これらは，フォーカシングのセッションやフォーカシング指向心理療法を行なううえで，参考になるように思います。

5．行動療法

　通常のフォーカシングでは，内的変化を行動ステップによって，外的な行動につなげていくことを第2章 Section 8で述べました。同じように，フォーカシング指向の心理療法に行動療法の要素を取り入れることができます。具体的には，心理面接で得られた気づきを現実の行動に反映させる際にオペラント行動療法のスモールステップのやり方を取り入れればよいわけです。

　ここでは逆に，外的な行動を変化させることで内的な変化につなげる方法について述べていきます。それは通常，行動療法と呼ばれていますが，行動療法をフォーカシング的に行なうことで，その効力を増すことができます。通常の行動療法では，標的となる行動に関する不安階層表を作成し，それぞれの行動に対する不安の程度を評定して，その数値の低い行動から順に取り組んでいくというアプローチをとることがあります。そして，行動した前後での不安の数値の変化についてセラピストとクライエントで話し合う，という方法がとられます。そこでの主役はクライエントの行動であり，それに伴う不安の程度でもあります。そうした行動療法をフォーカシング的に行なうには，セラピストがクライエントの行動のみならず，それをクライエントがどのように体験しているか，という点に注意を向けていきます。具体的にはまず，行動の選択において，フェルトセンスを確かめながら行ないます。実際の行動に先立って，それをしている場面をイメージしてみて，できそうかどうかをからだの感覚として

188　第4章　フォーカシング指向心理療法

確かめるのです。抵抗感が出るようなら，その抵抗感のフェルトセンスに取り組むこともできます。次に，まさに行動しようとする際や，行動の最中に生じる怖さのフェルトセンスに対してもフォーカシング的な態度を向けるようにうながすなど，心理教育に活かすこともできます。最後に，行動したあとの振り返りも，クライエントに実感を表現してもらうことを重視することで，その行動に伴う体験を十分に消化して次の段階に進むための助けとします。

　たとえば，不登校の子どもが学校に登校する際にもこのような方法が役立ちます。行動療法ではスモールステップで子どもを学校に戻すことを試みますが，その際にフォーカシング的に行なうことで，より心理的安全感を保ちながら取り組むことができます。学校に行くことを怖がっている子どもをいきなり学校に連れていくことはできないので，自分の足で学校に行ってもらえるように，スモールステップで，子どもが何から取り組めそうかを，子どもやその保護者と話し合う必要があります。学校に行くことの何が怖いかを子どもに確認し，学校の先生と会うのだったら平気かどうか，仲のよい友だちと会うのだったら平気かどうか，誰もいない学校であれば行けるかどうか，というように学校に行くためのステップを考えていきます。これらのステップを踏むうえで，子どもに何から取り組めそうかを確認する際には，二段階教示のように子どもに提案していくと，より心理的安全を保ちながら行動に移すことができます。二段階教示とは，「（1段目）……をしてみよう」「（2段目）でも，それをしたくないと思ったら，無理はしないようにしようか。そのときは，どんな風に嫌な感じがするのかを教えて」といった伝え方のことです（p.180を参照）。

　そして，実際に子どもが行動に移すことができたのであれば，「やってみてどうだった？」と子どもに感想を尋ねてみるのです。感想を尋ねてみて，子どもにもなんらかの内的な変化が感じられたら，それを引き出し，明確化し，次のステップとして何が必要か子どもとともに考えてみてもよいでしょう。また，子どもが実際のアクションに移すことができたなら，子どもを褒めて，子ども自身が自分のことを認めたり，慈しむといった体験を積み重ねていけるようにうながすとよいでしょう。こうした考え方は，ダイエットや，禁煙，禁酒にも役立ちます。

6. フォーカシング指向表現アーツセラピー（FOAT®）

● FOAT® の誕生

　ジェンドリンは，心理療法を構成する「種類の異なる多様な体験」（Gendlin, 1996／訳 1999, 下巻 p.293），つまり認知やイメージ，筋肉運動，感情などのセラピーの素材を「道筋（avenue）」と呼んでいます。そしてフェルトセンスがセラピーで何を用いるかの要であると述べています。

　ラパポート（Rappaport, 2008／訳 2009）はジェンドリンの考え方に則り，20 年来の臨床経験をもとに表現アーツセラピーとフォーカシング指向心理療法を統合し，**フォーカシング指向表現アーツセラピー**（FOAT®）を提唱しました。当初，ラパポート博士は包括的な芸術療法の呼び名として FOAT® を Focusing-Oriented Art Therapy と呼んでいました。しかし，ナタリー・ロジャーズ（Rogers, N.）に師事していたラパポート博士は，よりフォーカシング指向心理療法に合うのは表現アーツセラピーであることを明確にするため，FOAT® を Focusing-Oriented Expressive Arts Therapy, あるいは Focusing-Oriented Arts Therapy と呼び，Focusing and Expressive Arts Institute という研究所で FOAT® の教育を行なっています。

●表現アーツセラピーとどのように統合したのか

　芸術療法にはいろいろな技法や流派があります（Rubin, 1987 ／訳 2001）。20 世紀前半に他の芸術療法が生まれたのち，1970 年代になって，絵画や音楽，ムーブメントやダンス，詩などさまざまな芸術を統合して用いようとする**表現アーツセラピー**（Macniff, 1981／訳 2010; Rogers, 1993／訳 2000; Malchiodi, 2003）が生まれました。表現アーツセラピーでは，セラピストは絵画や音楽の専門家である必要はありません。ただ，セラピスト自身がさまざまな表現を体験することや，各モダリティがどのような体験をクライエントにもたらすかについて理解を深めることは大切です。表現アーツセラピストはクライエントのことを臨床的に理解し，今のクライエントに役立つ表現方法や素材を提供する感性（Rappaport, 2013）が求められます。

　では表現アーツセラピストは，どうやってクライエントに提案する表現方法

図 5-1　表現アーツによるフェルトセンスのシンボル表現

を決めているのでしょうか。ラパポート（Rappaport, 2013）は，クライエントのフェルトセンスにあった形で表現を提案することを勧めています。

　フェルトセンスの表現には，いろいろなモダリティを用いることが可能です。そのモダリティごとにいろいろな芸術表現の領域があります（図 5-1）。

　たとえば，胃をキュッと掴むような感じがあったとします。そのとき表現のモダリティには，「掴む」動きやジェスチャー，「キュ」という音，胃を掴まれたときの姿勢などがあげられます。言葉で「胃をキュッと掴む感じ」と表現することもできますが，FOAT® ではこの「キュッ」という感じについて，さらに探究してみることもできます。音として「キュ」なのか，「ギュゥー」なのか，「キュキュキュ」という感じなのか声を出してみてよりぴったりの音を探ってみることもできます。あるいは片手でその掴む動きを試してみて，ぎゅっと掴む感じか，ちょっとつまむ感じなのか，力のかかり具合はどのくらいがしっくりくるか，試してみることもできるでしょう。掴まれた自分の姿勢を試し，背中を丸めるくらいか，転がるほど痛いのか，ちょっと引っ張られるくらいの感じか，試してみることもできます。そういった表現を試す中で，もしイメージが出てきたら，それをさらに描き出してみることも可能です。セラピストは，

クライエントの表現を見守り，時にミラーリングしたり，アート表現を用いた伝え返しをしたり，あるいは言葉で伝え返しをしていきます。

FOAT® では，さまざまなモダリティを用いた表現と，表現をもとのフェルトセンスに照らし合わせるという相互作用を繰り返していきます。すると「ジグザグ」（p.68 を参照）が起き，体験過程が進展するのです。

言葉になる前に，フェルトセンスの表現を十分に試し，味わっておくと，最後に言葉になったときにはとても豊かな意味をもたらしてくれるでしょう。時には，最初には思いもよらなかった地点まで，表現が連れていってくれることもあります。

もちろん，クライエントに無理に表現はさせませんし，提案の際にも「二段階教示」（Gendlin, 1984）を用います。ラパポート（Rappaport, 2013）は，お誘いをしてみて，クライエントにやってもいいかどうかを確かめてもらい，できる範囲で表現する，と述べています。クライエントの安全を第一に考える部分は，フォーカシング指向心理療法と同じです。

●言葉を超えた体験を表現する

フォーカシングでフェルトセンスを表現する際，言葉ではうまくいかないこともあります。そういったとき，FOAT® を知っておくと，別の道筋を試し，言葉を使わずに体験過程の進展をうながすことができます。

FOAT® では，表現するだけではなく，フォーカシング的態度をもって，批判や評価されることなく，その場に出てきた表現を歓迎し大切にします。からだで感じていたことを外在化することで，少し距離をとり，客観的に眺めてみることもできます。感情や感覚とのつきあい方を身につける場を提供することもできるでしょう。

ジェンドリンは，体験過程を「言語化」するのではなく，「象徴化」すると述べました。象徴を扱えるのは，人間だけです。次の一歩を見いだすために，言語以外のモダリティもたくさん活用してみましょう。もちろん，別の言語を母語とする人との交流に活用することもできます。FOAT® は，普段の活動の幅を広げる手伝いをしてくれるでしょう。

●心理療法の中で用いるには

　FOAT®はさまざまな活用可能性がありますし，フォーカシング同様，「FOAT®はみんなのもの」だとラパポート博士も話しています。ただ，心理療法，あるいは「セラピー」として用いるには，訓練が必要です。表現アーツセラピーを学ぶには，西欧では，大学院での専門的な課程が用意されています。国際表現アーツセラピー学会（IEATA）では，表現アーツセラピストの資格の認定に，専門の修士課程の修了，あるいは，臨床心理士等の資格に加え，研究所等でのトレーニングコースの修了後，表現アーツを用いた臨床実習やスーパーヴィジョンを義務づけています。ただ，日本ではなかなかその機会を得ることが難しい現状があります。そこでセラピーとしてではなく，「表現アーツ」として，健康な人を対象とした自己成長のためのワークとして提供する場合が多くあります。

　さまざまなモダリティを用いることは，言葉でのコントロールが及ばない記憶や体験を提供することにもつながります。言語を用いる場合と異なる脳領域を活性化させるとも言えるでしょう。体験する人の安心・安全を守るために，無理なくできる範囲で取り組んでいきましょう。

● FOAT® の臨床適用の可能性

　FOAT®は，言葉を使うことが上手でない人に心理的援助をするときに活用することができます。小さな子供や，小・中学生，高齢者，聴覚や発話に困難がある場合など。また言葉は知っているけれども，内側で感じていることを言語化することが難しい場合に，フェルトセンスを指し示すシンボルとして非言語のモダリティを活用することができます。遊びながら，普段はしないような感情の表現をする安全な場を提供し，よりしっくりくる表現を模索します。そして，少しずつ言語化し，その意味を理解する手助けをします。

　また，言語化できない体験を扱うこともできます。心的外傷は，言葉にならない体験として，からだに断片的に刻まれてしまうとベッセル・ヴァン・デア・コーク（Van der Kolk, 2014／訳 2016）は述べています。より身体的なアプローチが必要になってくるのです。その際に，からだで感じることについて，クライエントに応じたモダリティの表現を取り入れることが大きな助けになります。表現アーツセラピーもトラウマ治療の中で注目されていますが，ラパポー

ト（Rappaport, 2015）は，ジュディス・ハーマン（Herman, J. L.）の心的外傷の治療段階にならい，FOAT® による心的外傷の治療段階を示しています。

●フォーカシング指向表現アーツの一般向けワーク

　健康な成人にとっても，FOAT® のワークは大きな可能性をもっています。表現アーツのワークは，教育現場のグループワーク，クリエイティブな発想を必要としているときや，チームづくりなどに用いることもあります。そこにフェルトセンスが加わることで，体験過程を進展させるような次の一歩をもたらしてくれるでしょう。FOAT® のワークは，普段と違うモダリティの表現に触発されるものを生かして，より生活を豊かにし，自己成長をうながす可能性をもっています。

ワーク work 18　フォーカシング指向 PCAGIP

　PCAGIP（ピカジップ）法とは，対人援助職における事例検討会の方法の一つで，パーソンセンタード・アプローチ（PCA）によるグループ・インシデント・プロセス（GIP）を指します。事例提供者を批判せず，参加者がリサーチパートナーとなって，グループとして心理的安全を守りながら事例についてともに考えていきます。結論が出なくてもよく，事例提供者に自然に発見が生まれてくればよしとするところに特徴があります。

　フォーカシング指向 PCAGIP では，やり方は通常の PCAGIP 法と変わりはありません。ただ，参加者と事例提供者が自分の内側に注意を向けつつ，フォーカシング的態度をもち，フェルトセンスから自然に出てきた疑問や気づきを大切にします。参加者からの質問を事例提供者が自分のフェルトセンスに照らし合わせることでさらなる気づきを得ることができます。ファシリテーターがしっかりとここにいてプレゼンスを保ち，伝え返しを行なうことで事例提供者の中の気づきが深まることもあります。そして書記が，自分のフェルトセンスに響いた言葉をピックアップして記録をつけ，時に色分けもしていくことでポイントがわかりやすくなっていきます。さらに，参加者が自分のフェルトセンスに丁寧に照らし合わせ，そこから浮かんできた質問を投げかけることで，頭で考えた以上の発想が生まれやすく，広がりのあるやりとりが生じるようです。

■やり方■

①ファシリテーターと事例提供者を各1名，書記を2名決めます。

②ホワイトボードや黒板などできるだけ大きく参加者が見やすい記録板とペンやチョーク（複数の色があるとなおよい）を用意します。

③事例提供者は，事例についてのまとめ，その場で検討したいことを2～3行で書いた紙を用意します。参加者は7～8人程度だとやりやすいようです。

④ファシリテーターと事例提供者の後ろに記録板を立て，参加者はそれを囲んで椅子を並べ円になって座ります。参加者がそれより多い場合には，一つの円のさらに外側にも椅子を置いて座ります。

⑤始める直前にルールを確認します。事例提供者のやり方を絶対に批判しないこと。参加者は全員ノートを取ってはいけません。参加者はグループ・プロセスに主体的に参加することが大切です（参加者として「発言する」ことを大切にします）。

第1ラウンド

⑥事例提供者が事前に用意した資料を見ながら事例の概要を説明します。そして，事例を提出した目的，何を得たいのか，自分は何を求めるのかをごく簡単に述べます。

⑦参加者は事例提供者と事例の状況を理解するために質問していきます。参加者は事例提供者の話を聞いて，その事例のイメージを明確にしていくために，わからないこと，確かめたいこと，気になることを事例提供者に質問し，事例提供者はその質問に答えます。

⑧質問は1人ずつ順番を決めておき，順番に従って，全員の質問が1～2巡するまでを「第1ラウンド」と呼びます。はじめは，質問者は1問だけ尋ねます。

⑨記録者が質問とその反応を記録板に書きます。参加者全員が情報を視覚的に眺めて共有し，「情報の可視化」を行ないます。

⑩1時間ほど経過して，質問と回答が出そろったところで，ファシリテーターは事例提供者と事例をめぐる状況について共有された事実や状況を整理します。

第2ラウンド

　第2ラウンドになると，参加者の構えがとれて，新鮮で面白い質問が出てきます。そうなると事例提供者も質問にないことまで話したくなるので，いろいろな情報が提供されます。記録板に書かれた「ピカ支援ネット図」（参加者からの質問と事例提供者の応答を記録し，情報が可視化されることで見えてきた，事例提供者と事例を取り巻く全体状況図）の細かい部分がさらに詳しくなり，部分間の重要なつながりがくっきりと見えるようになると，重要な点がより明確になり，密度の濃いピカ支援ネット図ができてきます。そこから，おのずと

8　他の流派との響きあい　　195

事例提供者支援の位置とその方向が見えるような全体像が参加者に共有され，事例提供者や参加者にさまざまな気づきが起こることが多くあります。

⑪ファシリテーターは，補足質問，記録者の質問の機会をつくります。
⑫ファシリテーターは生まれてきたピカ支援ネット図全体を整理して，参加者と共有します。

[文献]

村山正治・中田行重 (2012). 新しい事例検討法 PCAGIP 入門：パーソン・センタード・アプローチの視点から　創元社

Hikasa, M., Kosaka,Y., & Murayama, S.(2015). Person-centered approach group incident process (PCAGIP)：A new presenter-friendly approach to case conference, *FOLIO(the journal for focusing and experiencial therapy), 26*(1), 48-57.

第 **5** 章

Chapter 5

心理療法を超えて

倉井さん：最近は，仕事も充実しています。まあ，あんまり無理をしすぎないよう
　　　　　にはしていますけれどね。立ち止まって，自分のからだに耳を傾けるって
　　　　　いうんでしょうか，それが今はできているかなあって思います。
世良さん：そうなんですね。自分のからだに，耳を傾ける……そうすることで，無
　　　　　理をしすぎないようにやれている感じなんですね。
倉井さん：はい……そう，なんていうんだろうな……ただ無理しないってだけじゃ
　　　　　なくて……んー……。
世良さん：……（いま，倉井さんは何かに触れているのかな……）
倉井さん：……うーん，まあ，うまく言えないです（笑）。大したことじゃないよう
　　　　　な気もするし。
世良さん：……大したことじゃないかもしれない……でもそこには，「無理しない」
　　　　　というだけじゃない，何かがあるんですね。
倉井さん：……はい。……なんていうか，それは，もう少し深いものというか，大
　　　　　事なものなんです。ただ単に，無理をしないでまあまあやれるっていうだ
　　　　　けじゃない……人生，っていうと大げさかなあ，でも何か，そういうもの
　　　　　につながっている気がするんです。からだに耳を傾けるっていうことが。
　　　　　……何を言ってるんだかって感じですけれどね。
世良さん：（倉井さんの中に大事なものが動いているのかな……でも，それを自分で
　　　　　ちょっとだけないがしろにするような，そんなところもあるみたい……で
　　　　　もこの動きは，大事に受け取りたい……）……人生……という言葉はぴっ
　　　　　たりではないのかもしれないけれど……でも，そんなような，何か倉井さ
　　　　　んにとって大事なものにそれはつながっている，そんな感じがしているん
　　　　　ですね。
倉井さん：そう，そうです……ああ，自分は自分だなあっていうか……自分ってこ
　　　　　んなふうに，いろんなことを感じながら，いろんなことを受け取りながら，
　　　　　ここにいるんだなあ，っていう感じなんです。
世良さん：あぁー……（息が深くなって，胸が少しあたたかくなって……今の言葉は，
　　　　　すごくひびいてくる感じがする……）自分は自分だなあ……自分はこんな
　　　　　ふうに……ここにいるんだなあ……。
倉井さん：……はい。……ちょっと涙ぐんできちゃった。……なんだかね，こうい
　　　　　う話をしていると照れくさいような感じです。

世良さん：恥ずかしいような気持ちもあるのですかね。

倉井さん：恥ずかしい……まあ，そうですね……。

世良さん：ああ，恥ずかしい，は少し違ったかも。

倉井さん：ええ……やっぱり，「照れくさい」かな。

世良さん：照れくさい。こういう話をしていると照れくさい感じもある……そして，涙が出てくるような，何かそんな大事な感じも，そこにはあるんですね……。

倉井さん：そうです，本当に。……フォーカシングを学べたのは，とてもよかったと思っています。それに，世良先生とのカウンセリングの時間も，自分にとって，前よりもっと大事な時間になっている気がします。それは自分がフォーカシングを学んだからなのか……でもそれだけじゃなくて，カウンセリングの時間が前よりゆっくり流れているような。

世良さん：（ああ，これは大事に受け取りたいなあ……）……倉井さんにとって，今，このカウンセリングの時間が，前よりも大事な時間に感じられているんですね。何か，ゆっくり流れるような……。

倉井さん：ええ，この，ゆっくり自分でいる感じが，僕にはとっても大切みたいです。

世良さん：ゆっくり自分でいる感じ……うーん，面白いですね。ゆっくり自分でいる，感じ。

倉井さん：最近，マインドフルネスっていうのにも興味があって，少しやってみているんです。フォーカシングと似ているな，と思うところもあるけれど，やっぱり少し違っていて。マインドフルフォーカシングっていう本も出ているみたいなんですけどね。

世良さん：マインドフルフォーカシングですか。へぇー，それは知りませんでした。

倉井さん：フォーカシングの生みの親のユージン・ジェンドリンっていう人は，哲学者でもあったみたいですね。ジェンドリンの哲学も，難しそうだけど，少し興味があって。

世良さん：そうなんですね，哲学……！（倉井さんすごいな……うーん，自分の中に，ちょっと焦りみたいな感じが出てきたぞ。焦ってるような感じがそこにあるなあって，まずは認めておこう……）

ジェンドリンは哲学者でもある

Section

1 マインドフルネスとフォーカシング

1. マインドフルネスとは？

　マインドフルネス（mindfulness）という言葉は，古代インドのパーリ語で「気づき」を意味する「サティ」の英訳です。仏教では八正道の一つである「正念」として，人生の苦悩から解放されるための要点とされています。マインドフルネスの現代心理学における定義としてはビショップら（Bishop et al., 2004）の 2 コンポーネントモデルが知られており，①注意が直接の経験（五感で感じること）に維持され，この瞬間の心の中の出来事への認識が増大している（注意の自己制御），②経験に対して，好奇心をもち，開かれており，受容的である（経験への指向性）からなっています。そのような特性を養うために行なわれるマインドフルネス瞑想の現代医学における活用例として，**マインドフルネスストレス低減法**（Mindfulness-Based Stress Reduction: MBSR: Kabat-zinn, 1990／訳 2007）が知られています。これは，マサチューセッツ大学医学部・ストレスクリニックで始められた，慢性疼痛とストレスの緩和を目的とした 8 週間の集団プログラムです。また，**弁証法的行動療法**（Dialectical Behavior Therapy: DBT; Linehan, 1987）は，境界性パーソナリティ障害患者のリストカットや過量服薬などの自傷行為を軽減させることが示されています。これらの方法は仏教的な教義を重視せず，瞑想の方法を取り入れることで治療効果のエビデンスを集積し，科学的な治療法として確立されてきています。またビジネス界でも大手の IT 企業がマインドフルネスに基づいた研修プログラムを組み，社員の能力（集中力，創造性）開発に取り組んでいます（Tan, 2012／訳 2016）。マインドフルネス瞑想の基本的な手順として，座る瞑想（Bishop et al., 2004）を例にあげれば，①姿勢を正して座る，②特定の対象（呼吸に伴う身体感覚）に注意を向けてそれを維持するようにする，③注意が呼吸から逸れて，わきあがる思考や感情へさまよったら，それらに気づき，手放して，呼吸へと注意を戻す，④注意が呼吸からさまようたびに，このプロセスを繰り返す，となります。

200　第 5 章　心理療法を超えて

2. マインドフルネスとフォーカシングの共通性（プレゼンス）

　前述のビショップら（Bishiop et al., 2004）による定義を見ると，マインドフルネスはこれまでの章で述べてきた，フォーカサーが行なうことやフォーカシング的態度と明らかな類似点があることがわかります。ここではもう少し詳細に見ていきましょう。

　フォーカシングとマインドフルネスの接点として重要なのが**プレゼンス**です。フォーカシングの文脈におけるプレゼンスとはコーネルとマクギャバン（Cornell & McGavin, 2002／訳 2005）などが提唱している，フォーカシングのプロセスが進むためのフォーカサーやリスナーの理想的なあり方です（第2章 p.25 を参照）。

　ここでフォーカサーにとってのプレゼンスの特徴として重要なのは，不快なものであっても否定せずフェルトセンスをそのまま認め，そこからもたらされるものは何であっても受け取ること（受容）です。また，フェルトセンスという主観的な内容を対象化して扱い，自分がそれと一体化することも解離することもなく，それとともにいる態度（脱同一化），そして気がかりに囚われることなく，内的空間が保たれていることも重要です。

　これはマインドフルネスの特性と多くの点で共通しています。マインドフルネス瞑想では，自らに生じる思考，感情，身体感覚を不快なものであってもあるがままに認め，手放すということを繰り返します。そうすることで，それらに対する受容的な態度と，思考・感情に巻き込まれないための観察者としての視点（脱中心化，メタ認知的気づき）を養います。また，継続的にマインドフルネス瞑想に取り組むことによって，実践する者には認知の歪みなど自己の性質に関する気づき，洞察が生じます。その積み重ねによって，自分への気がかりが減少していくのです。長期間瞑想に取り組んだ者が「無我」といわれるような自己中心性を離れた心理状態になることはよく知られていることと思います。こうした状態は内的な空間と密接な関係があります。持続的に瞑想に取り組むことによって，心の中に空間が維持されるようになるのです。

　つまり，フォーカサーがマインドフルネス瞑想を実践することは，フォーカシングセッション中にプレゼンスの状態にいるための助けになります。フォー

カシングの経験を積むことも重要ですが，それだけでなく，マインドフルネス瞑想の実践を通じて，そうした態度を育むこともできるのです。

　マインドフルネス瞑想の実践はフォーカサーとしてのみならず，リスナーあるいはセラピストとしてのプレゼンスにも影響を与えます。マインドフルネス瞑想によって，自らの思考・感情・身体感覚を繰り返し認識することが，それらに気づく力を高めます。マインドフルネス瞑想の習慣をもつリスナー（セラピスト）はセッション中にも，集中して話を聞くことを妨げるような自分の感情により気づくことができるようになり，その感情を脇に置いて，それらに囚われることなく相手の話をあるがままに受け取ることができるようになります。

　マインドフルネス瞑想もフォーカシングも，日常生活のとりとめのない思考の流れから離れて，今ここでの直接的な体験に注意を向けることを重視しています。通常のプロセスを停止して，体験にとどまることから，新たな気づきや人格変化が生まれるのです。そうした変化を人為的に（意図して）つくり出すのではなく，変化は体験にとどまることから自然と生まれるという点も共通しています。

　マインドフルネスとフォーカシングの両者に注目した実践として，ローム（Rome, D. I.）のマインドフルフォーカシングなどがあります。

3. フォーカシングとマインドフルネス瞑想の両方を実践すること

　以上のことからもわかるように，フォーカシングセッションを始めるにあたって，最初にマインドフルネス瞑想を行なうことは，プレゼンスの状態をもたらし，フォーカシングのプロセスがうまく進む助けになります。

　また，日々の生活で両方を実践することにも大きな意味があります。月に数回コミュニティグループでフォーカシングをする機会だけでなく，毎日でも一人で手軽にできるマインドフルネス瞑想の実践を組み合わせることで，このような自分との取り組みは日常生活により密着したものになります。

　どちらかと言えば，マインドフルネス瞑想は自分という人間と向きあうことに力点があり，フォーカシングは日々の問題に向きあうことに力点があると言

えるかもしれません。

　野球がうまくなるためには，筋力トレーニングやバットの素振りやキャッチボールといった，日々の基礎トレーニングと練習試合のような実践形式の練習の両方が欠かせません。マインドフルネス瞑想は基礎トレーニングに近く，フォーカシングは実践形式の練習に近いと言えるでしょう。それらが組み合わされて車の両輪となったとき，気づきと人格変容は強力に促進されるのです。

ワーク work 19　フォーカシングの前に行なうマインドフルネス瞑想

　フォーカシングのセッションをマインドフルネス瞑想から始めることによって，フォーカサーはセッション中にプレゼンスの状態で体験過程にとどまることが促進されます。またリスナーが一緒にマインドフルネス瞑想を行なうことは，セッション中，フォーカサーとともにいることに十分役立ちます。

■やり方■

①背筋をのばして座ります。目を閉じたほうがやりやすければ閉じてもよいでしし，開けたままでもよいです。

②まず周りの音に気づきます。すると，それが何の音なのか自動的に理解したり，想像したり，考えが浮かんでくるかもしれません。そのことに気づいて，それを手放して，ただ純粋に音を聞くことにとどまります。

③次に，呼吸に気づきます。自然と空気が出たり入ったりするのに任せます。その間にも，何か考えが浮かんでいることに気づいたら，それがどんな考えなのかを（「〜のことを考えている」と）確認し，また呼吸へとやさしく注意を戻します。

④次に，自分の身体に気づきを向けます。身体が椅子や床に支えられているのを感じます。身体のどこかに痛みや凝りや不快な感覚があるかもしれませんし，心地よい感覚があるかもしれません。「あー，そんな感覚があるな」と，ただそのままわかっておきます。

⑤今度は，からだの内側に注意を向けます。喉や胸や胃やお腹のあたりには，どんな感じがあるでしょうか。

⑥以降は，通常のようにフォーカシングのセッションを行ないます。

1　マインドフルネスとフォーカシング　203

Section 2 神経科学とフォーカシング

　近年，**神経科学**はめざましい発展を遂げ，心理療法などの分野に影響を与えています。フォーカシングが自分の内側を探求する冒険であるならば，神経科学の視点からからだと心のつながりを知ることは，フォーカシングそのものへの理解を深め，フォーカサー，リスナー体験を深める一助となることでしょう。

　この節では，スティーブン・W・ポージェス博士（Porges, S. W.）が提唱したポリヴェーガル理論を中心に，神経科学とフォーカシングの関係について，簡単に説明していきます。

1. 自律神経とは

　自律神経とは，文字どおり，私たちの意識的なコントロールができない「自律」した神経です。私たちは，「血圧が下がってほしい」「心臓をドキドキさせよう」などと考えたとしても，からだは思ったとおりになってくれません。これは，血圧や心拍数などを，自律神経が司っているからです。

　自律神経は，脊髄を通る交感神経系と副交感神経系の2つの枝から構成されています。

　交感神経系は，可動化，つまり車のアクセルのような動くための神経です。動くためには，筋肉系にエネルギーを送る必要があります。心拍数や血圧を上昇させたり，呼吸を早くしたり，肝臓に糖分を放出させるのも，交感神経系の役割です。

　私たちは，なんらかの「危険」を察知したときに，交感神経系をはたらかせ，闘うか逃げるかの反応をします。突然，車が自分にぶつかるくらいすれすれのところを通ったとしたら，どうでしょう。私たちはびっくりして心臓がドキドキし，あわてて車をよけるでしょう。その後，怒って文句を言うかもしれません。私たちは，いつでも「危険」に対応できるように，交感神経系を使って，臨戦態勢に入ります。

　副交感神経系は，ポリヴェーガル理論では，腹側迷走神経複合体と背側迷走

神経複合体という，2つの下位システムからなっています。

　1つ目の下位システム，**腹側迷走神経複合体**は，「安全」や「つながり」に関わります。リラックスした心地よいおだやかな状態で，人と話し，好奇心をもち，周囲と関わろうとします。他者とも自分とも共感的につながれ，調和している状態です。「プレゼンスのワーク」で登場していただいた信頼できる人と一緒にいるとき，私たちのからだでは，腹側迷走神経複合体が優位にはたらいていることが多いかもしれません。

　2つ目の下位システム，**背側迷走神経複合体**には，さらに2つの役割があります。一つは，消化吸収，休息など，生存の基本機能です。もう一つの役割は，強い「生命の危機」の合図に反応し，身を守るために凍りつかせたり，ぼんやり無感覚にさせたりする，いわば急ブレーキのようなストップ機能，不動化システムです。ショックなことがあって，頭が真っ白になったり，びっくりしてからだが硬直した経験はないでしょうか。それが，この不動化システムです。

　こうしてみると，私たちのからだは，意識している以上に，外側からの影響を受けていることがわかります。

2. つながる感覚——内受容感覚と外受容感覚

　「つながり」には，自分の外側とのつながりである外受容感覚と，自分のからだとのつながりである内受容感覚の2種類があります。

　外受容感覚とは，視覚，聴覚，嗅覚，味覚，触覚など，いわゆる五感を指します。私たちは，周りや対象物を目で見，耳で音を聞き，においをかぎ，触れ，情報を得ています。

　内受容感覚は，自分のからだの感覚です。呼吸，心拍数，体温，平衡感覚，空腹やのどの渇き，消化排泄欲求などの内臓感覚，からだそのものの感覚です。また，快感や苦痛などの感情を伴う感覚も内受容感覚に含む場合もあり，「今日の神経科学では次第に，固有感覚ないし自己受容感覚をも含む広義の概念として，用いられる傾向が強くなってきています」（津田，2022，p.133）というように，定義自体が議論されているのが現状です。ここでは，「内受容感覚とは，私たちが自分の内的状態に気づくプロセスであり，自分自身とつながるシステ

ムでもある」（Kain & Terrell, 2018／訳 2019, p.47）としておきましょう。

　内受容感覚は，経験により複雑に発達していきます。赤ちゃんは，排泄したい内臓感覚がつかめません。トイレットトレーニングは，子どもが「うんちがでる」「おしっこがでる」という大腸や膀胱の感覚を感じ，適切な行動をする練習です。大人になれば，「トイレに行きたいな」「でもまだ我慢できそうだな」など，もう少し繊細に自分の内臓感覚を感じ，予測することができるようになります。このように，内受容感覚は，体験により発達していくのです。

3. からだからのつながり——ニューロセプション

　私たちは，おかれた環境下で生き延びるために，脳の皮質下において，自分とその周り，そして人とのつながりから「安全」「危険」「生命の危機」の合図をキャッチする，警備システムのような機能をもっています。これをポージェスは，**ニューロセプション**と名づけました。

　私たちは，その人それぞれの警備システムをもっています。犬にかみつかれたことがある人の中には，過度に犬を怖がる人がいます。どんなにおだやかな犬や，周りの人が「大丈夫，怖くないよ」と説明しても怖がってしまうのは，以前かみつかれた経験から，目の前の犬ではなく，すべての犬に対して警報機が鳴るように設定され，からだが反応しているためです。警備システムがキャッチした「危険」の合図によって，交感神経のアクセルが踏み込まれ，その場から逃げ出してしまいます。さらに上の「生命の危機」をキャッチすると，背側迷走神経複合体の不動化システムが作動し，急ブレーキをかけ，からだが硬直することもあります。

　この警備システムは，先の外受容感覚，内受容感覚，そして過去の学習経験によって，発達します。2度，3度と繰り返し犬にかみつかれたり追いかけられたり怖い思いをすることで，より恐怖を感じやすくなるのは，学習経験により，犬に対しての警報機が鳴りやすくなるからです。

　警報システムであるニューロセプションは，「危険」「生命の危機」だけではなく，「安全」の合図もキャッチします。ここで，「プレゼンスのワーク」を思い出してみましょう。自分にとって信頼できる人の表情，声のトーンや話し方，

雰囲気はどのようなものでしたか。おだやかでやさしい表情，やわらかで耳障りのよい話し方，落ち着いた雰囲気だったのではないでしょうか。

　他者の表情やまなざし，声のトーンやピッチ，頭の傾け方など，腹側迷走神経複合体のはたらきがからだで表出されている部分から，私たちは，「安全」の合図をキャッチしています。そして，相手からの安全の合図をキャッチすることで，私たちの腹側迷走神経複合体のはたらきも活性化します。

　このように私たちのからだは，生存を最優先事項として，環境からの「安全」「危険」「生命の危機」の合図をキャッチし，リスク管理してくれているわけです。

4．ポリヴェーガル理論とフォーカシング

　では，ポリヴェーガル理論とフォーカシングは，どのように関係しているのでしょう。

　フォーカシングでは，フォーカサーは，フェルトセンスにやさしく興味関心を向け続けることによって，プロセスが進みます。

　つまり，フォーカシングセッションにおいて，フォーカサーは，腹側迷走神経複合体が優位である必要があります。「腹側迷走神経系のエネルギーは，セルフコンパッションをサポートします。自分の苦しみに対して，優しく接するようになれるのです」（Dana, 2018／訳 2021, p.32）と言われるように，背側迷走神経複合体の不動化システムや交感神経系が過度に活性化しておらず，腹側迷走神経複合体が働いている状態こそが，フォーカシング的態度であり，フォーカシングプロセスを促進させると言えるでしょう。

　また，フォーカシングセッションを重ね，より丁寧に，よりこまやかに，フェルトセンスにふれ，とどまり，感じ，描写することによって，私たちは内受容感覚を発達させ，より深くからだとつながり，より多くの気づきを得ることができるでしょう。

　次に，私たちの警報システム，ニューロセプションとフォーカシングの関係を見ていきましょう。

　フォーカシングセッションやフォーカシングを学ぶ場においては，守秘義務，批判や解釈をしない，必要なことは伝えるなど，場のルールで安心・安全が守

られます。それは，頭で理解できる，脳の皮質での安心・安全です。一方，私たちのニューロセプションは，いつどんなときも，自動的に安全か危険かの合図を検知しています。ニューロセプションがキャッチしているからだからの安全もまた，セッションにおいて，重要な要素となります。フォーカサーは，セッションの順番，座る場所やリスナーとの位置関係など，セッションのための環境全体を，外受容感覚をはたらかせて丁寧に吟味し，からだからの安全を確認することが大切です。そしてもちろん，セッション中にも，環境に対して，小さな違和感を流さず自分の要望を伝えるなど，からだからの安全を確保することは，より精妙に自分に起きていることを注視するサポートになるでしょう。

　フォーカサーにとっては，リスナーもまた環境の一部です。リスニングにおいては，リスナーは，しっかりとここにいることが求められます。リスナーがしっかりと場にいる状態は，腹側迷走神経複合体がはたらいている状態といえるでしょう。腹側迷走神経複合体が活性化しているリスナーの顔の表情，やさしい声の抑揚やリズムなどの韻律，やわらかなまなざし，頭の微妙な回転や傾き加減などから，フォーカサーのニューロセプションは，安全の合図を受け取ることができます。「私たちは環境（他者）に安心・安全を感じるほど，社会的なかかわりが生じ，また逆に社会的な関わりが存在するほど，安心・安全を感じることができます」（津田，2022, p.192）。リスナーは，何もしなくても，しっかりここに「いる」だけで，フォーカサーのフォーカシングプロセスのサポートになるのです。

　津田は，「腹側迷走神経複合体は，『安全』を可能にし，また逆に，『安全』を感じられるときに腹側迷走神経複合体は作動します」（津田，2022, p.110）としています。

　フォーカシングをポリヴェーガル理論という視点から鑑みると，腹側迷走神経複合体の賦活化は，フォーカサーとリスナーが，ともにからだからの安全を感じながら，フォーカシング的態度で自他とつながり，プロセスを促進させることに寄与しているといえます。

　そして，腹側迷走神経複合体の賦活化は，交感神経系が活性化しやすい現代社会において，私たちが，日常的にフォーカシング的態度を持ち続け，プレゼンスを深める一助となりえるでしょう。

Section 3 ジェンドリンの哲学

1. 「暗含の哲学」とは

ジェンドリンの哲学は**暗含の哲学**（philosophy of the implicit）と呼ばれています。では，ここで暗含という言葉が意味するものは何でしょうか。

たとえば，人との会話の中で，何かを話そうとするとき，「えーと」と少し時間をとって自分の内側に注意を向けてみると，言葉になる以前の，自分の言いたいことの源（体験過程）を感じることができるでしょう。あなたの話す言葉は，そこに注意を向けることで生まれてくるし，もし一度で相手にわかってもらえなければ，「うーん，何て言えばいいかな……」と，もう一度そこに注意を向けて，自分の言いたいことを他の言葉で言いなおすこともできます。このような，言葉を生み出すもととなるような体験過程の性質を暗含的と言います。言葉だけでなく，行動や新たな概念を生み出すもとになるこの体験過程には，言葉で言い尽くすことはできないほどの複雑さと豊かさがあります。学校の先生や会社の上司に話すときと親しい友人や家族に話すときでは，話す内容も言葉遣いも違います。また，同じ相手でも，関係が順調なときと険悪なときでは違います。話し手はその違いを一つひとつ言葉で考えているわけではなく，その相手に対したときに，相手との関係性やその場の状況を感じ取ることで，フォーマルな内容を選び敬語のような固い言い回しを使ったり，プライベートな内容をざっくばらんな言葉で話したりしているのです。からだは常に自分を取り巻く環境と相互作用しており（これについては後で詳しく述べます），意識的に理解したり言葉で考えている以上に多くのことを知っていると言えます。先の例で言えば，何をどのように話すべきかを暗に知っているのです。

自分の内側で感じられた言いたいことを言葉にしていくプロセスは，暗含的なものが明示化していくプロセスであり，それによって体験過程は進展していきます。フォーカシングであれば，フェルトセンスを言葉やイメージなどで表現することで，おぼろげに感じられていた（暗含的な）自分の気持ちが，はっきりしてくる（明示化する）わけです。ジェンドリンは，明示的に気づいてい

3　ジェンドリンの哲学　209

ることの周りには，未だ言葉になっていない（気づかれていない）不明瞭な部分があり，そうした**気づきの辺縁**（edge）において新たな気づきや変化が生まれると考えました。はっきりしないフェルトセンスに注意を向けるという行為は，気づきの辺縁に向きあうことなのです。ジェンドリンによれば，ここで明示化された意味が，あらかじめ存在していたわけではありません。蓋を開けたら隠れていた内容（content）が表に出てきた，というのとは違うのです。むしろこの明示化のプロセスを通じて新たな意味が形成されるのだと言います。

　また，感じられることを言葉にするプロセスだけでなく，私たちが考えることや，行動することにはこのような暗含的なものが常に機能していると言えます。たとえば，車の運転中に行なう判断や動作の一つひとつは「このくらいなだらかなカーブならハンドルは右に 30 度切ればちょうどいい」「左から歩行者が出てきたから，急いでブレーキ踏まなきゃ。右足をアクセルから離してブレーキペダルに乗せて……」と言葉で考えているわけではありません。私たちは，刻々と移り変わる状況を暗に感じ取りながら，とても言葉では説明しきれないほどの複雑な判断や動作を行なっているのです。これと同じように，熟達した人の仕事のやり方は，「こうすればよい」という単純なルールやマニュアルのように言語化して説明するのは難しく，暗含の知として存在しています。

　ジェンドリンはこの implicit の動詞形である imply（「暗含する」「含意する」と訳されることがあります）をもっと広い意味で用いています。彼によれば，生きとし生けるものは，存在し，かつ暗含している（is and implying）のです。つまり，生きるものは常に，ただ単に存在するだけではなく，まだ起きていない次の一歩を含んでいるということです。たとえば，空腹は「からだの動きが鈍くなり，頭がぼんやりして，物を考えられなくなるような」感覚として存在すると同時に，何かを食べるという次なる一歩を暗含しています。その暗含が生起する（つまり食べる）ことによって空腹は解消されますが，そこには，食べたものを消化すること，排便すること，少し経ったらまた空腹になることが暗含されています。このようにして生命の営みが続いていくのです。

　ここでフォーカシングの話に戻ります。私たちはフェルトセンスにフォーカシング的な注意を向けることで起こるフェルトシフトを体験することで，フェルトセンスは次なる一歩を含んでいる（暗含している），ということを理解す

ることができます。次なる一歩は私たちが意図してつくり出すようなものではありません。まったく意図しなかったような展開に驚かされることもしばしばです。これはフェルトセンスが暗含する可能性が実現したと言うことができます。そして、そこにはまた次の一歩が暗含されています。一つのフォーカシングセッション、一つのフェルトシフトは、そのようにして続いていく（進展していく）私たちの生のプロセスの一コマなのです。

2. まず相互作用ありき（interaction first）

　フォーカシングは生きているからだに関わっています。では生きているからだをどうとらえればよいでしょうか。私たちは通常、骨や筋肉、内臓などの器官が組み合わさって、からだができ上がっていると考えます。自分のからだと言えば、外から見たら皮膚で囲まれた、物理的に存在する一塊のものとして自分のからだを指すでしょう。

　しかしジェンドリン（Gendlin, 1997/2018／訳 2023）は、からだを一つの「もの」あるいは「単位（unit）」としてとらえず、プロセスとしてとらえます。からだは、息を吸って、酸素を取り込み、二酸化炭素を吐き出します。野菜や肉を食べて、排泄します。外界から食物を取り込むことでからだは維持されており、腸内では細菌がはたらいています。ジェンドリンは、このような周囲の環境と相互作用するプロセスとしての「からだ」のほうが、そもそも起こっている現象なのであると主張しています。

　からだとはどこまでのことを指すのでしょうか。あなたが吸った息のことを考えてみてください。あなたが吸うまでは、その息はからだの外にある空気でした。でも、今、息を吸ったあと、その空気は、あなたのからだの一部になっています。先程まではあなたのからだの一部であった二酸化炭素は、吐き出された瞬間に、からだではなく空気になります。腸内細菌は、あなたのからだでしょうか。カルシウムはどうでしょう。厳密に見れば見るほど、「ここからここまでが私のからだです」とは言いきれなくなってくることがわかります。それはすべての生物に当てはまることです。からだはそれ自体として環境と独立に存在するものではありません。むしろ環境との相互作用のプロセスそのもの

が，絶えず，物質的な存在としてのからだをつくり出し続けています。ジェンドリンのいうからだは，状況の中にあって環境と相互作用するからだであり，さらに言えば，その相互作用のプロセスそのものなのです。

　ジェンドリンは自分たちがおかれている状況，そして環境も相互作用によってつくり出されると考えます。たとえば……寒い土地では人は防寒設備を発達させますし，その土地にあった草花を育てて，その果実を食べて人は生きていきます。そして，その果実を食べて私が書いているこの文章はいずれ印刷され，本屋に並び，手に取ってくださったあなたに，今読まれています。このように，世界は複雑で精緻な相互作用であり，生きているからだ（living body）はその中で常に相互作用をしています。

3. 停止から生まれるもの

　本節の「1.「暗含の哲学」とは」で述べたように，生命プロセスは含意への生起の連続ですが，それが起こらないときにプロセスは**停止**（stoppage）し，そこにおいて今までとは違う新たなプロセスが生起します。ジェンドリン（1997/2018／訳2023）によれば「新たな事象は，いわゆる停止したプロセスそれ自体において発達する」のです。彼は，陸上を歩いていた動物が水の中に落ちてしまった場合，地面から受ける抵抗がなくなることで，水の中で手足をバタバタさせるという新たなからだの動きが生じるという例をあげ，通常のプロセスが停止したところでこそ，今までとは異なる，新しい秩序のプロセスが形成されることを説明しています。雨が降らず，植物が水分を得られない場合に，水分のあるところへ到達するために地中深く根を伸ばすのもそのような例の一つと言えます。

　またジェンドリンは，心拍やまばたきのような身体機能，皮膚の毛穴，髪の毛，木の葉といった構造のように，類似したものが反復されるが，同じものは2つとしてないような生起を**リーフィング**と呼びました。リーフィングによって有機体は停止の場にとどまるが，そこには創造的な動きが暗含されていると言うのです。

　心理的な例で言えば，いつも同じ不安が出てきて行動に移すことができない，あるいはいつも同じような自分を責める考えが出てきて堂々めぐりになる

といった構造拘束的な反応（p.10 を参照）は，ある種の停止と理解することができます（末武, 2009）。また，末武（2014）によれば，カウンセリングにおけるクライエントの心理的問題（フォーカシングで取り上げる気がかりや問題）が，見かけ上はどれだけ変化のない繰り返しだったととしても，進行しているプロセスの一つのありようとしてとらえることができると言います。それは新たな相互作用によって進展し変化する可能性に開かれていると見ることができるのです。

4. 暗含の哲学の視点から見たフォーカシング指向心理療法

ある人のプロセスが停止してしまい，自分だけでは進展させることができないときに心理療法が必要とされます。フォーカシング指向心理療法はからだに感じられるレベルで，停止したプロセスに意図的に注意を向けることで，新たなプロセスの進展をうながす方法と言ってもよいでしょう。そのときただ単にプロセスが再開するだけではなくて，停止していたプロセスから新たなものが生まれうるのです。フォーカシングはそのプロセスの触媒のようなものと言えるでしょう。

それだけでなく，カウンセリングやフォーカシングのセッション自体も一つの停止であると言うことができるでしょう。それは，日常生活のあわただしさ，普段の仕事や活動，絶え間ない思考や心の中のおしゃべりをいったんやめて，生活の中の行き詰まりに注意を向けることを意味しています。停止することで，暗含的なものが直接に感じられ，それを言葉にする中で状況の意味が変化していく，そのような新たなプロセスを生み出そうとしているのです。

体験過程は，人間が状況との相互作用の中で「体験していること」ですので，その相互作用の質が変わることによって体験過程にも変化が起きます。リスナーやセラピストとの相互作用によってクライエントの体験過程は進展し，治療的効果が得られるのです。ジェンドリンは，フォーカシング指向心理療法において「第一に重要なのは関係（その中にいる人）であり，第二が傾聴で，ようやく三番目にくるのがフォーカシングの教示」（Gendlin, 1996／訳 1999, 下巻 p.497）だと述べて，関係の重要性を強調しています。リスナー（セラピスト）

との関係（相互作用）は，クライエントが自分自身の体験過程に触れるための環境として機能します。セラピスト自身が自分の体験過程に触れながらそこにしっかりといることや，クライエントが安心・安全を感じられる信頼関係を築くことが，治療的介入の基礎として重要であることは，こうした哲学の視点からも理解することができます。

5. 世界に対する新たな見方

上述のようなジェンドリンの考え方は哲学的主著『*A Process Model*（プロセスモデル）』（Gendlin, 1997/2018 ／訳 2023）にまとめられています。彼は世界に対する従来の考え方と対比しながら，新たな見方として**プロセスモデル**を提示しています。ジェンドリンは現代科学の前提となる従来の考え方をユニットモデルと呼びました。これは，独立して存在していて，変わることのないユニット（単位）によって世界を説明しようとするものです。たとえば原子の結びつきによってさまざまな物質が成り立っているという説明もこれにあたります。このような考え方に基づくことで，さまざまな概念によって世界を記述したり測定することができ，科学は発展してきました。そして，それが自分の思考の前提となっていることをほとんど意識することもないくらいにこの考え方は私たちに根づいています。しかし，それらはあくまでも概念であって，実際の世界は，それらの概念ではとらえきれない複雑さをもっています。ユニットモデルは，パーツを寄せ集めた機械であるかのように世界をとらえますが，それでは生命現象（の変化）をうまく説明することができないのです。

また，ジェンドリンはパーソナリティの変化に関する著作（Gendlin, 1964 ／訳 1999）において，自分の考え方に対する従来のよくある考え方を，内容モデルとして説明しています。これは，パーソナリティが「特性」「欲求」「自己概念」「不安」「動機」「幼児期固着」などさまざまな内容（実体として定義され固定したもの）から成っているという考え方のことです。これらの概念では，パーソナリティの何が変化する必要があるか，あるいは何に変化したか，といったことは説明できても，どのように変化するのかを説明することができないのです。

214　第5章　心理療法を超えて

これに対して，ジェンドリンが提唱しているプロセスモデルは，概念に還元しきれない生きるプロセスの複雑さをとらえようとしています。ジェンドリンのモデルでは，世界や生物を，ユニットや内容が組み合わさって構成されているものと理解することはしません。私たちが生きている世界は，次のステップを暗含しています。その暗含へと物事は生起し，さらに次のステップを暗含するというプロセスとして動いており，本質的に変化を含んでいます。フォーカシングによって起こる変化も，このようなプロセスの一例として理解することができます。

コラム 13

「暗含の哲学」がもつ力

　暗含の哲学は，からだで感じられているが，まだ明確に表現されていない体験についてジェンドリンが発展させた理論です。あらゆる概念（論理，ルール，カテゴリー，パターンなど）には，それ以上に複雑な暗含の体験的文脈（状況，出来事，実践，人間の複雑さなど）が存在していますが，その両者がどのように関係しているかを解明することがジェンドリンの哲学における中心テーマです。それは，私たちの認識や活動において直接参照体としての体験過程が果たしている機能を探究することで，従来のような概念的論理による思考の反復にとどまらず，体験過程と象徴との相互作用からの新たな意味形成による創造的な思考を可能にしようとするものです。これらの哲学的な探求をもとに，心理的な実践としてのフォーカシング，新たな言語表現や理論を創出する方法である TAE(thinking at the edge) が生み出されました。彼の哲学に関する主著としては，体験過程と概念の関係についての考察である『体験過程と意味の創造』(1962/1997／訳 1993)，生命プロセスとその進化や時空間について論じた『プロセスモデル』(1997/2018／訳 2023) があります。TAE を用いて書かれた彼自身の著作が，まさにその哲学の実践例となっているのです。

　ジェンドリンは体験過程を活用することで，世界の価値観を変え，個人的生活，ビジネス，政治，経済といったあらゆる場面で人間がどう理解され，扱われるかに影響を与え，世界をより良いものに変えていくことができると考えていま

3　ジェンドリンの哲学　**215**

した。プロセスモデルにおいては，物理学者アインシュタインが一般相対性理論に向かう 15 年間やモダンダンスの先駆者イサドラ・ダンカンが新しいダンスを生み出す過程を例に，体験過程から生み出される事柄が実際に世界を変えうること，そして私たちの新たな進化の方向性を示しています。そうした彼の哲学の根本には，見かけ上はいかに見えようとも健康と創造に向かう力を備え，より良い方向へ向かう生命プロセスへの信頼があるのです。

　ジェンドリンの哲学は難解で，フォーカサーから敬遠されがちな面もありますが，フォーカシングを学びながら，時には彼の哲学にも触れてみてはいかがでしょうか。それは一見すると遠回りにも思えますが，フォーカシングを単なる一つの心理的技法として見るのではなく，大局的な視点からその意義や可能性を認識し，魅力を再発見することにつながると思います。　　　　（高瀬健一）

文献

Gendlin, E. T.(1962/1997). *Experiencing and the creation of meaning*. New York: Free press.
　　（筒井健雄（訳）(1993). 体験過程と意味の創造　ぶっく東京）
Gendlin, E. T.(1997/2018). *A process model*. New York: The Focusing Institute. Evanston, Illinois. Northwestern University Press.（村里忠之・末武康弘・得丸智子（訳）(2023). プロセスモデル：暗在性の哲学　みすず書房）
Gendlin, E. T.(2004a). Five philosophical talking points to communicate with colleagues who don't yet know focusing. Staying in Focus. *The Focusing Institute Newsletter*, 4(1),5-8.
諸富祥彦・末武康弘・村里忠之 (2009). ジェンドリン哲学入門　コスモス・ライブラリー

コラム 14

交差（Crossing）

　言葉や物事の「意味」は，辞書に載っているような，一つひとつ分離した固定的なものではありません。一つの語の意味は幅広いニュアンスをもっていますし，状況の「意味」もさまざまな複雑な背景を暗含的に含んでいます（この本を読んでいるという状況のあなたにとっての「意味」を考えてみてください。それはさまざまな事情や経緯につながっているはずです）。このように一つの「意味」には，さまざまな他の物事や状況が複雑に影響を与えています。

言葉が特定の状況の中でその状況にふさわしい意味をもつのは，言葉や状況がそ

れぞれ暗合している複雑な意味感覚が互いに交わり，響きあうからです。これを「交差」と呼びます。たとえば，「適当」という言葉にはさまざまな意味合いがありますが（適切という意味やいいかげんという意味，他にもさまざまな微妙なニュアンスがありうるでしょう），現実に使用されるときには，その状況にあった意味をぴたりと言い表わすことができます。言葉は状況や文脈と交差することで，状況に即した具体的な意味をもつからです。私たちは意図的に，ある言葉とある状況を交差させたり，あるいは2つの意味感覚を交差させてみることもできます。たとえば「人間は相互作用だ」という表現は，「人間」という存在に感じられている意味感覚と「相互作用」という言葉の意味感覚との響きあいの中で，人間への新しい理解の感覚をもたらします。これは人間に対する私たちの理解に暗合されていた一側面だと言えますが，「相互作用」という言葉との交差の中ではじめて進展し浮かび上がってくるものです。

　私たち自身のありようが，私たちが体験するさまざまな物事と交差することで変化することもあります。筆者の一人（山下）が体験した例をあげましょう。30代半ばで博士課程に進学しようか迷っていたとき，たまたま訪れた小泉八雲記念館で，小泉八雲が39歳でアメリカから日本に来たことを知りました。その度胸と学究心に感動する中で，自分の年齢で博士課程に進学することなど何でもないことのように感じられました。この歳で博士課程に進学する，ということのフェルトセンスが，他者の生き方との交差の中で変化したのです。

　交差という観点は，私たちがさまざまな物事や他者から豊かに影響を受け取り，創造的に考えるうえで，鍵となるものです。TAEの節も参照してみてください。
（久羽康・山下佳久）

<u>文献</u>

Gendlin, E. T. (1995) Crossing and dipping: some terms for approaching the interface between natural understanding and logical formulation. *Minds and Machines, 5* (4), 547-560.（村里忠之（訳）(1995) 交差と浸ること（The International Focusing Institute 日本語ページ））

ワーク work 20 アニクロ（Crossing with Animals）

　アニクロは池見ら（2019）によって開発されたワークで，ペアになって「自分の最近の生きざま」を動物に喩えて語り合うものです。

　「最近の自分の生きざま」はおぼろげに感じられていますが，言葉では表現しづらい実感です。それを動物に喩えて表現することで，その実感を豊かに表現することができて，自分についての新たな理解や気づきが生じます。つまり言葉になる以前の体験に動物の比喩をかけ合わせる（交差させる）ことが，この方法の大きな特徴となっています。

　このワークでは，「からだの感じに注意を向けて……」という，通常のフォーカシングで用いられるような教示は行ないません。ですから，フォーカシングのワークショップで「フェルトセンス」や「からだ」が何を指しているのか，うまくつかめないという人でも，自分を動物などに喩えることによって，実感にアクセスすることが容易になります。親しみやすく，楽しみながら行なうことができて，ビギナーでも取り組みやすいワークです。

　アニクロは産業領域での管理職向け傾聴訓練や，「その動物になってみる」というステップを加えてゲシュタルト療法に取り入れられた実践例が報告されています。また筆者はカウンセリングの初歩的な研修に用いた経験から，傾聴の意義を実感してもらうのにも有効だと考えています。

■やり方（教示）■
①ペアになり，どちらが先に聴き手，話し手をするかを決めます。
②話し手に対し次のように伝えます。「最近のあなたの生きざまを振り返ってみてください。それを動物に喩えてみてください。その動物は何をしているのか，どんなふうにあるのかなど，少し形容して語ってみてください。語っているうちに動物が変わるなどの変化があってもいいですよ」。
③話し手が話しはじめたら，聴き手は伝え返しながら傾聴します。
④終わったら役割を交代して，ペアで10分間ずつ語り合ったあとに，お互いの振り返りを10分間程度で行ないます。

文献

池見 陽・筒井優介・平野智子・岡村心平・田中秀男・佐藤 浩・河﨑俊博・白坂和美・有村靖子・山本誠司・越川陽介・阪本久実子（2019）. アニクロ：体験過程理論から見出された実存的なワーク　サイコロジスト：関西大学臨床心理専門職大学院紀要, 9, 1-12.

Section
4 TAE（Thinking At the Edge）

　ジェンドリンの哲学のすぐれた特徴の一つは，具体的な実践につながっていることです。フォーカシングはまさにジェンドリン哲学の実践なのですが，実はフォーカシングの他にもう一つ，ジェンドリンが（パートナーであるメアリー・ヘンドリックスとともに）提唱した，ジェンドリン哲学を基盤とする実践法があります。それが **TAE** です。TAE は **Thinking At the Edge** の略で，日本語で言えば「エッジ（辺縁）のところで考える」ということになります。そう，TAE はジェンドリンの哲学を，思考（考えること）に応用する方法なのです。

　もし「考える」ということが，よく思われているように，決まった知識や前提に基づいて論理的に答えを導き出すことなのだとしたら，それはほとんど，既存の概念を論理的ルールに従って並べ替えるだけの作業になってしまうでしょう。TAE における「考える」は，それとはまったく異なります。TAE はフェルトセンスを出発点にします。つまり，まだ形になっていないけれど，実感として感じていたり知っていたりする何かに触れる，というところから始めるのです。ジェンドリンは最初，人々がこのような方法を役に立つものと感じてくれるかどうか自信がなかったようなのですが，実際にワークショップをやってみて，TAE は人々に「自分は考えることができるのだ」という自信をもたらしうるものだと感じたようです。TAE は私たちに，自分だけのユニークな感じ方を通じて創造的に考える，という体験を与えてくれるのです。

　ジェンドリンは TAE を 14 のステップで記述し，それをさらに大きな 3 つのパートに分けています。この 14 のステップは，フォーカシングのステップとは違って 1 回のセッションの中で完結するようなものではなく，何日も何週間も，時にはもっと長い時間をかけて，少しずつ進められます（ただ，やり方が身につけばステップにこだわる必要はない，という点はフォーカシングのステップと同じです）。3 つのパートのうち第 3 パート（ステップ 10 から 14）は自分の理論を構築するパートで，ここまで進むことは必ずしも必要ではありませんので，ここでは第 1 パートと第 2 パートに限ってご紹介しようと思います。

4　TAE（Thinking At the Edge）　**219**

1. 第1パート（ステップ1〜5）

　TAEは，疑問からではなく，まだ表現にはなっていないけれど感覚的に「知っている」ことから始めます。その表現したい事柄のフェルトセンスに触れ，論理的かどうかや筋が通っているかどうかはひとまず横に置いて，自分なりの言葉で書き出してみます。そこから核となる語句（キーワード）を拾い上げ，その語句の辞書的な意味と自分がその語句で言いたいフェルトセンスとのずれに注意を向けるなどして，フェルトセンスと言葉との間を行ったり来たりします。面白いことにジェンドリンは，書き出した文の非論理的な部分に着目することを重視しており，さらに，非論理的な文を書いてみることを勧めてもいます。その非論理的と思われる部分に，豊かな進展への種があるからです。このようにこの第1パートでは，通常の言葉に求められる論理性から離れて，自由に，私たち自身の感覚から，新鮮に言葉をつむいでいきます。

2. 第2パート（ステップ6〜9）

　第2パートでは，第1パートで探究し言葉にした事柄の具体例をあげます。論理的に考えられた例ではなく，そのテーマに感覚的に関連があると感じられる，自分自身の体験に基づく例です。これらの具体例は一つひとつが，宝石のカット面のように，フェルトセンスのさまざまな側面（facets）を表わしています。これらの側面はそれぞれ，異なる角度からそのフェルトセンスに触れているのです。テーマの本質をとらえてから例をあげるのではなく，感覚的に関連があると感じられる具体例をあげ，そのそれぞれがもつ豊かで詳細な含みをより一般的な言い方にしていくことで，私たちはそのフェルトセンスの進展の可能性をさらに探究することができます。さまざまな側面が集まったら，今度は複数の側面を「交差」（p.216を参照）させてみます。つまりある側面を，他の側面と響きあわせて，他の側面の視点から，見てみるのです。それによって，一つの側面だけでは見えなかったことが浮かび上がってきます。

　自分の感じていることを自由に言葉にしたり，言葉の響きあいから浮かび

上がってくる新しい意味に出会ったりするのは，充実した，楽しい体験です。TAE は，最初は風がわりに見えるかもしれませんが，公共の言語がつくり出している壁を越えて，いきいきと新鮮に考えることを可能にしてくれる実践なのです。

仁先生：ここまでいろいろと，フォーカシングの学びを積み重ねてきましたね。どうでしょう，あなたの内側では，ここまで学んできてどんな感じがしているでしょうね。

世良さん：うーん，なんていうんだろう，フォーカシングとは何かとか，フェルトセンスとは何かということを「理解しているか」と訊かれると，まだ全部はわかりきっていない感じもします。学び進めると，哲学の話も出てきたりして……この理解であってるのかな，理解が浅いんじゃないか，っていう不安はずっとあります。でも，何か自分にとって，とても大事なものがそこにあるなあっていう，そういう感じはあるんです。……なんて言うんだろうなあ，スキルを身につける，みたいなのは，まだまだおぼつかない。でも，今は，何かそのあたりに自分にとってすごく大事なものがあるよね，ということは知っているっていう，そんな感じがしています。

仁先生：うんうん，知識としての「理解」ということで言えば，不確かな感じもするし，不安もある。でも，何か大事なものがそこにあるっていうのは感じている……。

世良さん：はい……自分にとって大事なものが，そこにはあるなあって。

仁先生：ああ，自分にとって大事なものが，そこにはある。

世良さん：はい。それに今は気づいているっていうことが，重要な気がします。でも，やっぱり，スキルをもっと身につけたい気持ちもあるんです。

仁先生：フォーカシングをカウンセリングに活かすスキル，ということなのかな。カウンセラーとして。

世良さん：そうですね，そういうことになるのかなと思うんですけど……なんていうんだろう……自分にとって大事なものがあるところ，自分の内側のそこに，もっとしっかりつながれるようになりたい。それに，クライエントさんに，あなたにとって大事なものがそこにあるんですね，ってそっと声をかけて，クライエントさんと一緒に，もっともっと大事に丁寧に，それに触れていけるようになりたい──それから，触れようとしているクライエントさん自身──瞳の奥のその人，っていうんでしたっけ──そこにいてそのフェルトセンスを生きているクライエントさんにもしっかり目を向けられるようになりたいし，自分の気持ちに触れるということへのクライエントさんの迷いや戸惑いにも丁寧に耳を傾けられるようになりたい……ス

222　第5章　心理療法を超えて

　　　　　キルって言ったけれど，やっていけたらいいなあ，やれる自分になりたいなあと思うのは，何かそういうようなことなんです。

仁先生：あぁー……私の中にも，今の言葉を聴いて，動くものがあります。……世良さんの，とても大事な学びを，今教えてくれているんだなあっていう感じがする。

世良さん：……自分の大事なものを，大事に受け取ってもらえるって，なんていうか，とっても嬉しいことですね。……私が担当しているクライエントさんで，フォーカシングを学びはじめた人がいるんですよ。私はカウンセラーとしてフォーカシングに出会って，最初，フォーカシングをどう使うか，みたいに考えていたところもあるんですけど，フォーカシング的に進むセッションって，クライエントさんのプロセスに教えてもらう感じだなあ，って思ったりもします。……もっとたくさんの人が，自分の内側にこんなに豊かな場所があるんだっていうことを，その人自身のために知ることができたら素晴らしいなあって思います。

仁先生：そう，いま世良さんが言葉にしたことを，これまでフォーカシングに触れた人たちもまた願ったからこそ，こうして人と人とのつながりの中でフォーカシングが伝えられてきたのですよ。そうして今あなたが，そしてそのクライエントさんが，私たちが大事にしてきたものに興味をもってくれて，耳を傾けて，受け取ろうとしてくれることに，胸が熱くなる感じがします。

世良さん：えへへ。受け取ったものはもっと深めていきたいし，もっともっと受け取りたくもあるので，今後ともよろしくお願いします！

仁先生：こちらこそ。あなたがたが「フォーカシングに触れた人」の輪に加わってくれて嬉しいです。ようこそ！

あとがき

　フォーカシングについての，新たな一冊を上梓する機会をいただけたことを
大変ありがたく感じています。著者12名分の原稿を一つの本にまとめること
はそれなりに大変で，随分と時間がかかってしまいましたが，ようやく世の中
に送り出すことができることに，安堵しています。

　本書の執筆者は，東京フォーカシング指向心理療法研究会（FOP研）のメン
バーが主になっています。FOP研は本書の監修者である日笠摩子先生を中
心に，メンバーの入れ替わりを経験しながら15年以上にわたり活動を継続し
てきました。創設当初のメンバーは若手の臨床心理士が中心でしたが，年月を
経てそのメンバーも中堅やベテランになりつつあります。FOP研では，パー
トナーシップによるフォーカシングセッション，フォーカシング指向PCAGIP
などによる事例検討，フォーカシング関連文献の読み合わせとディスカッショ
ン，国内外の講師を招いてのワークショップ開催などの活動を行なってきまし
た。また各々のメンバーが，研究会以外にもフォーカシング（指向心理療法）
国際会議への参加，トレーナー資格認定に向けてトレーニングを受けるなどの
研鑽を積んできました。本書はそれぞれのメンバーが研究会で学んだり，個別
にトレーニングを積み，実践を重ねてきたことの結晶と言うことができます。
また，研究会メンバー以外にも，それぞれの分野の熟練した数名の方に執筆を
お願いすることによって，内容の幅を広げることができました。

　本書の内容は，フェルトセンスとは何か，といったごく基本的なことから，
応用的な実践，そして神経科学などの関連テーマ，暗含の哲学など深掘りした
内容までを含んでいます。フォーカシングがはじめての方でも，気軽に読みは
じめることができ，相当に経験を積んだ方にとっても知識と実践の幅を広げる
のに役立つはずです。フォーカシングの経験がない方は，最初のページから順
に読んでいくことをお勧めしますが，経験のある方は興味のある章から読みは
じめるのもよいと思います。

　私個人の生活において，フォーカシングはあらためて意識することが少ない

くらいに，生活のあちこちに浸みわたっています。フェルトセンスは，困った
ときのこの上ない相談相手であり，迷いながら進む人生の道案内あるいは夜道
を照らす灯りのようなものと言えます。幸福感と心の健康を支え，人生を味わ
い深く，彩り豊かにしてくれるものでもあります。もしフォーカシングに出会っ
ていなかったら，私の人生はもっと地に足のつかない，殺伐としたものになっ
ていたのではないか，そんな気がしてなりません。

　このような比類なき価値をもつフォーカシングが，心理臨床以外の世の中で
あまり知られていないことを，私は常々残念に思っています。創始者のジェンド
リンは 2017 年に亡くなりましたが，彼が残した方法論を学んだ私たちは，その
レガシーを受け継ぎ，発展させることができるでしょうか。そのことが今，私た
ちに問われているのかもしれません。ジェンドリンはフォーカシングと彼の哲学
を世に送り出すことで，人間の生きる営みという大きな池に一石を投じたのだと
思います。そのインパクトは水面を波紋のように広がり，世界中の人の心をと
らえて，数多くのフォーカサーを生みました。この本の著者たちも，そのうちの
一人です。そして，それぞれが今居る場所から，本書を通じて新たな波紋を送
りだそうとしています。それが，読んでくれた方に伝わったら，また新たな波紋
が生まれるかもしれません。本書を読んだことをきっかけにして，新たにフォー
カシングを始めてみようと思ったり，さらに関心が深まったり，他の人にも勧め
てみようと思ったり，そんな方が少しでも出てきてくれたら嬉しいです。

　1972 年に気象学者エドワード・ローレンツが講演を行なった際の「ブラジル
での蝶の羽ばたきはテキサスでトルネードを引き起こすか」という問いかけから，
初期値でのわずかな差異が将来の大きな効果の差を生み出すことを，バタフラ
イ効果と呼ぶようになったと言います。さまざまな新しい人間の営み（行動や
考え方）もそんなふうに後世に影響を与えるものかもしれません。1950～60 年
代の米国における心理療法研究から生まれたフォーカシング。ジェンドリンの
投じた一石は，21 世紀の日本で本書を読んだくれた方の生き方に影響を与える
かもしれません。誰もが生まれながらに，さなぎのごとく有しているフォーカシ
ングの力が，本書を通じて読者の中に育まれ，蝶のように羽ばたくことを願って。

2024 年 10 月　　編者　高瀬　健一

引用・参考文献

浅井咲子（2017）. 今ここ神経系エクササイズ　梨の木出版

Bishop, S. R., Lau, M., Shapiro, S., Carlson, L., Anderson, N. D., Carmody, J., Segal, Z. V., Abbey, S., Speca, M., Velting, D., & Devins, G.（2004）. Mindfulness: A proposed operational definition. *Clinical Psychology: Science and Practice, 11*(3), 230–241.

近田輝行・日笠摩子（編）（2005）. フォーカシングワークブック：楽しく，やさしい，カウンセリングトレーニング　発行：日本精神技術研究所／発売：金子書房

Cornell, A. W.（1994）. *The focusing student's manual*（*3rd edition*）. Berkeley, CA: Focusing Resources./ Cornell, A. W.（1993）. *The focusing guide's Manual*（3rd edition）. Berkeley, CA: Focusing Resources.（村瀬孝雄（監訳）大澤美枝子・日笠摩子（訳）（2014）. フォーカシング入門マニュアル／ガイド・マニュアル新装版　金剛出版）

コーネル，アン・ワイザー／村瀬孝雄（監訳）　大澤美枝子（訳）（1996）. フォーカシング入門マニュアル　金剛出版

Cornell, A. W.（1996）. *The power of focusing: A practical guide to emotional self-healing*. Oakland, CA: New Harbinger Publications.（諸富祥彦（監訳）大澤美枝子・日笠摩子（訳）（1999）. やさしいフォーカシング・自分でできるこころの処方　コスモスライブラリー）

Cornell, A. W., & McGavin, B.（2002）. *The focusing student's and companion's manual*. Berkeley, CA: Calluna Press.（大澤美枝子・上村英生（訳）（2005）. フォーカシング・ニューマニュアル　コスモスライブラリー）

Dana, D.（2018）. *The polyvagal theory in therapy: Engaging the rhythm of regulation*. New York: W W Norton & Co.（花丘ちぐさ（訳）（2021）. セラピーのためのポリヴェーガル理論　春秋社）

Fosha, D.（2000）. *The transforming power of affect: A model for accelerated change*. New York: Basic Books.（岩壁 茂・花川ゆう子・福島哲夫・沢宮容子・妙木浩之（監訳）（2017）. 人を育む愛着と感情の力：AEDP による感情変容の理論と実践　福村出版）

Fosha, D.（ed.）（2021）*Undoing aloneness & the transformation of suffering into flourishing: AEDP 2.0*. Washington, D.C.: American Psychological Association.

フリードマン，ニール（2004）. フォーカシングとともに〈1〉体験過程との出会い　コスモスライブラリー

Gendlin, E. T.（1964）. A theory of personality change. in P. Worchel & D. Byrne.（eds.）. *Personality change*（pp.100-148.）. New York: John Wiley & Sons.（村瀬孝雄・池見陽（訳）（1999）人格変化の一理論　ユージンジェンドリン・池見陽（著）セラピープロセスの小さな一歩（pp.165-231.）　金剛出版）

Gendlin, E. T.（1962/1997）. *Experiencing and the creation of meaning*. IL: Northwestern University press.（筒井健雄（訳）（1993）. 体験過程と意味の創造　ぶっく東京）

Gendlin, E. T. (1980). Imagery is more powerful with focusing: Theory and practice. in J. E. Shorr, G. E. Sobel, P. Robin, J. A. Connella (eds.). *Imagery. Its many dimensions and applications* (pp. 65-73.). New York/London: Plenum Press. http://previous.focusing.org/gendlin/docs/gol_2148.html

Gendlin, E. T. (1981). *Focusing (2nd edition)*. New York: Bantam books. (村山正治・都留春夫・村瀬孝雄（訳）(1982). フォーカシング　福村出版)

Gendlin, E. T. (1984) . The client's client: The edge of awareness. In R. L. Levant & J. M. Shlien (Eds.) , *Client-centered therapy and the person-centered approach. New directions in theory, research and practice* (pp. 76-107.). New York: Praeger. https://www.focusing.org/gendlin/docs/gol_2149.html

Gendlin, E. T. (1986). *Let your body interpret your dreams*. Wilmette, IL: Chiron. (村山正治（訳）(1998). 夢とフォーカシング　福村出版)

Gendlin, E. T. (1990) The small steps of the therapy process: How they come and how to help them come. In G. Lietaer, J. Rombauts & R. Van Balen (Eds.), *Client- centered and experiential psychotherapy in the nineties* (pp.205-224.). Leuven: Leuven University Press. (池見 陽（訳）(1999) セラピープロセスの小さな一歩　ユージンジェンドリン・池見 陽（著）セラピープロセスの小さな一歩（pp.27-63.）金剛出版)

Gendlin, E. T. (1991). Crossing and dipping: Some terms for approaching the interface between natural understanding and logical formulation. in M. Galbraith and W. J. Rapaport (eds.). *Subjectivity and the debate over computational cognitive science* (pp. 37-59.). Buffalo: State University of New York. (村里忠之（訳）(1995). 交差と浸ること：自然的理解と論理構成との境界面に迫るための幾つかの用語　https://focusing.org/jp/gendlin-crossing-jp)

Gendlin, E. T. (1993). Three assertions about the body. *The Folio, 12*(1), 21-33. http://previous.focusing.org/gendlin/docs/gol_2064.html

Gendlin, E. T. (1996). *Focusing-oriented psychotherapy: A manual of the experiential method.* New York: The Guilford Press. (村瀬孝雄・池見 陽・日笠摩子（監訳）日笠摩子・田村隆一・村里忠之・伊藤義美（訳）(1998, 1999) フォーカシング指向心理療法（上, 下）金剛出版)

Gendlin, E. T. (1997/2018). *A process model.* New York: The Focusing Institute. Evanston, Illinois. Northwestern University Press. (村里忠之・末武康弘・得丸智子（訳）(2023) プロセスモデル：暗在性の哲学　みすず書房)

ジェンドリン, ユージン・池見 陽（著）(1999). セラピープロセスの小さな一歩　金剛出版

Gendlin, E. T. (2004a). Five philosophical talking points to communicate with colleagues who don't yet know focusing. Staying in Focus. *The Focusing Institute Newsletter, 4*(1), 5-8. http://previous.focusing.org/gendlin/docs/gol_2187.html

Gendlin, E. T. (2004b). What is TAE? Introduction to Thinking At the Edge. *The Folio, 19*, 1-8. (村里忠之・村川治彦（訳）(2004).「TAE（辺縁で考える）」への序文　https://focusing.org/jp/tae-intro-jp)

Gendlin, E. T. & Hendricks, M. (2004c). Thinking At the Edge (TAE) steps. *The Folio, 19*, 12-24. (村里忠之（訳）(2004). 辺縁で考える（TAE）のステップ　https://focusing.org/jp/tae-steps-jp)

Greenberg, L. S., Rice, L. N., & Elliot, R.（1993）. *Facilitating emotional change*: *The moment-by-moment process.* New York: The Guilford Press.（岩壁 茂（訳）（2006）. 感情に働きかける面接技法：心理療法の統合的アプローチ　誠信書房）

Greenberg, L. S.（2011）. *Emotion-focused therapy*（*Theories of psychotherapy series*）. The American Psychological Association.（岩壁茂・伊藤正哉・細越寛樹（2013）. エモーション・フォーカスト・セラピー入門　金剛出版）

Heller, L., & LaPierre, A.（2012）. *Healing developmental trauma.* Berkeley, CA: North Atlantic Books.（松本 功（監訳）松本 功・牧野有可里・佐々木智城・玉木素子・広沢多佳子・伊藤尚子・安納令奈（訳）（2021）. 発達性トラウマその癒しのプロセス　星和書店）

Hendricks, M. N.（2002）. Focusing-oriented/experiential psychotherapy. in D. J. Cain（ed.）. *Humanistic psychotherapy: Handbook of research and practice*（pp. 221-251.）. American Psychological Association.

Hick, S. F., & Bien, T.（eds.）（2008）. *Mindfulness and the therapeutic relationship.* New York: The Guilford Press.

日笠摩子（2003）. セラピストのためのフォーカシング入門　金剛出版

Kabat-Zinn, J.（1990）. *Full catastrophe living: Using the wisdom of your body and mind to face stress, pain and illness.* New York: Delacorte.（春木 豊（訳）（2007）. マインドフルネスストレス低減法　北大路書房）

Kain, K. L., & Terrell, S. J.（2018）. *Nurturing resilience: Helping clients move forward from developmental trauma an integrative somatic approach.* Berkeley, CA: North Atlantic Books.（花丘ちぐさ・浅井咲子（訳）（2019）. レジリエンスを育む　岩崎学術出版社）

吉良安之（2010）. セラピスト・フォーカシング　岩崎学術出版社

Klein, J.（1995）. *Empathic felt sense listening and focusing: A workbook for learning and teaching.* Chicago: Focusing Institute.

Krycka, K. C., & Ikemi, A.（2016）. Focusing-oriented-experiential psychotherapy: from research to practice. in D. J. Cain, K. Keenan, & S. Rubin（eds.）. *Humanistic psychotherapies: Handbook of research and practice*（pp. 251-282.）. American Psychological Association.

Lee, L. R.（2019）. Domain Focusing Self-guiding Form.　https://focusingnow.com/domain-focusing-self-guiding-form/

Linehan, M. M.（1987）. Dialectical behavioral therapy: A cognitive behavioral approach to parasuicide. *Journal of Personality Disorders, 1*（4）, 328–333.

Macniff, S.（1981）. *The art and psychotherapy.* Springfield, IL: Thomas Publisher.（小野京子（訳）（2010）. 芸術と心理療法　誠信書房）

Malchiodi, C.（2005）. *Expressive therapies.* New York: The Guilford Press.　https://www.academia.edu/724658/Expressive_therapies

森川友子（編）（2015）. フォーカシング健康法：こころとからだが喜ぶ創作ワーク集　誠信書房

諸富祥彦・村里忠之・末武康弘（編）（2009）. ジェンドリン哲学入門：フォーカシングの根底にあるもの　コスモス・ライブラリー

引用・参考文献　**229**

村里忠之（2011）．E. T. ジェンドリンによる心理療法とフォーカシング＆TAE の基礎としての暗在性（The implicit）哲学についての研究　法政大学大学院人間社会研究科博士論文

村山正治（監修）（2013）．フォーカシングはみんなのもの　創元社

永野浩二・河﨑俊博・平井達也・福盛英明・森川友子・内田陽之・水本正志・山根英之・岩佐 浩・倉谷昂志（2018）．日常におけるフォーカシング的態度と働く人の心理社会的要因との関連　追手門学院大学地域支援心理研究センター附属心の相談室紀要, 15, 27-37.

Rappaport, L.（2008）. *Focusing-oriented art therapy.* London, Philadelphia, PA: Jessica Kingsley Publishers.（池見 陽・三宅麻希（訳）（2009）．フォーカシング指向アートセラピー　誠信書房）

Rappaport, L.（2013）. Focusing-oriented expressive arts therapy. in G. Madison（Ed.）. *Theory and practice of focusing-oriented psychotherapy: Beyond the talking cure*（pp. 204-218.）. London, Philadelphia, PA: Jessica Kingsley Publishers.

Rappaport, L.（2015）. Focusing-oriented expressive arts therapies and mindfulness with children and adolescents with trauma. in C. Malchiodi（ed.）. *Creative interventions with traumatized children. 2nd edition.* New York: Guilford Press.

Rogers, N.（1993）. *The creative connection: Expressive arts as healing.* Palo Alto, CA: Science & Behavior Books, Inc.（小野京子・坂田裕子（訳）（2000）．表現アートセラピー　誠信書房）

Rome, D. I.（2014）. *Your body knows the answer: Using your felt sense to solve problems, effect change, and liberate creativity.* Boston & London, Shambhala Publications.（日笠摩子・高瀬健一（訳）（2016）．マインドフル・フォーカシング：身体は答えを知っている　創元社）

Rubin, J.（1987）. *Approaches to art therapy: Theory and technique.* New York: Brunner-Routledge.（徳田良仁（監訳）（2001）．芸術療法の理論と技法　誠信書房）

阪本久実子・西森 臨・山岡麻美・米持有紀子・池見 陽（2016）．「青空フォーカシング」の方法論的特色とその背景について　*Psychologist*, 6, 47-55.

末武康弘（2009）．臨床的問題としてのジェンドリン哲学　諸富祥彦（編）フォーカシングの原点と臨床的展開（pp. 89-146.）　岩崎学術出版社

末武康弘（2014）．ジェンドリンのプロセスモデルとその臨床的意義に関する研究　法政大学大学院人間社会研究科提出博士論文

Tan, C.（2012）. *Search inside yourself: The unexpected path to achieving success, happiness（and world peace）.* New York: HarperOne.（一般社団法人マインドフルリーダーシップインスティテュート（監訳）（2016）．サーチ・インサイド・ユアセルフ：仕事と人生を飛躍させるグーグルのマインドフルネス実践法　英治出版）

徳田完二（2009）．収納イメージ法　こころにおさめる心理療法　創元社

得丸さと子（2010）．ステップ式質的研究法　TAE の理論と応用　海鳴社

津田真人（2019）．「ポリヴェーガル理論」を読む　星和書店

津田真人（2022）．ポリヴェーガル理論への誘い　星和書店

Van der Kolk, B. A.（2014）. *The body keeps the score.* New York: Penguin.（柴田裕之（訳）（2016）．身体はトラウマを記録する：脳・心・体のつながりと回復のための手法　紀伊國屋書店）

索　引

［A-Z］

AEDP™ 心理療法　187

KOL-BE ボディ・マッピング　63

PCAGIP（ピカジップ）　194

TAE　219

［あ］

アニクロ（Crossing with Animals）　218
暗含　62, 209
暗含の哲学　209
「暗含の哲学」がもつ力　215
安心・安全　14
アン・ワイザー・コーネル（Cornell, A. W.）　83

インタラクティブ・フォーカシング　148

ウィスコンシン・プロジェクト　7
ウォーミングアップ（からだのチェック）　46
受け取る　24, 73, 82
内なる批判家　57, 121
うつ病の人のためのクリアリング・ア・スペース　40

エッジ（辺縁）　12
エモーションフォーカスト・セラピー　186

落ち着いていられる場所（Peaceful Place）　16
親鳥に学ぶフォーカシング的態度　58

音楽のフェルトセンス　49

［か］

カール・ロジャーズ（Rogers C. R.）　6
外受容感覚　205
ガイディング　109
ガイド　32, 109
カウンセリング　2, 4, 22, 158, 161
価値観のワーク　152
からだを使って書く　135

気づきの辺縁　210
逆転移　168, 184
共感的理解　165
共鳴　66, 81

クライエントのクライエント　174
グラウンディング　27, 29
クリアリング・ア・スペース　18, 37, 38, 79, 89, 121

傾聴　94, 164

交感神経系　204
交差（Crossing）　216
構造拘束的な体験様式　11
行動ステップ　74, 82, 188
行動療法　188
コーチ法　125
互恵性　31
コミュニティウェルネス・フォーカシング　133
コミュニティグループ　147
コラージュ療法　139

索　引　**231**

［さ］

指し示す応答　178

幸せな状況についてのフェルトセンス
　　50
ジェンドリンの６ステップ　23, 79
ジグザグ　68, 192
自己駆進的感情過程　71
しっかりとここにいる　26
シフト　12
純粋性　168
準備　33
象徴化　10, 62, 192
自律訓練法　145
自律神経　204
神経科学　204
身体症状　145
心的外傷　193
進展　12, 69
シンボル　62

好きな人・嫌いな人　47
スモールステップ　76, 188

生活の中のフォーカシング　130
精神分析　184
セッションを進めるための小さなフォー
　　カシング　67
絶対傾聴　96
セラピスト・フォーカシング　169
全面的適用　70

相互作用　10, 43, 209, 211, 217
その中にいるその人　163

［た］

体験過程　8, 68, 192, 213
体験過程尺度　173
体験的応答　170
尋ねる　24, 81

近すぎる場合　35, 89
近づかれる実習　48
近づく実習　104
直接参照　60

伝え返し　97

問いかけ　71, 118
遠すぎる場合　35, 90
とどまる　54
ドメインフォーカシング　87

［な］

内受容感覚　205

二段階教示　113, 180, 192
ニューロセプション　206

［は］

パーソンセンタード・アプローチ　10, 194
背側迷走神経複合体　205
ハンドル　61, 80

表現　10
表現アーツセラピー　190

フェルトシフト　12, 69, 81
フェルトセンシング　132
フェルトセンス　5, 9, 20, 42, 80, 90, 191
　　――が感じられない　90
　　――による決断　137
　　――の５つの側面　44
　　――はいつも「正しい」か？　20
　　――を見つける　44
フェルトセンス・リテラシー　132
フォーカサー　32
フォーカサー・アズ・ティーチャー法
　　106
フォーカシング　4
　　技法としての――　7

232　索　引

現象としての―― 7, 130
身体症状への―― 145
スポーツと―― 141
住まいと―― 139
人間関係と―― 146
ファッションと―― 144
料理と―― 138
――的態度 51, 59, 146, 168, 174, 192
――の前に行なうマインドフルネス瞑
　想 203
――を学ぶための情報 235
フォーカシング指向PCAGIP 194
フォーカシング指向アート鑑賞 150
フォーカシング指向心理療法 19, 161,
　213
フォーカシング指向表現アーツセラピー
　63, 190

副交感神経系 204
腹側迷走神経複合体 205
プレゼンスのワーク 25, 201
プロセス体験療法 186
プロセスモデル 214
プロセスワーク 185

弁証法的行動療法 200

ポーズ（pause） 33
ほどよい距離 35
ポリヴェーガル理論 207

[ま]
マインドフルネス 200
マインドフルネスストレス低減法 145,
　200
マインドフルネス瞑想 200, 203
マインドフルフォーカシング 202
まず相互作用ありき 211
待つ 54

道筋 190
3つの椅子を用いたフォーカシング・デモ
　セッション 102
認める 53, 89
ミラーリング（子どもとフォーカシング）
　156

無条件の肯定的関心 169

森の小動物 55

[や]
ユージン・ジェンドリン（Gendlin, E. T.）
　6
ユニットモデル 214
ユング派 185

良い逸脱 134

[ら]
リーフィング 212
リスナー 32

索　引　**233**

フォーカシングを学ぶための情報

■国際フォーカシング研究所　The International Focusing Institute

　ジェンドリンが創設したフォーカシング研究所が名称を変更し，国際フォーカシング研究所としてフォーカシングの普及のために活動している。トレーナー等のフォーカシング・プロフェッショナルを認定し，フォーカシング国際会議，フォーカシング指向心理療法国際会議などを開催している。また，フォーカシングの普及に取り組む世界中の団体や個人の活動を支援しており，そのウェブサイトにはオンラインで参加できるワークショップ等の情報も多く掲載されている。また，いくつかのページはボランティアにより翻訳され，日本語で読むことができる。

🔗 URL: https://focusing.org/

■日本フォーカシング・プロフェッショナル会

　国際フォーカシング研究所から認定を受けたフォーカシング・プロフェッショナルおよびその認定を受けるためにトレーニング中のメンバーからなる任意団体。ウェブサイトにおいて日本全国の有資格者を検索することができる。

🔗 URL: https://focusingpro.wixsite.com/home

■日本フォーカシング協会

　フォーカシングを愛好し，生活や個人的成長に役立てる一般市民・研究者・臨床家からなり，日本におけるフォーカシングの啓発を目指す団体。国内各地域におけるフォーカシング活動の緩やかなネットワークであり，また諸外国のフォーカシング活動との連携を図っている。ニュースレターやウェブサイト等において，国内のさまざまなワークショップの情報が得られる。

🔗 URL: https://focusing.jp/

■フォーカシング・ネットワーク

　本書の執筆者である堀尾直美・久羽　康・阿部利恵が中心となり活動しているフォーカシング・トレーナーのグループ。フォーカシングするスキルとそのリスニングを学べるコースなどを年に数回開催している。

🔗 URL: https://www.focusing-network.org/

執筆者紹介

監修者

日笠摩子（ひかさ　まこ）

国際フォーカシング研究所　コーディネーター

1978 年，東京大学文学部卒業。1985 年，東京大学大学院教育学研究科博士課程単位取得満期退学。二松学舎大学専任講師，助教授，大正大学人間学部教授，心理社会学部教授を経て，2021 年より名誉教授。

著訳書は，『セラピストのためのフォーカシング入門』（金剛出版），『フォーカシングワークブック』（共著，日本精神技術研究所／金子書房），『フォーカシングはみんなのもの』（共編著，創元社），『解決指向フォーカシング療法』（共訳，金剛出版），『パーソン・センタード・セラピー』（金剛出版）など。

編著者

高瀬健一（たかせ　けんいち）

陸上自衛隊　防衛技官

1999 年，東京理科大学理工学部卒業。2006 年，法政大学大学院人間社会研究科臨床心理学専攻修士課程修了。医療法人社団かわかみ心療クリニック心理士，城西大学経営学部非常勤講師，群馬パース大学非常勤講師を経て，2009 年より現職。

著訳書は，『フォーカシングはみんなのもの』（共編著，創元社），『マインドフル・フォーカシング』（共訳，創元社），『フォーカシングの心得』（共訳，創元社），『心理臨床への多元的アプローチ』（分担訳，岩崎学術出版社）など。

執筆者（執筆順）

久羽　康（くば　やすし）
大正大学臨床心理学部臨床心理学科　専任講師
著訳書は『臨床現場のフォーカシング』（共訳，金剛出版）など。

阿部利恵（あべ　りえ）
埼玉県立高等学校　スクールカウンセラー・他

榊原佐和子（さかきばら　さわこ）
北海道大学学生相談総合センター　准教授／副センター長
著訳書は『フォーカシングの心得』（共訳，創元社）など。

小坂淑子（こさか　よしこ）
北海道大学学生相談総合センター　講師
著書は『フォーカシングはみんなのもの』（共編著，創元社）など。

山下佳久（やました　よしひさ）
北海道医療大学心理科学部臨床心理学科　助教
論文は「TAE セッション過程のモデル生成に関する研究」（トランスパーソナル学研究）など。

堀尾直美（ほりお　なおみ）
フォーカシング・ネットワーク　代表トレーナー
著書は『フォーカシングはみんなのもの』（共編著，創元社）など。

宮田周平（みやた　しゅうへい）
鎌倉女子大学児童学部子ども心理学科　准教授
論文は「Clearing a space をうつ病のクライエントに適応するための工夫」（心理臨床学研究）など。

田邊　裕（たなべ　ゆう）
医療法人真生会真生会富山病院臨床心理科　科長／こども未来室　室長
論文は「事例 3　院内保育施設が持つ新たな可能性」（医事業務）など。

竹田悦子（たけだ　えつこ）
労働衛生コンサルタント事務所オークスメンタルヘルス室　室長
著書は『フォーカシングへの誘い』（共著，サイエンス社）など。

笹田晃子（ささだ　あきこ）
徳島文理大学　非常勤講師／徳島県　スクールカウンセラー

フォーカシング・ハンドブック

2025 年 1 月 20 日　初版第 1 刷発行

監 修 者	日 笠 摩 子
編 著 者	高 瀬 健 一
発 行 所	㈱北 大 路 書 房

〒 603-8303　京都市北区紫野十二坊町 12-8
電話代表　　（075）431-0361
Ｆ Ａ Ｘ　　（075）431-9393
振替口座　　01050-4-2083

ⓒ 2025
編集・デザイン・装丁／上瀬奈緒子（綴水社）　　　Printed in Japan
印刷・製本／シナノ印刷（株）　　　　　　　　ISBN978-4-7628-3270-3
落丁・乱丁本はお取り替えいたします。
定価はカバーに表示してあります。

JCOPY 〈(社)出版者著作権管理機構 委託出版物〉
本書の無断複写は著作権法上での例外を除き禁じられています。複写される場合は，
そのつど事前に，(社)出版者著作権管理機構（電話 03-5244-5088，ＦＡＸ 03-5244-5089，
e-mail: info@jcopy.or.jp）の許諾を得てください。

マインドフルネス認知療法
［原著第 2 版］
―― うつのための基礎と実践

ジンデル・シーガルほか 著／越川房子 訳

B5 判・392 頁　本体 4,200 円＋税
ISBN978-4-7628-3227-7

MBCT のバイブル「グリーンブック」の増補改訂版。プログラム進行に事前面接，終日リトリート，フォローアップ集会を追加。さらに，実践の重要要素であるインクワイアリー，思いやり・自己への慈しみ，呼吸空間法についても新たに章を設け詳説。研究・実践の蓄積から判明したMBCT の有効性とメカニズムにも言及する。

マインドフルネスの探究
―― 身体化された認知から
　　内なる目覚めへ

ジョン・ティーズデール 著／湯川進太郎 訳

A5 判・400 頁　本体 4,500 円＋税
ISBN978-4-7628-3265-9

マインドフルネスで何が起こるのか。MBCT 共同開発者のティーズデールが，長年にわたる自身の瞑想実践と認知科学の研究に基づいて探究，身体的な体験から宗教的な体験へと至る道を示す。実務的な「変化の実践」を超えて，マインドフルネスを深く探究するための「見方」（理解の枠組み）を，宗教的伝統と異なる形で提供。

仏教と心の科学の出合い
マインドフルネス

クリスティーナ・フェルドマンほか 著／
高橋美保・藤田一照 監訳

A5 判・440 頁　本体 4,800 円＋税
ISBN978-4-7628-3266-6

欧米で開発され世界に普及したマインドフルネス。その源流にある仏教性は現代科学の視点でもって排されてきたが，仏教の概念をも理解してこそよりよい実践へとつながる。仏教と科学の対立ではなく"止揚"としてマインドフルネスを緻密に捉え，人生の悩みや痛みと向き合いながら活き活きと在るための道筋を描き出す。

P－F スタディ
アセスメント要領［第 2 版］

秦 一士 著

A5 判・232 頁　本体 2,900 円＋税
ISBN978-4-7628-3253-6

成人用第 III 版（2020 年）を踏まえて全面改訂。「欲求不満状況」に対する「反応傾向」からパーソナリティを理解する P－F スタディ。実施からスコアリング，整理，解釈まで，P－F スタディ使用上，生じる種々の疑問に答える。第 2 版では，検査の背景にある創始者ローゼンツァイクの研究・理論についても詳しく解説。

深刻な問題にこそ遊び心を！
子どもと家族と一緒に取り組む プレイフル・アプローチ

ジェニファー・フリーマンほか 著／
荒井康行・国重浩一 訳

A5判・392頁　本体5,400円＋税
ISBN978-4-7628-3263-5

セラピーの「大人びた話」は子どもの気持ちをしばしば逆なでしてしまう。子ども独自の言語，物語，世界観を尊重するアプローチはいかに可能か。本書は表現アートや遊戯を取り入れたユーモアあふれる事例を豊富に紹介。ナラティヴ・セラピーの言語的・非言語的な協働のなかで，問題の外在化に新たな可能性をもたらす。

ナラティヴ・セラピー入門
　——カウンセリングを実践する すべての人へ

マーティン・ペイン 著／横山克貴ほか 訳

A5判・392頁　本体3,800円＋税
ISBN978-4-7628-3233-8

ジェンダーや障害，人種，「夫婦」など，社会の支配的な価値観によって生じる苦悩に心理支援者としてどう向き合うか。ナラティヴのアイデアは社会文化的な視野を広げ，カウンセリングの可能性を拓く。他療法での実践を経てナラティヴ・セラピストとなった著者ならではの理解や葛藤を交え，セラピーの全体像を構造的に解説。

カップル・カウンセリング入門
　——関係修復のための実践ガイド

マーティン・ペイン 著／
国重浩一・バーナード紫 訳

A5判・308頁　本体3,600円＋税
ISBN978-4-7628-3194-2

カップル・カウンセリングは個人療法の単なる拡張ではない。カップルの「二つの視点」の間で複雑な関係におかれるセッションをどう構造化すればよいのか。社会文化的な影響を探究し，カップル自らが「物語」るよう導くセラピーを展開。性的な問題，不貞，暴力・虐待といった「固有の問題」を取り上げ，実践的にガイドする。

サイコーシスのための オープンダイアローグ
　——対話・関係性・意味を重視する 精神保健サービスの組織化

ニック・パットマンほか 編著／
石原孝二 編訳

A5判・368頁　本体4,500円＋税
ISBN978-4-7628-3232-1

身体拘束などサービス利用者を無力化する精神医療に依存しないオープンダイアローグを精神保健サービスに組み込むことは，世界共通の悩みである。セイックラの論考などからサイコーシスにオープンダイアローグを導入する意義を確認するとともに，実践を展開する各国のさまざまな工夫や取り組みをユーザーの声を交えて紹介。